清华知识产权评论

Tsinghua Intellectual Property Review

清华大学微软创新与知识产权联合研究中心
清 华 大 学 法 学 院 知 识 产 权 法 研 究 中 心 | 主办

2017年第1辑（总第2辑）

法律出版社
LAW PRESS · CHINA

清华知识产权评论(2017年第1辑 总第2辑)

卷首语

经过一年有余的辗转艰辛，新一辑的《清华知产评论》终于与读者见面了。这本新兴法律评论“第二胎”的生产过程克服了许多困难，也标志着我们向着连续出版的目标迈出了坚实的一步。

过去的一年是“知识经济”价值进入大众视野的一年：“非诚勿扰”商标纠纷、“国酒茅台”商标复议、北京知产法院作出 5000 万的专利侵权判决、高通与魅族的专利授权纠纷、金庸诉江南著作权侵权纠纷，等等。这些耳熟能详的名字接连出现在知识产权热点事件头条之上，意味着创新的价值开始真正深入每个国人的心中。知识产权法无疑是走在这场变革最前沿的法律学科。在商业模式“快速迭代”的当下，一个强健且具有前瞻性的知识产权制度，是经济发展与持续创新必不可少的支点。而这种制度的设立与改良，又离不开学术研究提供的智慧。

本评论的宗旨正在于此，我们坚持高水准的学术要求，希望从理论研究的层面帮助决策者在重大创新政策问题上作出明智的选择。我们既提倡展示本领域法律制度与理论发展的最新水平的研究，也重视对传统的理论问题提出优秀观点的研究。本辑《清华知识产权评论》所收录的 11 篇文章，博采众家之长，体现了理论研究的最新进展。这 11 篇文章分为三个主要栏目：“特稿——海外之声”“百家争鸣”“网络法专论”。

在“特稿”栏目中,我们独家登载两篇来自国际知识产权法界的重要学者的文章译稿。知识产权的法哲学基础究竟是什么?虽然功利主义的解释似乎已经被大多数人所接受,但其实学术界对这一问题的探讨与争论从未停止。罗伯特 · P. 莫杰斯教授(Robert P. Merges)的《驳功利论原教旨主义》(郝元译)一文,是对斯坦福法学院的马克 · A. 莱姆利教授(Mark A. Lemley)去年发表的《知识产权信仰论》的回应。《知识产权信仰论》一文重申功利主义在知识产权正当性解释中的核心地位,并批评相信“自然权利说”的学者如同“信仰知识产权宗教的信徒”,无法参与理性对话。莫杰斯教授的文章正是对这一观点的精彩驳斥。迪特马尔 · 哈霍夫教授(Dietmar Harhoff)的《专利和许可在创新获得外部融资中的作用》(程文婷译)一文,明确指出了传统金融法中依赖的经济学分析错误低估了许可和专利交易在技术市场中的地位,用通俗的语言和详实的证据阐明了专利和许可在融资中的真实效果。哈霍夫教授介绍的德国经验为国内学者在中国环境下进一步研究这一问题提供了参照系。

在“百家争鸣”版块中,我们登载 6 篇来自各界学人的优秀赐稿,内容涉及众多领域。管育鹰教授的《专利侵权诉讼中的无效抗辩问题研究》,就美国、德国和日本对于授权后的专利权效力争议的管辖权问题进行了研究,并提出了具有启发性的建议。蒋舸副教授的《德国职务发明管制效果研究》对德国职务发明制度在过去 60 年来的效果进行了研究,建议我国警惕对职务发明过度管制可能产生的负面影响。闫春晖先生的《对“专利复审委依职权审查并以新理由维驳”制度的合理性和改革方案的研究》,考察了复审委可以“以新理由维持驳回决定”相关规定的不完善之处,并比较研究了美国的相应制度,指出了修改方向;文章并创新性的认为问题的核心在于实质审查的不充分,并呼吁进行彻底改革。章凯业先生的《广药集团诉加多宝“怕上火”广告语纠纷案之评释——兼谈未注册商业标识的归属与保护》,从典型案例出发,创新性地将论述集中于劳动财产学说与功利主义学说在为未注册商标提供保护之合理性基础之辩上,很有启发性。何天成先生的《著作权法裁判的核心:作者,而非作品》研究了著作权法在不同领域适用时存在的差异,并揭示了这种差异背后的原因在于现代著作权法关注“作品”却忽视“作者”的现状;作者提出了一套以作者为标准,用于确定权利归属范围的“三步衡量法”,是一个很有创造性的观点。刘嘉纯女士的

《专利高价的反垄断法规制研究》则关注一个复杂的交叉学科问题,即反垄断法的价格管制是否应当适用于专利许可的问题;文章充分研究了中美欧三个国家或地区对该问题的处理方法,并建议我国反垄断法应当采取谨慎的态度,不应该插手企业的商业决策,干预具体专利许可中的高价问题。

第三个版块“网络法专论”,收录了3篇研究当下最受关注的网络法领域问题的优秀文章。石丹先生的《视频网站“广告过滤”问题研究》,从经营者、消费者和社会利益三个维度,研究了浏览器、视频软件与第三方插件分别使用的广告过滤模式的合理性,并从不正当竞争法的角度提出了建议。殷守革先生的《网络预约出租车本地牌照和户籍限制的审查与规制》研究了近年来广为关注的“网约车”的法律规制问题,特别是其中引起社会争议的本地牌照与本地户籍限制;作者认为这两项限制违反了公平原则,也无法达到立法者宣称的目的,存在不当之虞。苏今先生的《大数据时代信息集合上的财产性权利之赋权基础》,探讨了当前引发热议的“大数据”问题下的“财产权赋权基础”这一核心问题;文章从数据的生命周期这一关键概念出发,结合传统财产性权利的赋权理论,将数据使用中产生的添附价值作为赋予数据财产性权利的合理性基础。

最后,衷心感谢所有老师、同学以及实务界人士的关注与支持,特别是所有向评论赐稿的作者、法律出版社的韩满春编辑以及清华法学院知识产权研究中心的各位老师,本辑的出版离不开各位的帮助与支持,我们在此表示衷心的感谢!

《清华知识产权评论》编委会　连冠执笔

特稿——海外之声

驳功利论原教旨主义

[美]罗伯特·P. 莫杰斯*
郝　元**译　编委会、陈贤凯校对

译者按

知识产权的正当性基础并不是个新鲜的话题。然而在大洋彼岸,那个两个多世纪前已经率先把知识产权条款写入宪法的国家,关于这个话题的思考与辩论却从未停止。关于知识产权本质是一种财产权还是政府对自由市场的规制、专利保护是否已经过强以致形成“反公地悲剧”、版权的扩张是否不当以致背离了自由市场原则等等问题的争论不仅未随时间过去而尘埃落定,反而有愈演愈烈之势。利益驱动下,熊熊战火也从学界燃烧到了业界及政界,大公司及其代言人们近年来在国会频频游说,各种改良法案不断出台;反垄断执法机构伺机而动,时不时以怀疑的眼光紧盯权利人可能的“垄断”;最高法院也不甘寂寞,屡屡出手意图“力挽狂澜”……在这看似纷乱的一片喧嚣背后,一个待回答的问题依然是知识产权制度的正当性基础。基于天然的认知限制,我们人类总是需要一个框架或角度去认识一切问

* 伯克利大学法学院教授。
** 清华大学－微软创新与知识产权联合研究中心研究员。

题。那么这个制度是基于经济学结果效用最大化的功利论角度?还是看淡结果、更加强调权利本身正当性的道义论角度?抑或两者兼具?众说纷纭。

伯克利法学院的莫杰斯教授是美国第一流的专利法学者、专利制度经济分析的最强音。面对正当性基础的巨大分歧及其后果,以及现有纯功利论角度经济分析的实证证据并不足以完全确立制度正当性的现实,他开创性地借用了政治哲学中分层理论的结构设定,试图把大家纳入到一个能够进行建设性政策对话的“公共空间”中来。在《论知识产权的正当性》一书中,莫杰斯创造了这样的三重空间:底层是大家对于知识产权正当性基础的不同认知;表层是法律规定、案例法等具体规则;而其重点强调的中层,则是使得持有不同底层认知的人们依然可以和谐共存、共商大计的粘合剂:不可移除(“公有领域”)原则、效率原则、比例原则以及尊严原则。莫杰斯主张,即使人们的底层认知各有不同(严格功利论、非严格功利论、道义论等),但只要他们可以共同接受中层四原则,那么依然可以进行建设性的有效对话。换言之,完全可以存在多元化的底层正当性理论基础(“底层有着足够宽阔的空间”),而这并不妨碍大家在更具体的层面上进行建设性对话及合作。

并非所有人都欣赏莫杰斯教授的这一努力。2015 年,美国知识产权领域另一名顶级学者,斯坦福法学院的莱姆利教授发表《知识产权信仰论》,严厉地批评了莫杰斯教授面对实证证据的缺乏,不是选择去“质疑这个制度,或者质疑证据本身的可靠性,而是退而求其次地相信这个制度根本不需要实证证据佐证”。[①] 莱姆利进一步认为,莫杰斯对于实证证据的根本回避是因为他对于知识产权制度持有一种如宗教信仰般的“faith”(信念、信仰),而宗教信仰是与理性思辨根本相悖的。所以,他们之间根本无法对话,“无话可说”。[②]

那么,莫杰斯的《正当性》一书真的是对实证证据的根本回避吗?他与严格的功利主义者(如莱姆利)之间真的无法进行建设性对话吗?莫杰斯教授还有话要说,为此他专门撰写了《驳功利论原教旨主义》一文并授权

---

① Lemley 独家专栏,*知识产权信仰论*,翻译林佩、乔妮等,来源智合东方,https://www.zhihedongfang.com/2015/05/10482?from=message&isappinstalled=0,2017 年 5 月 23 日访问。

② 同上。

《清华知识产权评论》在国内首发其译稿，在此特别表示感谢。

一、引言

考虑过将标题取得含蓄一些，但我还是否决了自己的这一冲动，理由有三。其一，我试图回应的《知识产权信仰论》（以下简称《信仰论》），其文风并不含蓄。① 其二，选定的这个标题精确地说出了我想表达的中心思想。② 其三，作为一名习惯含蓄的作者，这次我想试试不一样的风格。

我的基本观点是，通往真理的道路不止一条。如我书中所述，独尊其中的一条已经够不对的：它堵塞了其他可能给我们带来有益启示的途径。而如果不仅唯我独尊，还将其他途径上行进的探索者们贴以“排斥异己”的标签，这就比较过分了。尤其是，当其他途径的探索者们已在努力追求一种多元化包容视角的前提下：想象一下你正竭尽全力地试图把其他观点囊括进体系中，而将自己的观点尽量谦卑、低调地表述，却被骤然贴上了一个狂热宗教分子的标签！这不是件令人愉快的事。

在本文中，我想表达三点。其一，《信仰论》的观点具有误导性。《信仰论》对我的主要批评包括：(1)非实证性推理的内在逻辑是可疑的；(2)任何并非严格实证性的理论均出于一种本能抵制反对意见，特别是那些基于实证研究的反对意见的执着；以及(3)由于那些主张此等理论的人以宗教一般狂热的信仰代替了严谨的推理，非实证性的知识产权理论不在学者可讨论的范围之内。我将一一批驳这些观点，指出上述批评虽然在哲学辩论中经常被采用，但通常并不正确，在知识产权的语境中也是如此。世界上存在并非基于严格实证数据的推理方式，而对于这些理性形式的信赖并不等同于宗教一般的“信仰”。很长一段历史时期以来，人们即利用非严格实证的方式来讨论什么是对、什么是错，他们通常也并不会本能地抵制实证性数据。事实上，我的一个比较新颖的主张是，实证数据已经在帮助研究者们理

① Mark A. Lemley, Faith-Based Intellectual Property, 62 *UCLA L. REV.* 1328(2015).

② 确切来说，根据洛杉矶 Loyola 法学院的 Justin Hughes 的建议，我“借来”了这个标题。

解人们对错观念的强烈程度与普适性,这对于《信仰论》关于道义论会本能抵制实证证据的批评是一个有力的回击。

其二,关于《论知识产权的正当性》(以下简称《正当性》)那本书,与本文相关的主张如下:③(1)对于某些人来说,以实证证据作为知识产权法正当性的基础并不能令人信服;(2)存在其他知识产权的理论基础,虽然同样并非每个人都能认同;以及(3)如果超越对于基础理论的分歧,而着眼于具体操作的层面,那么,在存在需要建立知识产权制度的共识前提下,实证证据对于此制度如何运行的细节性讨论将非常重要。

其三,《信仰论》结尾部分声称那些反对实证基础的学者无法参与和功利论(utilitarian)/实证研究主义(empiricists)者的学术对话,对此我回应如下。在《正当性》一书中,我已经预料到此类对于底层理论的分歧,因此在尽力寻求一种有效的解决方式。我的策略是借用多元化政治学理论,尤其是已故罗尔斯的一些学术成果。④ 如《正当性》书中所述,我一直相信知识产权领域政策性探讨的优势之一在于它们并非在基础理论层面而是在更表层的某个层面进行对话的。因此,我用"底层存在足够的空间"这一比喻来表达我对于基础理论多元化的支持。知识产权理论"底层空间"概念的意义就在于它可以将大家对于基础理论的分歧与操作层面的政策讨论分离开来。换言之,通过这一多层空间的架构,我试图明晰我们需要这么一个"公共空间",以使大家在对于基础理论存在不同理解的前提下,可以在更具政策操作性的表层空间展开建设性的对话。这并非思维封闭或狭隘,而是恰恰相反。

二、对于非严格功利论的批评

作为一场言辞激烈的修辞表演,《信仰论》本身提出了一些非常有趣的

---

③ Robert P. Merges, *Justifying Intellectual Property* 3,9(2011).

④ *Id.* At 9 - 10,104.

理论观点，⑤其主要论点有三。第一，不基于严格实证证据的说理都是不科

---

⑤ 这里我用"修辞"来指代一种诉诸感情而非理性的行为。对于一个通常的中性解释仅仅意味着辩论性的词语来说，这里的运用含有轻微的贬义。对比 Rhetoric, Dictionary. com, http://www.dictionary.com/browse/rhetoric(last visited Dec. 10, 2016)（将其定义为"夸张或展示的过度适用；夸大的言辞"），以及大英字典的第二种意思（将其定义为"以言辞去说服、影响或取悦的艺术"）。《信仰论》在这个意义上运用修辞，主要意图是将非严格实证主义的知识产权理论等同于宗教原教旨主义（这里我使用了本文标题中相同的形容；太恰当了！），这里的修辞巧妙且微妙。例如：*因为它是一种信仰，证据无法动摇它分毫，就如我不可能说服一个相信他的上帝在七天之内创造了整个世界的人那并非事实一样。当然，也许会有地理学或考古学证据来证明这个七天创造世界的故事并不可信，但信仰不仅仅对于是否需要证据支持不置可否，它对于证据的挑战更是不屑一顾。* Lemley, *supra* note 1, at 1338. 这里，对于不同理性证据的信任，比如康德的第一原则或一般道义论的分析，被隐含地等同于像创世论或相信地球是扁平的一般固执而非理性的信仰。对实证数据充分性的怀疑被等同于对所有实证数据的坚决抵制。换言之，放弃坚决的实证主义基础被视作是对固执的非理性基础的自动皈依。这样的修辞手法非常极端。事实上，它恰恰犯了《信仰论》批判别人的那种错误。它占据了一个极端的位置，切断了一切讨论及辩论的可能。技术上（中性角度）来说，这是非常错误的。参见 Matthew Finn, In Defence of Deontological Justifications of Intellectual Property 2 (Nov. 4, 2015), http://ssrn.com/abstract=2690947。抓住莫杰斯对于"faith"一词的运用不放，莱姆利将此理论的近期发展称作"信仰为基础的知识产权"。对于他的主张存在两种理解方式。其一，如引用莫杰斯的章节所暗示那样，知识产权的支持者们是出于一种信念，与正当性无关。无论他们怎样宣称，他们并非因为道义论的正当性才信仰知识产权。相反，这些正当性的证据只是一种事后性的解释或借口。这一主张的问题在于它带有人身攻击的性质，其构成了对于支持者们自身而非他们主张的攻击。即使支持者们的信念建筑在信仰之上，知识产权在道义论意义上的正当性仍然是有效的。（脚注略去）。如正文显示，我并不同意 Finn 关于"faith"一词在《正当性》中的使用意味着对于知识产权制度脱离正当性基础的信仰。我提及"faith"，恰恰是由于存在这些正当性的基础。Faith 或者信念可以建筑在权威性或者其他形式的证据之上。而关于人类伦理判断的证据（道义论的思辨），也可以如严格的实证证据一样有效及坚实。Finn 并非唯一注意到《信仰论》修辞基调的学者。参见 James Grimmelman, *Faith-Based Intellectual Property: A Response*, The Laboratorium (2d Ser.) (Apr. 21, 2015), http://2d.laboratorium.net/post/117023858730/faith-based-intellectual-property-a-response（"这是一种信徒或政客们惯用的手法。看到学术辩论中使用这种修辞手法，有点令人感到惊异……'Faith'在学术讨论的语言中有种不当的贬义。莱姆利的文章试图将一场学术讨论变成文化战争……它使得知识产权法，一个通常并非具有强烈贬义的课题，被泾渭分明的站队性主张占据……这种带有强烈文化色彩的极端主义对于抵制知识产权强保护的效果不好说，但它作为学术辩论的形式令人失望。"）另外参见 Lawrence Solum, Lemley on Non-consequentialist Justifications for Intellectual Property, Legal Theory Blog (Apr. 2, 2015, 11:30am), http://lsolum.typepad.com/legaltheory/2015/04/lemley-on-non-consequentialist-justifications-for-intellectual-property.html["莱姆利主张社会契约理论的经典代表，如洛克和罗尔斯，并未考虑知识产权。这是一种诉诸权威的辩论方式（在讨论法律问题时，如果其认为存在'权威'，这当然是一种有效的辩论方式），但在讨论伦理及政治哲学问题时是错误的。另外，莱姆利进行了带有人身性质的攻击，主张非结果正当性的支持者们都是被宗教性信仰驱动，这种辩论方式犯了一种经典的错误。"]

学、不具有说服力的;第二,其原因在于,此类说理从定义上来说即排斥挑战,因此更像一种根本的宗教性信仰;第三,因此,此类说理方式的信徒们不会也无法参与真正的学术讨论,由于他们的狂热已经将其与理性思辨隔绝开来。

(一)对于实证数据的严格信奉是通向真理之路的唯一路径

为了理解《信仰论》的第一个主张,我们最好先看一下其原文的具体陈述:"Merges 提到他对于知识产权法的'信仰',这的确是一个非常恰当的词。我把这种对于证据的放弃称作'基于信仰的知识产权'(Faith-based IP),既是因为其信徒们把知识产权制度的正当性建筑在信仰上,而且他们这样做的本质是出于一种宗教性的信念。这种新式宗教的信徒,他们信仰的是知识产权。"⑥

……

"当然,对于宗教你可以有自己的想法。我认识许多人,他们在宗教里找到了价值。但对我来说,把知识产权作为信仰的基础是一件非常诡异的事,原因如下:其一,一旦放弃了功利论的视角,我们很难找到知识产权作为一种前政治性权利的基础('prepolitical right')。"⑦

……

"他们转向一种'制造者即所有者'(I made it and so I own it)的理论,经常把这种视角的起源归结于洛克、黑格尔或者更现代一些的罗尔斯。但是,这些理论本身也不乏许多问题,例如,这几位知识产权现代派先知们(latter-day prophets)甚至从未在自己的理论中提到过知识产权。"⑧

请注意这里的修辞:"现代派先知"与"知识产权教的信徒",以及"那种情绪"(而非"那种想法"或"那种理论")。⑨ 通过这些修辞,《信仰论》将"道义论等同于宗教信仰、从而等同于非理性"这一主题进行了巧妙的加强。这种加强本身的技巧性也许值得赞扬,但它并不比文章的主题更值得推崇。将非功利主义的知识产权理论等同于非理性的宗教信仰犯了两个巨大的错误。其一,是它将所有与功利论/实证主义不同的理论均贴上了劣等品的标签;其二,更大的错误在于它将功利论/实证主义上升到了唯一通往

⑥ Lemley, *Supra* note 1, at 1337(footnote omitted).

⑦ *Id.* at 1338.

⑧ *Id.* at 1338-39(footnotes omitted).

⑨ *Id.* at 1343.

真理道路的高度。尽管其在文中认为对手们思路闭塞,然而通过将其他路径贬斥为原始的、天真的、非理性的以及落后劣等品的形式,功利论毫无掩饰地宣称自己才是唯一正确的真理。

平心而论,《正当性》一书的确使用了"faith"(信念)这个词,它在一定程度上可能导致了对其等同于反科学、非理性、原始宗教信仰的理解,但这是否如《信仰论》主张的那样,代表了一种"对于证据的放弃"以及对于清楚具体事实真相的回避,读者们会有自己的判断。这里引述《正当性》中提到"faith"的具体段落:

"经过各种努力,我依然不能回避这一事实:实证数据存在着令人惊异的非完整性。我认为,它们在相当程度上支持了知识产权保护的必要性,但尚未到不容置疑的程度,即那种我们可以非常自信地将其呈现在一群由不偏不倚的社会科学家组成的陪审团面前的程度。

然而,面对所有实证证据的疑虑,我对于知识产权法必要性与重要性的信念却有增无减。在这方面我似乎有许多的同盟军。数不清的法官在撰写判决时会以知识产权保护如何促进公共利益来开头,还经常引述托马斯·杰斐逊的一到几段话作为支持。"

这不过是一位作者,他认为现有的实证证据能够"比较肯定地"支持知识产权制度,只是还未肯定到无懈可击的程度。这就是"对于证据的回避"吗?这就构成对于挑战被人广为接受的信念之事实的拒绝吗?如果事实与证据根本不重要的话,为何作者要提到它们呢?难道因为作者对于"数不清的法官"的提及听起来像是"一种宗教信仰"?司法界真的存在那么多知识产权制度的绝对捍卫者吗?还有许多诸如此类的问题。

通过对整段原文的引述,我强调《正当性》一书的作者并不排斥任何实证证据,而只是对于现有证据的充分性表达了他真实的疑虑。对于他的话进行断章取义,可以树立一个很好的靶子来批判。但这更像是一种政治宣传,而不是学者之间的论辩。

抛开特定语境,"faith"这个词的含义并不等同于宗教信仰。牛津英语字典将其定义为"对于某件事物的用途或价值的……信任或依赖"。[⑩] 另

⑩ *Faith*, Oxford English Dictionary, http://www. oed. com/view/Entry/67760? rskey = ccW2Sj&result = 1#eid(lastvisited Jan. 15, 2017).

外,“belief”这个词也可以被解释为“对于一种假设、陈述或事实……内心的接受,以权威……或证据为基础”。⑪ 在这种广阔的、更准确的意义上,“faith”并不需要伴以宗教般的狂热,否则诸如“blind faith”之类的表达就变得多余了。相反,faith 的来源可以非常多元化。比如,我们可以说“出于对实证证据的 faith(信任),我选择相信 X”。《信仰论》的题目(“Faith-Based IP”)本身却混淆了这一差别:牛津字典将“faith-based”定义为“基于宗教信仰”,⑫而这同时概括了《信仰论》本身主张的精髓。请见:

“对于这个世界来说,他们并不认为[知识产权制度]比别的制度要好,或者它鼓励了更多的创新。相反,他们是将知识产权作为一种终极目的来信仰:知识产权是一种发明创造者天生就应该得到的前政治性权利。因为它是一种信仰,证据无法动摇它分毫,就如我不可能说服一个相信他的上帝在七天之内创造了整个世界的人那并非事实一样。当然,也许会有地理学或考古学证据来证明这个七天创造世界的故事并不可信,但信仰不仅仅对于是否需要证据支持不置可否,它对于证据的挑战更是不屑一顾。事实上,这个新型宗教的众多支持者们甚至将其作为信仰的优势之一,声称它‘消除了功利论角度要求实证证据的需要’。”⑬

此论断存在多处谬误,从哪里开始批判为好呢?

首先,认为道义论的主张者支持一种制度却“并不认为它对这个世界比别的制度要好”的论断是极端错误的。如果道德法则能够指引我们,如果我们遵循这些法则的教导来决定采用一种特定的“制度”,那么当然是因为这种制度“对于这个世界比别的制度要好”。对于道义论的支持者来说,法则指引我们向着更好的目标前进,这自然意味着我们认为目标制度是更好的选择:关于什么制度更好的价值判断与道义论的路径是一致的。另外,认为道义论的支持者们不顾自己选择的现实后果而盲目信仰一种制度,其谬误还在于它主张只能有唯一的标准去检验什么“对于这个世界更好”,即从纯功利主义角度

---

⑪ *Belief*, Oxford English Dictionary, http://www. oed. com/view/Entry/17368?redirectedFrom = belief#eid(lastvisited Jan. 15,2017).

⑫ *Faith-based*, Oxford English Dictionary, http://www. oed. com/view/Entry/67760?redirectedFrom = faith-based#eid4672949(lastvisited Jan. 15,2017).

⑬ Lemley, supra note 1, at 1337 – 38[quoting Richard A. Spinello & Maria Bottis, A Defense of Intellectual Property Rights 150(2009)].

实现对财富、幸福或效用的最大化。值得强调的是，这恰恰正是《信仰论》本身批判的、唯我独尊的学术路径——“只有我的思考方式是正确的”。

《正当性》的确提到了一个神学的比喻，认为对于知识产权理论基础的追寻可以与一名科学家对于大自然从哪里来或其目的是什么的追问相类比。但是，我同时明确了知识产权理论基础与科学家的例子中神学来源之间的区别：

“笔者并非主张康德或洛克在任何意义上构成了神学上的形象，只是他们对我来说，就像这个比喻中神学方面的阅读对科学家的启示一样，起到了类似的作用。他们在我熟悉的领域之外提供了一片新的天地，帮助我去解决关于理论基础方面的疑虑、使得我更自信地回到自己的领域继续前行。”[14]所以，这里再次强调，这种将《正当性》或道义论等同于宗教信仰的批判是没有道理的。

（二）先例：效率或正义

《信仰论》的主张有其较长的历史渊源。从这个意义上来说，它有着优秀的同盟军：如霍姆斯或波斯纳这样的权威前辈也以追求同样具有误导性的使命为己任。[15] 如政治哲学家 John Mikhail 解释说：

“有时候，追求促进效率以及财富增长等经济价值的律师与法官们会更进一步，主张其他建立在常识性正义基础上的学派在理论层面均不足以为一个法律制度提供支持。霍姆斯本人即为这种倾向的范例。波斯纳的著作，《道德和法律理论的疑问（1999）》（以下简称《疑问》）可能是一名法官为了促进法与经济学的发展而去攻击自然正义基础能够作出的最激进的尝试了。该著作包含了许多对于近期道德哲学的生动批判，以一种只有局外人才有的强力且直白的方式娓娓道来。尽管如此，这本著作的中心论辩却非常不成功。在其对哲学家的狂热批判中，波斯纳犯了一些惊人的错误，而这些错误意味着他曲解的基本问题不限于道德哲学，也包括法学领域”。[16]

---

[14] Merges, supra note 3, at 11.

[15] John Mikhail, Note, Law, Science, and Morality: A Review of Richard Posner's The Problematics of Moral and Legal Theory, 54 *Stan. L. Rev.* 1057, 1057 – 58 (2002). 关于霍姆斯的观点，参见 Albert W. Alschuler, Law Without Values: The Life, Work, and Legacy of Justice Holmes 25 (2000)。

[16] Mikhail, supra note 15, at 1057 – 58 (footnote omitted). 关于霍姆斯的观点，参见 Alschuler, supra note 16, at 25。

波斯纳的错误与《信仰论》非常相似,两者均主张基于非实证基础上的体系,而完全不考虑理性证据。如波斯纳所述,“并不存在普遍的道德准则,只有特定的道德直觉。”⑰ Mikhail 对波斯纳的观点进一步作了如下批判:

“波斯纳理所当然地接受标准‘特定主义’的假设,即人们的道德评价是个案判断,并没有所谓道德准则的支持。这一假设与道德评价机制的最佳解释不符。为了解释一名普通人如何对一系列新情况进行稳定、系统性的道德评价,我们必须假设她其实是被一套准则系统私下指引的。如果离开这种假设,她作出这些评价的能力以及我们预测这些评价的能力,将会变得难以解释。因此,波斯纳对于道德评价无非‘没有任何理论基础的、任性的喜好或厌恶’的主张从开始就不是无懈可击的。”⑱

(三)严格实证主义的替代品与科学精神背道而驰

《信仰论》谴责非严格实证主义者放弃了理性思辨,背叛了启蒙运动的精神。这里有两处错误。第一,莱姆利将实证主义等同于理性思辨本身,而其实理性思辨远不限于狭窄的严格实证主义。第二,莱姆利的论证包含了错误的二元对立论。关于道德的理性论证通常涉及对于一种普世正义或公平理念的诉求,而这显然并非特定主义的。事实上,众多文献从实证角度探讨了人们道德评价的规律性。换句话说,关于道德直觉存在众多的实证研究。因此在双重意义上,莱姆利都是错的。道义论的支持者并不回避理性,相反我们依靠它;我们也不拒绝实证证据,相反我们渴求并热爱它:这里唯一的区别是,一名道义论的支持者同时考虑人们共有的对错观,而不是仅仅对不同行动后果的实证数据怀有狭隘的、唯一的兴趣。

所以,也许恰恰是《信仰论》自己“对于证据挑战非常排斥”,至少当涉及关于对错的价值判断的时候是这样。事实上,学术界存在大量的文献,它们从实证及科学主义的角度揭示了道德对错判断在很大范围内的普适性,⑲范畴涵盖所有权、占有、财产权,甚至也包括无形财产,如思想与个人创造的所有权。

---

⑰ Richard A. Posner, The Problematics of Moral And Legal Theory 11(1999).

⑱ Mikhail, supra note 15, at 1092(footnote omitted)(quoting Posner, supra note 17, at 11).

⑲ 参见下面 1 部分。

1. 支持道义论的实证证据

过去的二十几年来,关于人们伦理评价机制存在广大共性的证据显著增加,以至于一些学术圈子中已经开始比较自信地谈及“道德普适性”。近来研究倾向于显示,与许多人的假设不同,基于直觉的第一印象构成了更加可靠的伦理判断基础。

以一个广为人知的伦理学思想实验“电车难题”为例。在这个实验的基础版本中,有人看到一辆失控的电车正向五个人疯狂驶去,除非它改变方向,否则这五个人都会被撞死。[20]此刻唯一可以改变电车方向的办法是按下变道按钮,这样电车就会驶入另外一条车道,那里只有一个人会被撞死。在实验的另一个基础版本中,唯一可以挽救五人性命的办法是将一位正站在路边的超重者推到电车前,这样他庞大的身躯可以挡住电车,当然可怜的他自己会被撞死。

电车难题的不同版本被伦理学者们用来探讨伦理判断的机制问题。有意思的是,伦理学领域的一个实证学分支正在利用电车难题来进行跨文化、年龄以及其他群体类别道德判断的研究。在一项实验中,研究者针对许多国家的民众就“电车难题”的上述两版本进行问询调查,发现尽管存在不同种族、宗教信仰、年龄以及其他社会背景,但人们对于哪些行动是对或错却存在非常普遍的共识:

“在不同的国籍、种族、宗教信仰、年龄、教育背景(包括道德哲学方面的训练)以及性别群体中,人们分享着一些共同的道德准则。具体而言,对于每一个被测试的亚群体来说,人们对于第一种情况(让火车变道)的道德容忍度要远远高于第二种情况(推超重者挡车),这暗示了三种[普世伦理]准则中的一种…… 或几种的组合或许在指引着每个群体的道德判断。”[21]

---

[20] F. M. Kamm, *Harming Some To Save Others*, 57 Phil. Stud. 227, 228 (1989); Judith Jarvis Thomson, *The Trolley Problem*, 94 Yale L. J. 1395 (1985).

[21] Marc Hauser et al., A Dissociation Between Moral Judgments and Justifications, 22 Mind & Languages 1, 15 - 16 (2007). 三种准则作者解释为:观测到的判断模式与至少三种可能的道德规则相一致:(1)预期损害 v 故意损害(双重效果准则):比起预期损害来,出于故意造成的损害更加不可原谅;(2)风险转移 v 风险引入:比起转移一个现存的风险来(如将一辆失去控制的火车转向),引入新的风险更加不可原谅;以及(3)直接损害 v 间接损害:比起间接损害来,直接损害更加不可原谅。其中前两种规则在哲学文献中可信的道德准则部分得到充分探讨,第三种规则近来也得到了行为科学以及神经生理学证据的关注。*Id.* at 15.

以 Donald E. Brown 为代表的学者们也记录了所谓"人类普适性"的伦理判断,有关重要论题,如谋杀、强奸以及盗窃的价值判断,并不随文化背景不同而有很大区别。[22]尤其值得强调的是,人类学家已经修改了一度盛行的"文化相对主义"理论,这种更正部分源于对于某些旨在展示不同做法的典型案例的再研究,并根据更加具体的研究对结果进行了更正。[23]但是,至今仍有一些哲学家未被其说服。[24]

有关道德直觉的误解部分与"直觉本身是什么"息息相关。许多粗浅的观察者们将直觉等同于"对证据的回避",即以直觉代替实证观察甚至科学事实。[25]但这种观点严重地误解了伦理判断的本质。一种关于伦理判断的深刻解释是,它们并非基于非理性的直觉,而是基于一种人类潜意识的"普世伦理语法"。[26]此概念的启示来自 Noam Chomsky 关于"全人类共享一种与生俱来的语言框架"的研究结论。[27]这里的关键在于研究者们是如何发现这种框架的。它不是通过猜想而发明出来的,而是由大量实证观察推导而来的。在语言的世界里,共有语法的理念变得越来越重要,正因为研究者们常常观察到没有经受过任何复杂语言训练的土著居民们"本来就懂得"正确的词语应用和句式结构,甚至对于之前从未遇到过的词句类型也是如此。[28]

这使得语言学家开始寻找关于人类具有天生掌握语言结构的强大能力的进一步证明。他们发现了大量的证据。

熟悉跨文化道德判断实证研究的伦理学家们根据上述发现提出了类似的伦理判断框架。而他们的观察结果,如对上述电车难题的回答,证实了尽

㉒ Donald E. Brown, Human Universals 6(1991).

㉓ 参见 Steven Pinker, The Blank Slate: The Modern Denial of Human Nature 23(2002);另参见 Brown, *supra* note 22, at 10。

㉔ 参见 Mark Alfano & Don Loeb, Experimental Moral Philosophy, Stan. Encyclopedia of Phil. (Mar. 19, 2014), http://plato.stanford.edu/archives/sum2016/entries/experimental-moral。

㉕ Lemley, *supra* note 1, at 1337.

㉖ 参见 John Mikhail, Elements of Moral Cognition: Rawls' Linguistic Analogy And The Cognitive Science of Moral And Legal Judgment 15(2001)。

㉗ *Id.* at 4.

㉘ 参见 Vivian Cook & Mark Newson, Chomsky's Universal Grammar: An Introduction 55 - 59(3d ed. 2007); Ray Jackendoff, Patterns In The Mind: Language And Human Nature 108 - 10 ((94); Steven Pinker, The Language Instinct 44 - 45, 285 - 88(1994)。

管人们的文化教育背景各不相同,但在一些基本的伦理问题上他们却给出了相似的价值判断。

2. 关于财产的伦理分析

另外一类实证研究与知识产权的价值判断有关。研究儿童道德认知的心理学家们的兴趣之一即在于儿童的道德情感是如何随年龄增长而发展的,其中一个分支涉及知识产权的价值判断。这个领域存在不少关于儿童所有权认知的研究,简要梳理这些研究有利于我们进一步探讨人类共有的伦理直觉的问题。

在一个典型的实验里,学龄前儿童先被安排观察到一个人拿着某种物品。随后,物品被搁置一旁、又被另外一人捡起。实验结果显示,孩子们通常从人们之前对物品的占有来推测他们的所有权:"谁第一个占有物品影响了儿童对于物品所有权的推断。研究初步显示,学龄前儿童在未被明确告知其不熟悉的物品所有权的情况下,能够推测出谁拥有什么。"㉙

研究还显示,先占规则对思想等无形财产和有形物体同样适用。如一篇论文所述,"儿童将有形物体的所有权规则应用在思想上"。㉚另外,儿童也具有将所有权与占有区分开来的能力。在一组众人之间传递物品的实验中,儿童们会一直追寻那个别人向其寻求许可以占有物品的人。他们推测此人即是物品所有者。这一研究与其他的研究还显示,甚至连非常年幼的儿童也能就物品所有权作出复杂的判断。其中一组研究报告的作者们这样叙述:

"6~8 岁的儿童根据谁先占有特定物品或持有特定想法来确定其所有权。第二组研究显示,儿童也会运用另外一种决定物品所有权的规则,即通过对物品的控制力(控制他人接触所述事物的能力)来确定思想的所有权。在第三组研究中,我们针对不同的思想类型发现了同样的规则适用。在第四组研究中,我们确认儿童并不会对所有事物运用所有权的概念,比如他们不会将其运用在常用词语上。研究结果综合显示,年仅 6 岁的儿童已经不

㉙ Ori Friedman & Karen R. Neary, *Determining Who Owns What: Do Children Infer Ownership from First Possession*, 107 Cognition 829, 829(2008).

㉚ Alex Shaw, Vivian Li & Kristina R. Olson, *Children Apply Principles of Physical Ownership to Ideas*, 36 Cognitive Sci. 1383, 1383(2012).

仅将所有权的概念运用到有形物品上,而且还包括思想想法。"㉛

上述研究显示,人们对所有权、公平以及创造性劳动的意义这些概念具有很强的认知共性。由于这些研究是跨文化或针对儿童进行的,它们倾向于支持一种结论,即对于这些概念的伦理判断可能更多地来自人类共享的道德感,而更少地来自特定文化的熏陶。

这些结果对有关"所有权以及创造性劳动的道德判断是个体化的、不稳定的"这一结论提出了挑战。批判道义论"不科学"的批评者们应深思。如一位评论者反驳波斯纳的观点时所指出的那样。

"人类共享的正义感足以支撑一些普世性的基本权利与义务,包括不被谋杀的权利,这一假设波斯纳从未严肃地正面回应过。而此假设有其道理,并被不少实证证据所支持。通读《疑问》(Problematic)全书,波斯纳身披科学的外衣,频频讥笑哲学家们不够科学。然而事实上,貌似正是他的相对主义,而非他们的普遍主义,与现代科学脱节。"㉜

同样的评论也适用于批判知识产权道义论的人们,正是他们本身与现代科学脱节了。因此,即使拒绝接受康德或罗尔斯道义论基础的人也必须面对这样的事实,即从实证研究的角度,关于产权问题许多人会利用一种共享的理论框架来进行伦理判断。令人费解的是,实证证据显示当论及伦理问题时,绝大多数人们并非经验主义者。㉝他们依靠的伦理判断如此常见和普遍,以至于接近于普适。无论人们怎样评价这些伦理判断,它们并非一些原始的、不可验证的以及不稳定的想法,而至少看起来是有特定规律可循的。换言之,它们绝非盲目的信仰,而是自成体系的理性思辨。㉞

(四)非实证主义者被排除在理性讨论的范围之外

《信仰论》为读者提供了一种隐含的三段论:(1)关于结果的实证数据

㉛ *Id.*

㉜ Mikhail, *supra* note 16, at 1062.

㉝ Olson & Shaw, *supra* note 30, at 438.

㉞ 这是否意味着我们应该将知识产权政策建立在儿童的道德直觉之上,应该基于对儿童怎样处理玩具和陶土玩具的研究结果而在所有情况下都采取一种绝对的、简单化的"强产权"保护呢?当然不是。这里的论点只是,道义论的思辨是建立在人们对于某些行为的对错怀有共同的伦理判断这一基础上的。关于更详细规则的主张要建立在更深刻、全面的论述之上;而此种论述的一个重要部分即功利论的实证证据。简而言之,如普适性伦理判断的证据显示,道义论是一种有意义的理论思辨形式,它并非盲目的信仰,也并不无视功利论角度的实证证据。

是进行理论讨论的唯一理性形式;(2)道义论的支持者,以及所有其他非严格实证主义者,诉诸除实证数据外的其他证据;所以(3)非严格实证主义者诉诸非理性的证据。简而言之,非严格实证主义者是非理性的,不受理性思辨的影响。

这又是一场令人叹服的表演:它巧妙地画了个圈,先将非严格实证主义者踢出圈外,然后感慨道,“瞧啊,他们已经置身于理性讨论的人们之外!把他们绑上火柱吧!”(好吧,我承认最后一部分是自己杜撰的。)

但这里的前提是,人们必须首先接受上述三段论的逻辑。不难理解,我拒绝接受。我不接受它的基本前提,由此也不接受其最后结论。这里我将再次强调,理性并不仅仅等同于功利论的实证数据。为展开讨论,我将举两例。第一个例子带有一些刻意的煽动性,而第二个例子只想给出一些详实的说明。这两个例子基于对纯粹功利论的两种批评:其一是纯粹功利论会导致一些道德上令人不悦的结果;其二是纯粹功利论并不实际。下面我将简要说明这两点。

纯粹的功利论路径可能导致这样的境况发生:如果一个社会需要特定数量的文学作品,一种可行的、保证稳定供应来源的最佳方法是把一小批高产作家关进监狱。在死刑或其他可怕刑罚的威胁下,命令他们每天或每月必须产出一定章节的小说、剧作或短篇故事等。给他们提供吃住,但不用支付任何劳务费。即使他们产出的作品质量仅仅是一般水平,很多粉丝读者也能得到较低程度的满足。这样每本书或故事的成本就会变得非常低,因为只需要承担最低标准的吃住费用,而这些费用也将被作品的所有读者分担。

如何来捍卫这个方法的正当性?如果这个社会足够大的话,读者群被满足而产生的累积福利/效用将会大于少数作家遭遇到的强烈痛苦。如果认为社会的效用总和是唯一重要的,那么以少数人的深刻痛苦来交换大多数人各自的微小欢愉将是可行的。

当然,这可能给一些人带来不快,毕竟他们读到的作品是以这样一种残酷的方式产出的。这种不快或许会减少他们消费作品所得到的福利,但可能仍然不至于将整个社会的效用总和降低为负的程度。我们或许会问到,为什么它会带来不快呢?是否这里面还是有一丝道德判断的味道:是道义论的影响吗?这里的重点并非去预测社会的效用总和是正还是负,而是试图指出一个简单的事实:如果社会效用总和为正,那么一个忠实的功利主义者会认为把作家们关进监狱是个好主意。“靠数字而生,靠数字而死”(live by the numbers,die by the numbers)格言用在此处可能再合适不过了。

综上,从严格的功利论角度来看,我们大多数人认为道德上令人厌恶的实践也许是可被接受的。而正是这种道德上的厌恶感,构成了对于纯粹功利主义的经典反驳之一。

(五)关于可计算性的批判

对于纯功利主义的第二种批评在于其不够实际。人们确定一项行为的总体后果通常非常困难,而这意味着从严格的角度去将功利主义奉为一切政策的基础是不可能的。

此种批评是基于计算能力的局限性,它包括数重含义。准确预测一项行为的所有后果非常困难。比如,研究因果论的文献对此困难已经表达得很清楚,甚至什么构成了下游事件的“重要性”或“可预见性”的原因也是复杂而不确定的。如果我们同时考虑到众多事件之间的互相影响,比如试图预测一个决定是怎样影响另一决定,或者关联行为是如何和最初的决定一起导致最后的结果,就会变得更加困难。

举例说明。假设我们需要确定网络平台服务商是否要为用户上传文件的侵权行为负责。一种建议是一般情况下平台服务商没有责任,只有当其发现特定用户的大量非法上传行为时,才负有将此用户屏蔽的有限责任。另一种建议则是提高平台服务商的责任,使他们在更多的情况下为侵犯著作权的上传行为负责,而不论上传用户是否可被识别,也不论平台服务商在被告知之前是否明知上传行为侵害了他人的著作权。

如何衡量上述建议的后果?第一种建议当然对平台服务商更有利:他们不用太担心侵权责任。但是这样的话,也许著作权所有人的利益可能因其变现能力被阻而受到损害?也许。但同时,平台相对较好的开放性却可能给更多的作者提供创作的机会,那么或许业余创作者会赢得更大的读者群。或许由于这种低水平的著作权保护,平台的使用者们将可能从更多样性的作品中获益。而另一方面,或许高侵权责任的选择会促进强大的版权保护过滤软件的开发。或许这种软件会被用于协助言论审查。或许它会导致自动补偿机制的发明,而这种机制会有助于识别侵犯著作权的行为,并帮助将小额的补偿转交给创造者。或许它还会促进更多欲以此谋生的创造者的出现。然而同样,如果平台服务商需要经常为侵权责任付款的话,他们可能会减少创新,或缺乏足够的资金来投资自己原创性的节目或音乐。而作为连带反应，这又或许会减少本来可以从中获利的艺术家们的收入。或许其中一些艺术家将不得不停止创造，世界将失去一些大师级的杰作。甚至有那么一两个在绝望中死去，或者决定不要后代。而这些未出生的孩子中可能有人会成长为科学家，未来治愈癌症，或者发明廉价、安全的可再生能源。或许……或许……可能性无穷无尽。

当我们以这种方式转动“或许”之轮，看到的将是功利论无可救药的复杂性后果。正如一位哲学家所述，“我们并非绝对一无所知，但我们几乎一无所知。功利主义的麻烦在于，一项行为的可预期后果通常只是它实际后果汪洋大海中的一滴水而已”。[35]试图为各种可能性的后果赋予概率的尝试也无法解决问题。因为这并不能消除问题的复杂性，而只是将其转移到一项不同的任务上，即为各种可能性赋予权重。简而言之，“如果功利主义者们认为对其不实际的批评有道理的话，他们也不应因此转向预期效用的功利论，因为它也无法回应前述批评。”[36]不难理解，此种批评同样适用于知识产权领域。首先，几乎没有一个知识产权领域存在足够广泛的研究，可以给出一种“社会效用总和”的结论。这个领域存在的许多实证研究通常仅考虑一种孤立的理论或实践，而极少进行过综合性的探索。[37] 因此，即使在典型的情况下，我们也并没有足够的数据来就假如上述行业去除知识产权保

㉟ James Lenman, *Consequentialism and Cluelessness*, 29 Phil. & Pub. Aff. 342, 350(2000).

㊱ Fred Feldman, *Actual Utility, the Objection from Impracticality, and the Move to Expected Utility*, 129 Phil. Stud. 49, 499(2006).

㊲ 参见 e. g., Christopher Buccafusco & Paul J. Heald, Do Bad Things Happen When Works Enter the Public Domain?: Empirical Tests of Copyright Term Extension, 28 BERKELEY TECH. L. J. 1, 29(2013)（主张版权到期并不减损先前享有版权产品的可得性）；Eric Budish, Benjamin N. Roin & Heidi Williams, Do Firms Underinvest in Long-Term Research?: Evidence from Cancer Clinical Trials, 105 AM. ECON. REV. 2044, 2045(2015)（认为专利的有效寿命扭曲了医药领域的研发机制，例如需要较短研发时间即具有更长有效寿命的药品通常会受到更多的关注）；参见 Robert P. Merges, A Few Kind Words for Absolute Infringement Liability in Patent Law, 31 BERKELEY TECH. L. J. 1, 12 – 14(2016)（总结了与知识产权绝对责任相关的实证研究）。然而，这里有一个可能的例外。目前看来一个比较可信的结论是如果去除医药化学领域的专利保护，将会给这些行业带来严重的问题。参见 Stuart J. H. Graham et al., High Technology Entrepreneurs and the Patent System: Results of the 2008 Berkeley Patent Survey, 24 BERKELEY TECH. L. J. 1255, 1325(2009)（强调目前研究只是集中在专利领域）。即使在这个例外情形下，结论也只能是试探性的，因为研究只是针对这些行业目前的结构组成。不能排除的是，如果经过一些基本结构的调整，如通过政府补贴或者与研发投资相关的广告规制，没有知识产权保护的医药化学行业也可能存活下去。

护的后果给出一种综合性的结论。

三、包容的多元化知识产权理论

以上部分回应了《信仰论》对我的批评,现在将开始另外一项任务。在下面的部分,我将简要总结《正当性》一书的主要观点。也就是说,既然前面部分解释了我的观点不是什么,现在我将明确自己的观点到底是什么。

《信仰论》的批评可被总结为下面三句话:非严格实证主义者是基于信仰,他们不听从理性的声音,他们认为自己垄断了真理。

为清楚起见,我们现在就来读一下《正当性》的第一章节选。它们听起来真的像一个宗教狂热分子的主张吗?

"经过多年的研究,尽管我已经对'知识产权'基础理论有了自己的理解,但并不认为自己的主张是唯一的真理。我在第二部分中展示的道义论并非这个领域仅有的可信基础。如前所述,目前掌握的数据(至少从我的角度看来)还不足以使得功利主义成为知识产权领域板上钉钉的根本。如果拥有更多的数据,也许这种平衡会被打破,令我或其他学者接受这个领域基本上是关于总体社会效用的判断,又或者这两种理论,功利论或者基于道义论的权利,都可以成为它的合理性基础。"[38]

在接下来的部分,我发展了自己的多元化路径。我回顾了已故罗尔斯的多元化民主理论,他主张对底层哲学理论怀有不同认知的人们仍然可以相互尊重及交流,从而创造出一个共享的、活跃的、民主社会中大家广泛参与的"公共空间"。我主张同样的多元化精神也可以适用在知识产权领域:

我的知识产权理论包括这种底层理论的多元化。对于知识产权整体社会效用的更多更好的证据我持开放的态度。对于我来说,也许某天功利主义的理论会变得无懈可击,它将取代道义论成为这个领域的基础。但在此之前,多元主义的巨大优势在于我能够与那些已经被功利主义理论或道义论完全说服的人们以及信奉其他理论基础的学者们进行建设性的对话。中层原则即为我们提供了这样一个共享的对话空间。它们就如同一份乐谱,

---

[38] Merges, *supra* note 3, at 9.

使得我们能够一起演奏，即使我们对于演出剧目的渊源与重要性的理解各不相同。中层原则使得我们可以容忍互相之间根本哲学观的不同。在我的理论中，这种概念框架包含了足够的底层空间，那里非常宽阔。[39]

这听起来像一份思想闭塞的狂热宣言吗？重新仔细研读这些章节，然后反观《信仰论》的文字，也许你会不禁想问：《信仰论》的作者究竟读懂了他要批判的书了吗？

（一）多元主义的基本主张

那么这种多元主义该如何操作？我们在与他人关于知识产权法正当性基础存在异议的情况下应如何互相交流？

这里的支点是"中层原则"。此术语借鉴自法哲学家 Jules Coleman，他用"中层"来形容这些原则是建筑在最深层的哲学分析（我称为基础或底层理论）之上，然而居于具体的表层法律规则之下。[40]

中层原则的概念描述了知识产权范畴的积极特性，同时也为底层的多元主义提供了建设性的理论支持。积极的一面是，对底层正当性持有不同理解的知识产权学者及实务人士经常在一起就政策选择展开辩论。知识产权文献、案例法以及学者们的博客常常充斥了关于具体案件、法则以及法规的探讨。事实上，莱姆利和我也常常就特定的政策提议进行讨论，并经常达成共识。[41]那么显然存在这么一些共识，使得我们可以对话及合作，尽管我们就为何一个社会需要知识产权体系这样的基本问题持不同见解。我的观点是，因为我们是在底层基础理论之上的一个层面交流；因为我们对于知识产权领域的中层原则如效率或比例原则的理解是一致的。所以，在实务层面，我们讨论并交换彼此的看法；在理论层面，这些中层原则令交流变得

---

[39] *Id.* at 10.

[40] *Id.* at 140; Jules L. Coleman, The Practice of Principle: In Defense of A Pragmatist Approach to Legal Theory 54 (2001).

[41] 从一份非常长的清单中摘出两例：（1）我们都有对于软件专利权利要求过宽及过度模糊的顾虑，也同样表达过如何更正这一趋势的观点；（2）我们共同撰写了一份针对美国发明法案涉及现有技术解释的意见书：意见书基于几种政策主张，包括对于过去法案解释传统的尊重，以及对于新解释与防止发明人在专利申请前过长利用其发明的政策背离的考量。参见 Brief for 42 Intellectual Property Professors as Amici Curiae Supporting Appellants, *Helsinn Healthcare S. A. v. Teva Pharms. Inc.*, Fed. Cir. Case No. 2016 – 1284 (Mar. 14, 2016). 上述第二种政策考虑部分基于对社会公众关于不存在专利权的信赖利益的保护，一种《正当性》一书中所述"不可移除"原则的应用。Merges, supra note 3, at 141 – 42.

可能。

中层原则具有双重属性。它们在多元化的底层理论与具体的表层法规或案例间架起了一道桥梁。在这个层面上,它们注定要起到类似于罗尔斯《政治自由主义》一书中提到的、在"公共""政治"空间中人们分享的基础共识相类似的作用。[42]也就是说,中层原则提供了一种共同的语言,这样一种可以与多元化底层理论和谐共存的概念体系。对比具体的法规或案例,它们更加抽象,也更加基础,但是它们所用的语言与底层理论是两套独立的体系。它们创造了一种共享的公共空间,使得较抽象的、脱离具体案例的政策讨论得以进行。[43]

我认为,知识产权法领域存在四项具体的中层原则:比例原则、效率原则、不可移除或公有领域原则、尊严原则。这四项原则是从广阔的法律法规和知识产权案例中涌现出的杰出原则。经我反复观察,它们代表了法官或者更小范围的立法者在处理疑难案件时所关注的主题、借喻和基本模式。这些原则跨越并且联结了大量的、多样性的知识产权规则。

中层原则背后的逻辑听来可能很熟悉。正如大家所见,我的理论主要来自罗尔斯关于现代政治多元主义的概念。对罗尔斯来说,"公共理性"的作用在很大程度上类似于中层原则在我的理论中对知识产权的作用。他将这种公共理性创造的讨论空间称为"相重叠的共识",而这也是我在这篇文章中一再试图强调的精神。中层原则为持有不同知识产权底层理论认识的人们创造了相重叠的共识。这些原则为进一步的政策辩论提供了共用的语言体系。它们搁置并在一定程度上化解了关于底层问题的异议,同时将散落的法规案例集结在一起。

Cass Sunstein 持有相似的理论,即所谓"未完全理论化的共识"(ITA)。[44] Sunstein 有关 ITA 的观点主要应用在司法判决及推理中。其主张是,法官们在判决中会习惯性地回避过度理论化,从而维护多元主义:这样虽然你可能基于传统的法则、先例及法律推理输掉官司,但并不意味着你的

---

[42] John Rawls, Political Liberalism 39(1993).

[43] Merges, *supra* note 3, at 140.

[44] 参见 Cass R. Sunstein, Legal Reasoning and Political Conflict 35 - 36(1996);另参见 Cass R. Sunstein, *Incompletely Theorized Agreements*, 108 Harv. L. Rev. 1733, 1735 n. 8(1995)。

更深层信念被一并否决。罗尔斯关于相重叠的共识理论却围绕着一个不同的问题：在一个自由的社会里，是否每一个公民个体都需要在道德、宗教或基础的世界观上持有共识呢？由于各种原因，罗尔斯认为个体们常常持有自己的一套基本信念；而一个文明社会应该使得持有合理但不同基本信念的人们可以在一起有效地生活及交流；支持这种有效共存的相重叠的共识应该不仅发生在具体操作的层面上，而且还应与“公共的”伦理价值观相关联。[45]

（二）可说的很多

对于中层原则的具体描述最好用几个例子来实现。我们可以从一个具体案例开始，*Helsinn Healthcare S. A. v. Dr. Reddy's Labs. Ltd.*，[46]它涉及对于2011年《美国发明法案》(American Invents Act 或 AIA）中的一个重要章节的解释。联邦地区法院判决认为，关于什么构成专利发明的“销售”这一问题，AIA以含蓄的方式推翻了多年的先例。专利申请之前销售的发明可以使此专利无效，所以这份判决将给专利有效性的相关法律造成很大的影响。

在一份请求联邦上诉巡回法庭推翻上述判决的法庭之友备忘录中，《信仰论》与《正当性》的两位作者共同主张：[47]（1）地区法院对AIA解释错误；（2）地区法院过于轻易地接受了AIA意图推翻“销售”含义百年先例的主张；（3）传统上限制发明者就其发明双重得利，即先从发明获利再申请专利（有时被称作防止垄断延期的政策），该限制对Helsinn一案同样适用。

沿用《正当性》中的术语，前两项主张即是在知识产权法概念体系的“表层”进行。这里是就法则与案例的具体细节展开讨论的地方，也是律师们开展辩论的传统比武场，他们从成文法的文义结构、案例法的比较类推等方面进行这项工作。

严格来说，第三项主张听起来更像政策性的论辩，而非法律或先例解释。当然，先例常常同时体现了很长历史时期的政策考虑，因此在表层的

---

[45] 关于罗尔斯相重叠共识和 Sunstein ITA 理论的对比，参见 Scott J. Shapiro, *Fear of Theory*, 64 U. Chi. L. Rev. 389, 390 - 91 (1997) (reviewing Sunstein, *supra* note 54)。

[46] No. CV 11 - 3962 (MLC), 2016 WL 832089, at *45 (D. N. J. Mar. 3, 2016).

[47] 参见 Amici Curiae Brief, *supra* note 41, at 2。

法律规则和中层的原则之间有时会有一些概念上的重叠。用《正当性》中表述的中层原则来说,Helsinn一案的政策性主张包含了以下几点:(1)不可移除原则,即不可把已经进入公有领域的信息再次纳入私权保护;(2)效率原则,因为允许垄断延期,即先从一项发明的销售中获利一段时期,再将其申请专利的实践会导致事实上延长专利保护期,从而过度奖励发明者。这种过度奖励可能造成社会资源的浪费。Helsinn一案中的政策论辩即从鼓励发明尽早披露的角度体现了效率原则,其不仅有利于现有知识库的壮大(当专利申请被披露或专利获权时),而且由于越早申请专利就会越早结束专利保护期,进而使得被私权保护的技术方案尽早进入公有领域。

这些中层的政策原则与数项更深层的认知相一致。对一名功利论者来说,效率原则与他的底层理论贴合得天衣无缝:仅仅当知识产权制度的所有方面,总体考量会产生正社会效用时,一名严格的功利主义者才会考虑Helsinn一案中的政策主张;而一名特别彻底的功利主义者甚至可能要求每一条知识产权法的规则及其细节都会产生正的社会效用。

另一方面,那些对知识产权整体功利论持怀疑态度的人们仍然可以同意Helsinn案中对中层原则的应用。例如,如果你认为以有限财产权保护的形式来奖励创造性劳动可以促进个体自主权与自我表达,那么构建一个高效的知识产权制度仍然是有意义的。换言之,可操作的高效率与对知识产权整体底层功利论基础的怀疑并不冲突。对于这些人来说,Helsinn案中的效率考量同样是有说服力的。另外,一名功利论的怀疑者可能也同样不赞成对已经进入公有领域的信息重新进行私权保护。与地区法院的Helsinn判决不一致的、对于“公有领域”含义的仔细考虑,会与道义论“只有新颖的创造性工作才值得产权保护”的主张和谐共存。换言之,对于“公有领域”的广义解释,等同于只有真正“新颖”的东西才值得保护的认知。

这里的重点是,两位对底层理念持有相当大分歧的知识产权学者,仍然不仅可以就具体案件的结果,而且还就背后的政策考虑展开讨论并达成共识。这就是《正当性》一书中中层原则的作用。

简要地,我们可以总结如下表:

概念的理论层面	论辩主张
1. 具体法律规则	法律条文解释
	案例法
2. 中层原则	长期存在的实践—效率
	防止垄断延期—非移除原则
3. 底层理论:功利论	总体正社会效用
底层理论:道义论	正当奖励有效制度的一部分

我的观点非常简单:讨论可以在层面1及层面2进行,而不用考虑层面3的一致性。这解释了为什么《信仰论》与《正当性》的作者们能够在 *Helsinn* 一案中合作撰写法庭之友备忘录,它也反驳了《信仰论》关于持有不同底层理论认知的人们无法对话的观点。事实上,如果人们容忍彼此之间关于底层认知的不同,而致力于在知识产权更具操作性的层面上展开对话与合作,他们将会收获更多。

(三)另一个例子

众多案例面临着一个共同的娱乐业难题。在时间点1,一名创造者将其作品许可给一家准备以传统媒介(包括书面文字、电影、电视等)使用它的公司。在时间点2,新媒体如录像、DVD、互联网等出现。在时间点1签署的协议可能包括一个条款,其授予被许可方以"任何媒介方式"使用作品的权利。在时间点2,创造者试图将其作品许可给一个不同的被许可方,其专注于新媒体领域;或者创造者以原许可不能扩展到新出现的媒体领域为由,试图与原来的被许可方签署一份新的独立协议。结果应如何?

多年来法官们为这种问题殚精竭虑,[48]学者们也是如此。[49]针对这些问题

---

[48] 参见 *Manners v. Morosco*, 252 U. S. 317, 325 – 26 (1920)(涉及对于演出作品许可的分析,其被许可人主张协议包括拍摄电影作品的权利);Bourne v. Walt Disney Co., 68 F. 3d 621, 630 (2d. Cir. 1995)(认为"活动画面"不限于电影胶片,而是足够广义到包括磁带);Tele-Pac, Inc. v. Grainger, 168 A. D. 2d 11, 15 – 16 (N. Y. App. Div. 1991)(认为授权通过将来以类似电视的装置播放的许可条款并不包括录像)。

[49] 参见 Stacey M. Byrnes, Symposium, *Copyright Licenses, New Technology and Default Rules: Converging Media, Diverging Courts?* 20 Loy. L. A. Ent. L. Rev. 243, 244 (2000); Kate Darling, *Contracting About the Future: Copyright and New Media*, 10 NW. J. Tech & Intell. Prop. 485, 485 (2012)。

的辩论,大家各具主张。其中一些主张基于特定案件中具体协议的用语,这正是基本法律推理的一部分,即《正当性》一书中所描述的表层结构。另一些主张则是从许多具体案件中抽象出来,听起来更像一般性法律或者合同解释的规则。例如,一种被经常启用的解释规则是,存在表述歧义时,协议应该被解释为不利于起草的一方。此规则也曾经被法庭应用在对于"新媒体"版权案件的解释中。[50]

而另一些主张基于更深层的考虑,它涉及一般性的政策考虑。例如,那些关于原来的被许可方应该天然享有在新媒体中继续行使权利的主张,通常强调其对作品享有完整权利这一信心的必要性。它可以被认为沿用了普通法中的增长原则(如一棵树的主人当然拥有树上所结果实的所有权)。[51]从根本上说,这些都涉及对效率原则的运用。

同时,那些主张一般情况下应该让创造者胜诉的观点则指出,将新技术囊括在先前协议的授权范围内,会剥夺创造者获得额外利润的机会。而要求一份新许可协议的主张则貌似是正当的,因为它能够使得创造者从被许可企业那里获得更多的补偿。

考虑到案件的具体细节,我们可以选择从不同的层面来加入对话,这种对话与多元化的底层理念是一致的。一名功利论者会致力于在新协议导致的额外交易成本与将权利授予创造者或被许可方所产生的激励效果之间寻求更好的平衡。而一名康德主义者可能会强调,拥有重新甄选新媒体被许可方的权利会给予创造者更大的自主权。[52] 我们再次以简易图表的形式来阐述论辩的不同层次。

---

[50] 比较 Rey v. Lafferty, 990 F. 2d 1379, 1391 (1st Cir. 1993)(指出特别考虑到协议双方的专业程度及经验,表述歧义应被解释为不利于合同起草方也就是被许可人),以及 S. O. S., Inc. v. Payday, Inc., 886 F. 2d 1081, 1088 (9th Cir. 1989)[反对在版权许可范围解释中不利于起草方(这里是许可人)的前提假设]。

[51] 参见 Thomas W. Merrill, Accession and Original Ownership, 1 *J. Legal Analysis* 459 (2009)。

[52] 参见 Robert P. Merges, Autonomy and Independence: The Normative Face of Transaction Costs, 53 *Ariz. L. Rev.* 145, 150 (2011)("如果独立创造具有效率之外的重要社会价值,那么我们或许应该考虑去负担一些轻微的、比纯粹基于效率的角度更高些的交易成本。换言之,如果更高些的社会成本被证实对一种重要的社会目的有用,也许我们会愿意接受它。当然,这意味着相对独立性具有促进效率之外的、自身的独特价值。")

概念的理论层面	论辩主张
1. 具体法律规则	合同解释
	合同解释的规则
2. 中层原则	效率:被许可方的稳定预期
	公平:版权法的本来目的
3. 底层理论:功利论	正性的总体社会福利
底层理论:道义论	创造者的自主权:分配正义—原创者的更高收入

正如前面 Helsinn 案中分析,即使在层面 3 无法达成共识,大家也完全可能在层面 1 及层面 2 上展开对话。持有不同底层认知的人们能够并且事实上也在与彼此进行着精彩的、具有建设性的政策讨论。换言之,他们之间可说的其实很多。

四、结语

在本文的最后,我想谈谈康德的"目的王国"。基于详尽的理性思辨,康德相信所有的人都应该被作为"自身的目的"来对待。[53]换言之,所有人都应获得尊重与尊严。其主张是尽力避免将他人作为工具或者障碍而物化。无论我们在干什么,部署军队、决定是否说出一件事实,还是在方便的情境下利用一名学者的文章来表达自己的学术观点时,都要持之以恒地坚持这个原则。

每个人都有权利被尊重,无论他们是否持有与我们个人一致的基本价值观。这正是自由主义的真意。也正是在这个意义上,《正当性》试图在知识产权领域构建一种自由主义的理论体系。这本书从未奢望得到一致的赞同,甚至谣传其作者也不知道他是否总同意自己的观点。但是,《正当性》确实付出了许多努力,去平等地尊重所有的知识产权理论。它试图在各底层理论大相径庭的情况下,找到一条能促使大家进行建设性的知识产权对话的路

---

[53] Immanuel Kant, Groundwork for the Metaphysics of Morals 28 – 29 (Jonathan Bennett trans. 2005).

径。无论从哪种意义来说,《正当性》都是建立在对其他观点尊重以及多元化观念认知的基础上的。你可以批判它混乱错误,你可以批判它太过天真,你可以理所应当地批判它枯燥说教、在并不重要的事情上学究气十足。然而你不能的是,在它如此努力试图去包容的时候,还来批判它的理论一家独大、不容异己、封堵了其他理性思辨讨论的路。

(李海敏　编辑)

专利和许可在创新获得外部融资中的作用*

[德]迪特马尔·哈霍夫**

程文婷***译　编委会校对

译者按

这是一篇迟到的翻译。2011 年年初,笔者仍在国家知识产权局发展研究中心工作时,因为课题研究的需要,在文献检索时看到了时任慕尼黑大学管理学院院长的哈霍夫(Harhoff)教授 2009 年发表在欧洲投资银行(European Investment Bank,EIB)工作文件上的这篇论文。兴趣所致,笔者直接和教授联系翻译事宜,哈霍夫教授及时回复,欣然应允。后来因为自己怀孕生子,翻译的初稿直到 2013 年 10 月才完成,而彼时笔者已经决定来澳读书,文章的发表再次搁置。由于讨论的问题对时下的中国仍具启示,旧文重拾,想借这个平台将这篇

---

* Harhoff, Dietmar, 2009, "The role of patents and licenses in securing external finance for innovation", EIB Papers 11/2009, European Investment Bank, Economic and Financial Studies.

** [德]迪特马尔·哈霍夫,作者发文时任德国慕尼黑大学管理学院院长,现任马普创新与竞争研究所所长,慕尼黑大学荣誉教授,主页参见 http://www.ip.mpg.de/en/mcier/people/professors/harhoff.html。

*** 澳大利亚国立大学博士生,博士学位论文研究中国参与知识产权国际规则制定的相关议题。邮箱:wenting.cheng@anu.edu.au。

经典的文章分享给更多知识产权法律、管理和金融领域的学者以及知识产权金融政策的制定者。

本文基于经典的有关融资约束、啄食顺序以及资本成本方面的经济学理论,讨论了专利和许可在(创业)企业获得外部融资中的作用。在对技术市场的研究中,传统的观点是:"对于无载体的技术(例如创意、技术秘密和专利)的交易要比对于这些知识的载体(例如机器或者其他人工制造品)的交易困难得多。"2008~2009年席卷全球的金融危机加剧了中小企业和初创企业所面临的融资缺口问题。如果囿于成见,许多初创企业将因融资缺口而面临绝境。哈霍夫教授在文章中明确指出,该假设低估了许可和专利交易在技术市场中的地位,并通过详尽的数据和案例分析了专利和许可作为融资工具的各种可能性,包括混合的商业模式及"步步为营融资"、专利作为外部股权融资的信号和诱饵、专利作为债务融资中的抵押品以及专利基金。和艰涩的模型分析相比,这篇论文用较为通俗的语言和详实的证据阐明了各种融资形式的基本运作方式、优点和局限性。

这样的分析既是对欧洲具体实践的总结,对中国而言也颇具借鉴性。2015年3月,国务院办公厅印发《关于发展众创空间推进大众创新创业的指导意见》,部署推进大众创业、万众创新工作。该意见明确指出"完善创业投融资机制……规范和发展服务小微企业的区域性股权市场。鼓励银行业金融机构为科技型中小企业提供金融服务。"各地方政府也相继出台了相应的实施意见。然而,这样的政策并没有具体而微地针对如何在技术市场的投融资机制中发挥专利和许可的作用提供可操作性的建议。因此,针对中国技术市场的特征,研究专利和许可在我国技术市场融资中的作用是我们目前面临并亟须解决的问题。哈霍夫教授在这篇文章中分享的德国经验为我们提供了可靠的参照系。

摘要:融资约束已经被作为阻碍创新的主要障碍而被讨论。中小企业和初创企业受其影响尤为严重。风险投资已经在一些国家出现并成为该问题解决方案的一部分,但也仅仅提供给有显著增长潜力的初创企业。近年来,新的中介机构已经试图根据创新企业的专利组合为其提供外部融资。专利已经被用作抵押品或者作为资产聚集为专利基金以寻求专利权的商用化。专利拍卖表明专利技术的市场正在初步形成。本文回顾了专利和许可在传统意义下的作用和作为创新融资工具的作用。文章也讨论了这样的发展对公共政策和专利制度设计的启示。

一、引言

经济学文献已经分析了在市场经济条件下,阻碍有效分配研发和创新资源的许多问题。这些问题中包含众所周知的由于知识具有公共产品的属性而引发的外部性问题。此外,理论和经验的研究还表明融资约束存在于特定的企业和活动(如研发)中。即使没有任何知识外部性存在,这些约束因素也会限制企业从事研发和创新活动的范围。一项最近的研究着眼于第三个问题,主张创新过程中,中期产出(如创意、专利、许可、计划蓝图和雏形等)的市场是不完全的。前两个问题导致了对创新的低效率投资,而第三个问题导致了低效率的劳动分工,因为技术(即前文提到的中期产出)市场是非透明的,而且在这一方面并没有良好运行。由此,交易被迫内部化,因此从专业化获得的收益也损失了。

本文主要关注后两个有复杂联系的问题。①其根本在于同一个现象——由于遵循公司具体的发展路径导致的技术的异质性,并伴随在替代使用方式、替代品和价值方面的信息不对称。如果创新过程中存在一个中间产出的市场,那么创新型企业融资的约束就可能不那么明显。中间产出可以被许可、出售、出租或者成为其他融资交易的一部分,从而将缓解资金短缺的问题。本文的议题是专利权确已发挥或者可以发挥建立这种技术市场的作用,而且可以作为支持创新融资的工具。

以下几个部分将详细讨论这些想法。首先,文章将概述在有关融资约束、啄食顺序(pecking order)和资本成本方面的经典理论。第三部分总结和讨论了专利和许可的经典使用方式。第四部分讨论了专利作为获取外部融资工具的相对较新的使用方式。第五部分讨论了现代专利制度怎样或者可以怎样被设计来支持专利的融资功能。第六部分总结全文。

---

① 这里展示的材料建立在之前和 Carolin Haeussler、Elisabeth Mueller 以及和 Karin Hoisl、Georg von Graevenitz 与 Stefan Wagner 共同研究的基础上。

二、融资缺口的理论和实证证据

信息隐藏、行为隐藏和不完全合约影响了债权和股权融资。下文简单回顾了这些市场的不完全如何导致融资问题——尤其是对于小型年轻企业以及创新型的企业。

(一)信息不对称和啄食顺序

信息不对称对融资的影响在债权融资领域已经有非常细致的研究。信贷市场与标准的商品市场的不同在于贷款人基于借款人偿还贷款本金和利息的承诺发放贷款。贷款人对借款人偿债能力的评估对于做出借款决定至关重要。均衡的数量配给由于信息不对称和不完全合约而内源性地产生——信息不对称是因为贷款人对借款人的了解不如借款人对自身的了解,合约的不完全性是因为约束借款人所有行为的合同约定是不可行的。在均衡配给的情况下,即使借款人给出的利息比市场上的贷款利息要高,贷款人也会决定不给借款人贷款。因此,贷款的供给并不等于基于市场利率的需求。

所有信贷配给现象的根本原因可以被追溯到利率的选择和激励效果。逆向选择会发生,因为借款人的平均质量将是借款人收取的利率的递减函数。此外,随着利率的增长,一个借款人将有可能从事风险更大的项目,除非贷款被完全抵押。因此,要么是一些贷款人无法收回任何贷款,要么贷款的规模将会低于借款人的需求(Bester and Hellwig,1987)。如果抵押品对于企业来说供不应求,企业有可能从事的值得融资的项目将因为缺少债权融资而不能进行。如我们下文将讨论的,这在大量生产无形资产作为中期产出的创新型项目中极有可能发生。

为了应对债权融资的缺乏,企业可能想发行股票。但是,如 Myers and Majluf(1984)所论述的,信息不对称和道德风险可能阻止经理人们这样做。他们分析了在下述情形下信息不对称的后果,即如果经理人掌握投资项目即企业其他资产的真实价值的知识的特权,;而投资者(或者贷款人)只知道这些价值的联合分布,直到项目的一些随机特征在事前被披露,经理人们被假定代表“老”股东行事。新股票只有当其发行不会对老股东不利时才会被发行,此处不利是指如果对于新股票的市场估值高于每一个老股东股票的价值。因此,经理人只会以低于预期价值的价格为投资发行股票。结果是,发行股票将被一个新的投资者视为一个坏的信号。基于这样的预期,企业将不会发行新股,即使项目有正的净现值。因此,在 Myers/Majluf 模型下,融资约束有负的福利效应。Myers and Majluf 论文基本理论的演化理论已经大量涌现,但是在这些发展的基本思想是一样的。既然经理人代表现有的股东的利益,企业可能偏好内部融资胜过债权融资,同时偏好债权融资胜过发售新股。这个预测得到了一些实证的支持(如参见 Thakor 1993, p. 461)。

因为这样一些观点,Myers and Majluf(1984)假设了一个融资的"啄食顺序"模型。在这一模型中,不存在如静态的 Modigliani – Miller 税收模型中的明确的最优资本结构,但是存在一个明确的资本成本的顺序。一旦冗余资源被耗尽,企业将必须借钱去满足其资本需求。最贵的资本将是新的股权。在一些情况下,企业更愿意放弃一个投资机会而不是发行债券或者股票。现金流外生变量将导致或多或少的投资处于这样的情况。

(二)不同类型的投资:资本产品 vs 无形资产

融资约束会对研发和创新项目的投资有特别的重要性吗?有许多原因说明为什么融资约束对于有形资本的投资和对于知识资本的投资有不同的影响,以及为什么创新和研发项目获得外部融资会比资本投资获得这种资助更为昂贵。同时,与研发投资调整成本有关的基础技术的差异和税收待遇的差异可能使研发支出对现金流的暂时冲击表现出高度敏感。最后,需要考虑不确定性的影响。

为了现在的讨论,让我们首先假设与大多数资本投资货品(厂房、财产和设备)不同,研发结果,如一个新的雏形、一项设计或者一项专利,不能被用作抵押品。这在很大程度上仍然是一条规则,但是也有重要的例外需要在以下的第四部分加以考虑。这一假设背后的理由很简单:研发支出中投资的份额只占到整个研发支出的差不多百分之十,创新过程主要的投入可能是企业特有的或者将要开发的新产品或者过程特有的。在这些条件下,不存在抵押品可以在破产的情况下清算的流动性市场。因此,外部融资者不能期望从抵押的无形资产中收回他们投资的大部分份额。

然而,由于显而易见的原因,企业可能不愿公开他们研发努力的内容和目标,因为这些知识可能会泄露给竞争者。②这种战略的考虑将会保持并且加剧信息不对称。但是即使不存在损害分享研发项目信息的动机的秘密,外部融资者对于长期有风险的项目的评价可能比对短期项目评价的成本更高。因此,如果相对于投资资本投资项目,资金提供者投资研发项目将面临更大的不确定性和更长期的规划,他们可能会针对研发项目投资要求更加昂贵的“次品溢价”。因此,即使没有以银行或者其他金融机构为代表的配给行为,为了获得对研发项目的外部资助仍然需要支付溢价。如果贷款人无法控制将由贷款资助的项目的类型,则资金成本将反映金融家对于项目平均风险的评估。综上,这些结果表明:相比几乎没有研发项目的企业,研发密集型企业面临着更大的内部资本成本和外部资助的差异。

投资的资本成本和研发项目的资本成本可能也因为研发和无形资产税收待遇受到不同影响。传统中,研发必须作为支出。这相对于资本投资而言是一项优惠待遇(在投资年份完全摊销),但仅仅当企业的确拥有能够因为研发支出而削减的税收债务时才如此。长时间内没有积极的税收债务发生的年轻企业将不能从这项待遇中获益。此外,将税收损失转账并不能完全补偿这项不足,要么因为税收损失的价值随时间而减少,或者因为一些税收机制限制了企业能够用过去的亏损抵消现在收益的程度。一个例子是现行的德国税法中的最低税收原则,它有效地限制了用已经转账的亏损来抵消收益。因此,一个年轻的企业不仅不能从对于研发的传统的税收待遇中获益,实质上还可能伴随着危险。因为企业不能将其无形资产资本化,它因为负债过重而倒闭的风险就会增加。新的税收和会计规则因此试图去解决这一问题。美国基本会计规则(General Accounting Principles,GAP)包括了一段时间内选择资本化或者支出的有限权利。这种选择目前在很多会计和税收制度下都存在,如在国际会计标准 ISA38 和 ISA39 中。总而言之,对于许多年轻企业而言,研发支出规则过去不能创造任何优势,而目前在资产负债表的资产项下明确列举一些无形资产(但是仅仅是发展的组成部分)的趋势并不能为研发创造特别的优势。

综上所述,理论观点表明研发和创新的融资将更受约束,因此与资本投

② 参考 Mansfield(1985)文中有关信息传播的速度的论证。知识传播的理论模型在以下两篇文献中被提出:Bhattacharya and Ritter(1985)和 Bhattacharya and Chiesa(1994)。

资相比更易受现金流变化的影响。

然而,也有其他的考虑反对这一结论。其一是,研发的调整成本可能比实体投资更高。的确,研发过程可能不能被延长或者加速到特定程度,而此种推延或者加速对资本投资而言是有可能达到的。科学家的解雇或者重新雇佣将会对企业的人力资源带来实质性的损失(也为竞争者带来潜在的收益),用于研发的资源不能直接用于生产(反之亦然)。这种效果实际上挫伤了研发对于现金流变化的长期反应。但是既然资本的边际成本是随着更高的边际调整成本增加的——而不是下降的,有更高边际调整成本的企业可能比更低调整成本的企业表现出更稳定的研发支出——即使在一个较低的平均水平。

最近的经济危机已经引发了对于不确定性、经济周期和研发之间关系的新一轮研究。Bloom(2007)发展出一个真实选择模型,在这一模型下他分析了资本投资和(或)研发对于不确定水平变化的反应。他发现经济的不确定性曾经出现过而且正在出现巨大的波动。较高的不确定性会降低总的投资、雇佣和生产率的增长,因为决策者们会努力推迟重要的决策。对于研发而言,Bloom 的研究表明:较高的不确定性降低了研发对于需求条件改变的反应程度,同时随着时间的推移增加了研发的持久性。Nabar and Nicolas(2009)研究了大萧条期间的研发投资行为。他们发展出一个模型,在这个模型中企业因为其对于将来发展需求确信的精确程度的不同而不同。有着较为不准确的预见的企业对于具体部门的信号比拥有较为准确的信息的企业的反应更为强烈。他们的实证调查也产生了非常有趣的启示。他们的数据显示在 1930 年到 1932 年期间学习和更新是做出研发决定的重要决定因素,但是在后续直到 1936 年的几年里却不是。达到资产流动性并不足以驱使企业从事研发活动——很明显,即使融资方面没有约束的企业也不愿从事反周期的研发。这些结果证实了:即使融资约束本身不是问题,不确定性也可能严重损害研发和投资。

至此,前一部分(有时是相互制衡)的观点已经在很多实证研究中得到了验证。我不会对这些证据做细致的回顾,但是将指出总体上的调查结果,尤其是 Hall(2002)③所做的综述。她在综合大量的实证研究的基础上,总

③ See Hall(2009)对该问题所做的更新。

结道有关融资约束或者融资缺口的实证证据已经非常明显。尤其是,大量的实证证据支持如下观点:希望从事研发的相对较小或者年轻的企业(中小企业或者创业企业)面临着相对的较高的资本成本。经典的融资机构没有准备好支持这些企业的研发融资。要找到令人信服的经验证据证明大的、成立已久的企业存在融资约束要困难得多。虽然对于这些企业来说研发和创新仍然面临着重要的外部性问题(如知识溢出),但是他们的融资缺口相较于中小企业和年轻公司而言要小得多。

(三)外部均衡和金融资本家的出现

上述总结的文献考虑了债券和公共股权市场,但是没有考虑私募股权(Private Equity,PE)。在本研究中,风险投资(Venture Capital,VC)作为私募股权最有趣的形式,明确地解决了有着巨大发展前景但是没有资产抵押的年轻企业融资的问题。风险投资是对有较高增长潜力的私有公司的股权投资或基于股权的投资(参见 Gompers and Lerner,2000;Kaplan and Strömberg,2003)。风险投资通常以有限合伙的方式组织。富有的个人和机构投资者作为有限合伙人和有经验风险资本家们(作为普通合伙人)一起组成一个合伙。这样的合伙一般的存续期是十年。此后,资本就会投入到年轻企业,投资者以其首选的股权形式作为回报。即使他们仅持有少数股份,风险资本家仍然有特别的权利来影响创业企业的管理。风险投资最初出现在"二战"结束之后,但是在美国到20世纪80年代才发挥重要作用,当时《雇员退休收入保障法案》(Employee Retirement Income Security Act)中"谨慎人"规则允许退休基金投资于包括风险投资在内的高风险的资产。当风险投资在美国快速发展的时候,它在除了英国、以色列、加拿大和新西兰在外的大多数国家仍然很不成功。缺少首次公开招股(IPO)的退出机制被认为是一个有效的风险投资市场在欧洲出现的最重要障碍。风险投资的出现说明其他的金融机构——尤其是银行和公共市场——尚不能够解决年轻企业的融资问题。更发人深省的是,大多数欧洲国家和欧盟一直没能为年轻企业建立一个强大的风险投资的融资渠道。

风险投资支持创新的积极作用业已得到了证明(Kortum and Lerner 2000)。但需要指出的是,风险投资的范围是有限的——它只针对非常重要的但是很小的一部分有着特别的高增长潜质的创业企业的融资需求。即使欧洲有了一个运行良好的风险投资市场,一大部分中小型的创新企业仍然将面临融资问题。

（四）总结

总之，融资缺口是存在的，而且它们对中小企业和年轻企业特别成问题。风险投资作为一种新的中介在二十世纪六七十年代的出现以及其后续的成功（至少在一些国家和地区）可以被看作欧洲创新型中小企业和年轻企业的融资需求没有得到现有的机构和参与者满足的证据。尽管这些启示确实已经显而易见，但是在这一方面仍然有很多问题没有得到解决。正如Hall（2002）所指出的，对于诸如科技企业孵化器、育种基金、种子基金（例如德国的 Hightech Gründerfonds）和对于创业企业其他形式的补贴等的各种政府政策的有效性还知之甚少。而且，对于公司治理机制以及规制如何与不同类型的信息问题相互作用的信息也很缺乏，而这些信息问题是创新融资约束的根本。分析这些因素如何影响创新相当重要。不幸的是，历史已经表明，政策讨论经常忽视了这些方面，而只关注于资本投资和折旧的问题。这样的关注已经显得越来越过时了——会计和税收制度的设计应当更加关注于它对于创新和培训的影响，而不是其对固定资本的安置的影响。

此外，正如下一部分所要说明的，有很多相对新颖的融资安排还没有受到学术讨论的密切关注，但是一些创新型的融资企业和投资人已经对于新的安排下了可观的赌注。这些新的机构和投资人的崛起是否应该得到以及怎样得到政府的支持尚无定论。为了将这些新型的融资机构与更加经典的专利和许可的使用相区别，下一部分将首先对于知识产权的"旧世界"做一总结。

三、专利的传统功能及用途

专利能够成为企业有价值的资产是因为它保护了发明并且可以转化为创新产品（Cohen et al. ,2000 and Dechenaux et al. ,2008）。专利可以通过其排他性保护公司的竞争地位。这主要是说专利承载着私有的价值。④ 支持

---

④ 仅仅这一点并不能充分地从规范的角度证明专利制度的合法性。但是，专利制度福利平衡结论性的证据的缺乏一直困扰着经济学家。参见第五部分对于该问题的更多评论。

这一观点的最令人信服的证据来自分析市场对于危急事件(如在诉讼当中丧失专利权或者在异议程序中专利权受到打击)反应的事件研究。由于诉讼案件常常是意外的消息,这些研究接近于实验的安排。例如,Marco(2001)在一项研究中分析了专利诉讼的结果对于股票价格的影响(158个美国公司的413项专利)。这些事件对于股票的价格有着巨大的影响。一旦专利的有效性在法院判决中得到确认,股票价格平均上升一个百分点。“坏消息”(专利权撤销或者权利要求的范围缩小)会导致股票价格平均下降0.7个百分点。专利权对于公司市场价值贡献的更多证据来自Hall et al.(2005 and 2007)对于美国的研究以及Sandner(2009)对于欧洲的研究。Haeussler et al.(2009)分析了异议(即第三方正式要求撤销专利权的请求)对于股价的影响。他们发现,股票市场对于专利异议会做出反应。依据历史经验,在三分之一的案件中这样的异议会导致权利被撤销,而在另外三分之一的案件中,异议则会导致对专利权的限制。因此,异议对于专利权人构成了现实的威胁。Haeussler et al.(2009)发现股票市场对于引证度高(假定有价值)的欧洲专利的反应尤为强烈,但是如果遭到异议的专利被认为是“学术的”,也就是如果该专利与大量的在科学文献对先技术的参考相关,股票甚至会升值。虽然专利有价值,但是专利价值的分配却有着很大的分散性。作为经验法则,仅仅10%的专利就会占据一个专利组合90%的价值(Scherer and Harhoff,2000)。诉讼和异议往往针对的是更有价值的专利(Lanjouw and Schankerman,2001)。

专利的资产属性可以被追溯到它们用于防止完全竞争的事实。在有弹性需求的市场上,这允许企业获得更高的利润。此外,专利传递着企业的生存优势。Cockburn and Wagner(2007)调查了专利对于356家在20世纪90年代股票市场泡沫的巅峰时刻上市的网络公司生存机会的影响。他们发现截至2005年3月,这些公司中的66%已经从纳斯达克交易所摘牌了。样本中不到一半的企业曾获得专利保护。那些获得专利保护的企业比没有专利保护的企业拥有显著较长的生存期。正如两位作者在一份详细的计量经济分析中所展示的,专利与企业生存存在正相关关系。有趣的是,这种正相关的结果看上去并不支持商业方法专利,在评估中它们没有明显的生存优势。

即使专利没有资产价值(在它们可以作为交易的标的这个意义上而言),它们也可能服务于一个重要目的,即支持诸如合作开发一项改进技术的经济交易。专利保证了技术所有人的权利,并且使得各方能够在明确界定所有权归属的基础上订立合同。Merges (2005)曾经提出过这一论点的一个复杂的版本。在Merges看来,产权支持前合同义务,因此在截至合同达成的这段期限内能对披露敏感的信息给予一定的保护。此外,由于在执行过程中财产权给予其权利人许多重要的优势,产权在合同签订后提供了执行的灵活性。产权因此支持了交易,而且也将支持云集了专业性公司的更加富于交易的经济的兴起。

虽然专利对于技术许可并不是必须的,但仍然有很多许可合同是以专利权为基础的。许可的精确范围受制于一些不确定性,但是很多研究得出结论认为大约有10%的专利被许可。参见Motohashi(2008),Nagaoka and Kwon (2006)以及Gambardella等(2007)了解更重要的研究。因此,有少量的交易已经发生了。然而,进行许可的条件很难预估。例如,当单个的专利权重复而且边界不清的时候,专利可能形成复杂的"丛林"。专利所有人和技术的使用者不能准确决定他们可能侵犯了什么权利或者是否有其他人侵犯了他们的专利权。相比去法院提起诉讼,企业可能更愿意选择将其专利组合的一部分交叉许可,甚至形成一个专利池。在这样的情形下,专利作为达成协议的货币,替代了花费高昂的法院裁决。有时,伴随交叉许可安排而来的还有给予贡献了特别大份额专利权的协议方补偿性支付。交叉许可在概念上不同于具体专利的许可,因为它被用来避免法律纠纷,而不是进行技术权利交易。

专利还起着其他的作用,如展示申请人的技术实力或者作为发明人技术实力的可视性标记。这些功能不容小觑。鉴于专利局提供他们的检索服务时在费用方面有一定资助,一些公司甚至使用专利制度作为对其研发人员的评价工具。

在PatVal-EU调查中,经由欧洲专利局授权的发明人被问及他们的专利是否被用作商业或者工业目的,或者是否被许可(Giuri et al. 2007)。他们也被要求对专利活动的不同动机进行评价(分为1~5 5个等级)。这些活动包括许可、交叉许可以及战略原因如阻止竞争者。这项研究区分了以下六种专利的使用方法:

- 内部使用。专利因为商业或者产业的原因而内部实施,它可以被用于一个生产过程或者融合到一种产品中。
- 许可。专利没有被申请人内部使用,而是被许可给第三方。

• 交叉许可。专利被许可给第三方,用以交换其他受专利保护的创新。

• 许可和使用。专利既被许可给第三方,也被申请人组织内部使用。

• 阻止性专利。专利既不内部使用也不用于许可,而是为了组织竞争者而申请。

• 沉睡专利。专利不被用于上述描述的任何一种用途。它对权利人而言,可能还有作为保护一项完全不同的技术方案的选择性价值,但是它不对竞争者产生阻止性的效果。

Giuri et al. (2007)的分析表明有超过一半的专利是由申请人组织为了产业或者商业目的实施的。大约有 36% 没有使用,其中一半是阻止性专利,而另一半是沉睡专利。最后,6.4% 的专利被许可,4% 既被许可也被内部使用,3% 用于交叉许可协议。

大企业和中小企业的区别得到了特别关注。整体而言,小企业将其 26% 的专利许可出去,同时有 18% 未使用。这与大企业形成了鲜明对比,它们将 10% 的专利许可出去,同时有 40% 未使用。因此,企业规模和企业类型在很大程度上解释 了专利使用和许可的范围的差异。正如前面的著述中所提到的(如 Mowery et al. ,2001),公共或私人的研究组织以及大学将其技术的很大部分许可出去,而不是内部使用。

即使这些结果的大部分归因于一个事实,即大企业有更低的边际成本从而仅仅为了战略目的维持其专利组合中的一部分专利,这些结果也与如下观念相一致:中小企业将寻求将其技术许可出去从而为企业找到资金来源,同时相比大企业而言,中小企业将从一个有效运行的许可市场中获得更大的利润。已有的文献印证了这一点。近期,对于这一观点的更多的支持来自于经合组织(OECD)(Zuniga and Guellec,2009)以及美国的研究人员(Graham et al. ,2009)所做的研究。

四、专利作为融资工具

(一)技术的市场

自 Arora et al. (2004)以来的近期研究已经开始强调技术市场的重要

性。这一概念是指没有载体的技术的市场交换。许多的经济学文献都遵循了一条假设:对于无载体的技术(如创意、技术秘密和专利)的交易要比对于这些知识的载体(如机器或者其他人工制造品)的交易困难得多。传统的观点低估了许可和专利交易。如前一部分所述,尽管许多专利没有被使用,许可还是相对少见的。

许可交易总的货币量已经成为一些研究和投机的对象。值得注意的是,许可(在一定意义上允许接触技术的授权)产生的原因很多,其中的一些原因与真正的市场交易并无关系。例如,在跨国企业内部,许可可以被用来将利润转移到税收较低的税收管辖权内。基于知识产权无形的本质,将专利权转移到一个位于低税收国家的子公司可能导致位于高税收地区的跨国企业机构支付给位于低税收地区的跨国公司机构高昂的许可费。国际贸易当中的很大一部分发生在跨国企业内部(Maskus,2000)。因此,为了“税收优化”的目的而使用无形资产应该是实践经验中非常重要的一方面,但是其程度如何不得而知。此外,在概念上将许可和不同的活动区分开来是非常困难的,如为了规避诉讼而进行的交叉许可。在这种情况下,并没有进行真实交易的市场表征,而仅仅是为了防止法律的冲突。

Arora et al.(2004)估算在20世纪90年代中期,世界技术交易市场的交易额为350亿~500亿美元。这一估算包括了技术秘密的许可和转移以及基于其他形式合作(如生产和市场营销)的转移。Athreye and Cantwell(2007)使用了来自国际货币基金组织世界发展指标数据库中的国际收支统计数据来计算全球的许可收益。他们的时间序列显示世界范围内的许可和使用费在1980年大约是100亿美元,在1998年则达到800亿美元(Athreye and Cantwell,2007,图2)。目前还不能确定这些增长中的哪一部分是由跨国公司的内部交易带来的,以及在多大的程度上转让费是相关的因素。2005年《经济学家》的一期专刊估计2005年的专利许可收益大约是1000亿美元。据估计,仅仅美国的许可使用费占其将近一半(450亿美元)。调查证据(正如 Zuniga and Guellec,2009,p.16)显示许可的频率和许可费收益都呈现上升趋势。他们的调查数据非常有说服力,因为他们将分析限制在非关联机构的许可交易中。因此,虽然仍然需要更加准确的数据,但是已经有证据显示技术市场正在成长。除了这一证据,如果不到十分之一的专利被许可(见上文第三部分),那么这指向了一个非常不完全的市场。

技术市场的另一个部分可能是专利权的彻底出售。然而,专利交易中鲜有数据支持这一观点:技术市场不具有流动性。Serrano(2008)和Burhop(2009)最近的研究证实专利交易已经具有一定的规模,或许甚至比许多经济学家原来料想的还要大。Burhop(2009)发现德国皇家专利局在1884年到1913年间所授予的所有专利当中大约有8.3%转让给了其他所有者。Serrano(2008)发现美国在1983年到2002年间的转让比率达到了13.5%。在两种情形下,在法定的存续期内转让的专利的比率非常小,这也证实了该市场可能存在较高的非流动性的特点。转让水平低的其中一个原因可能在于技术具有特异性的本质。许多专利保护的发明是企业在追求其特殊发展路径时创造的。与此同时,交易的缺乏可能直接反映出高水平的信息不对称,它可能导致市场失灵。

建立一个技术市场可能相当于允许企业在创新过程的投入和产出之间进行交易。这将产生有益的效果。首先,专注于创新特定阶段(如设计阶段)的专业化的企业将会出现。Hall and Ziedonis(2001)研究了半导体产业中专利对于产生专业设计企业的相关性。除了专业化所带来的经济,一个流动的透明的技术市场也将通过允许企业缩短从初始投资到达到市场化产出的时间来缓解融资约束。中间阶段的融资需求将会减小,因此对这些步骤采取内部融资的可能性将会增加。此外,如果存在便利的市场,贷款将可能被抵押,这为更多的债务融资打开了局面。最后,由于创业企业能够更快地清算,获得私募股权融资的可能性将会增加。目前私募股权高度非流动性的本质对投资人来说变成了非常高的风险溢价,进而转变成了非常高的融资成本。

技术市场并不是万灵丹。正如Gambardella(2002)所指出的,它们在缓解其他市场失灵的同时可能引发新形式的市场失灵。尤其是,它们可能产生与配合创新过程的中间投入有关的外部效应。对于技术市场而言,还有很多值得学习,但是就目前而言,关注其积极特征应该是恰当的。

而且,专利对于技术市场的发展的贡献是多方面的。他们可以保护资产的价值,降低交易成本,促进许可和技术交易,作为抵押,或者给投资者提供重要的信号。正如Epstein and Pierantozzi(2009)指出的,在抵押物被扣押或者破产时,专利也能够帮助挽回价值——这也会进一步降低资本的事前成本(ex-ante cost)。这些方面将在后续部分讨论。

(二)混合的商业模式以及"步步为营融资"⑤

以成长为导向的企业势必处于高度循环的融资环境中。风险投资的供求在一段时期内经历了巨大的起伏波动。所以,企业为了在缺乏融资的期间求得生存转而从自身寻求融资措施并不奇怪。有一种被提到的战略叫作"步步为营融资"(financial bootstrapping)——创业企业试图将增长速度放慢以达到能够被即将来临的融资支持的进度。"步步为营"的战略可以被研发服务的工作支持。这使得企业能够维持一支运转正常的研发团队,他们可以在融资条件允许的情况下转而为自己的发展目标工作。

在这种情况下,即使将来要交付技术秘密和受专利保护的发明的前景也将会支持创业企业的融资。在 20 世纪 90 年代,生物技术企业开发出混合的商业模式,这种模式允许他们通过与医药行业的大企业签订研发协议,从而在长期缺乏融资的环境下生存。医药生产商一直热衷于补充其产品生产线,这些生产线曾受到过期专利和少量新临床个体(new clinical entities(NCEs))的威胁。大企业并不是将寻找新的临床个体的成本内部化,而是在药品研发的初始阶段不断寻找和较小的生物技术企业合作。

Haagen et al.(2007)在对英国和德国的生物技术企业的对比评价中,评估了企业使用这种方式的程度。他们表明,在一个风险投资贫乏的国家(德国),创业企业更多地使用混合的模型,也许是因为其他的融资渠道在数量上显得不够充足。采用混合商业模式的企业与第三方签订研究或者服务协议来为公司自己的研发活动融资。本质上,这些企业之间的合同关系是事前许可。英国有 55% 的企业采用了这种"步步为营"的融资模式,与之相比,德国有 63% 的企业采用了这种商业模式。在小于五年的企业分组中,Haagen et al. 发现大概有 66% 的德国企业和 60% 的英国企业采取了混合的商业模式。德国企业中,大概有一半的人员都在从事合同研究和服务,来为本企业的研究融资。有些出乎意料的是,英国企业中从事于合同研究或服务的人员比例也相对较大,达到了 45%。

步步为营的战略可能与企业自身产品和技术的快速发展相冲突。毕竟,采取步步为营战略的企业选择了一种减少外部控制的融资方式,但也可能延缓创业企业自身的成长。这也许不是最优的。事实上,早期进入者在

---

⑤ 这一部分基于 Haagen *et al.*(2007)。

一个很大但未成熟的市场中经常能够获得非常大的收益。美国企业主导新兴技术市场的原因可能是由于他们拥有融资的渠道,这使得他们能够迅速成长。这也许不是欧洲快速成长的高科技企业(相对)较少的唯一原因,但可能是导致这种现象的非常重要的因素。

(三)专利作为外部股权融资的信号和诱饵(attractor)

专利对于想要获得融资的公司(尤其是在其早期)的相关性不断地在已有的文献中被提及(Hayes 1999;Lemley 2000)。高速发展的创业企业的融资来源是有风投资本家提供的外部股权(MacMillan 1985)。因此,需要资金的企业将努力获取外部专利,如果这样做的成本对他们来说不是太高。

专利增加了独占的可能性,因此为创新提供了激励。此外,专利促进了技术的许可(e. g. Gans et al. ,2002)。它们增加了公司作为收购目标的吸引力(Cockburn and Wagner,2007),也使得风险资本家能够从一个失败的公司收回残余的价值。然而,学者们在文献中也指出"专利强度"在不同的产业中是不同的,因为很多产业中,专利没有保护创新的其他途径那样出色,如先驱优势(first - mover advantages)或者商业秘密。但是一般而言,专利对于风险资本家是很重要的。Baum and Silverman(2004)考察了风险资本家和后续公司绩效使用的选择标准。他们发现,在美国专利商标局的专利申请量和股票首次公开发行之前融资(被定义为风险投资以及私募)之间存在正相关关系。有趣的是,专利授权对首次公开发行也存在正效应,但是比专利申请要小。

在大量文献研究专利作为保护知识产权手段的传统观点时,Long(2002,p. 625)发现学者们忽视了专利作为信息的功能,它"对于权利人而言可能比实质的权利更加有价值"。而且,对于一个投资者有关的信息可能不仅仅来自专利的授权,而且也来自专利产生过程的其他方面。最近,许多学者开始关注专利对于风险投资融资的作用。Hsu and Ziedonis(2008)以接受风险投资融资的半导体行业创业企业为样本发现专利对于投资者评估公司价值的正效应。他们发现,在最初的资金运转环节这种作用更大,因为那时信息不对称是最大的。另外,更加杰出的风投资本家更加关注专利的价值。Lerner(1994)也指出专利对于公司价值的积极影响。

风投资本家需要在更高不确定性的情形下做出决定。技术型创业企业更难被评估,原因是不存在外界可以用来评价其潜力的追踪记录,他们常年无法获得首笔营业收入，他们的资产大多数是无形的，并且他们面临着很高的失败的风险。这些缺陷使得风投资本家们花费巨大的经历去寻找和评价表征企业增长潜力的信号（Amit et al. ,1990;Hall and Hofer,1993），也促使企业家进行一些象征性的活动来获得合法性（Zott and Huy,2007）。

信号的价值在于减少信息不对称（Spence,1973）和信息成本（Long 2002）。总体而言，已有的文献已经明确了三大类与技术型创业企业相关的信息。第一类信息包括教育背景以及成立历史（Eisenhardt and Schoonhoven,1990;Burton et al. ,2002;Shane and Stuart,2002）。第二类信息包括以隶属关系为形式的、表明与某人或者某组织有关的信号（e. g. Stuart et al. ,1999）。第三类包括了创业企业之前所取得的成就。专利授权，甚至专利申请将可能被视为此类成就的一种，用以表征一个公司的技术实力。

在专利活动过程中产生的信号的价值是：它们减少了风险资本家和新的、未经承认的、寻求资本的企业之间的信息不对称，此外它们还将融资人的信息成本最小化。甚至一项还没有被专利局授权的专利申请都可能构成这样一种信号。专利申请的准备要求花费精力和时间，因为申请人需要遵循严格的指导并且需要以一种结构化的方式包含技术信息。熟悉专利申请要求的人由此可以更加快捷地评价一项发明，以及创业企业所使用的技术的优势和劣势。

专利促进风险投资的收购的观念是非常直观的。从一个投资者的角度来看，有很强的专利权的创业企业应当更受青睐，因为专利能够通过允许创业企业排除其他人使用其专有的技术来保护其市场地位。而且，一旦创业企业失败，专利可以允许风险资本家获得一些残值，在这一方面，专利既可以作为在成功案例和失败案例中均可提高投资价值的有价值的资产，也可以作为在一定程度上证明了创业企业自身有一项具备新颖性和创造性的技术的信号。在后面一种情况下，专利的作用主要作为质量认证，从投资者的角度可能能够减少信息问题。两种功能是相辅相成的，但是第二种功能甚至在专利保护不力的产业中仍然能够发挥作用，只要专利局的评价对风险资本家而言包含了新的信息。

一些经验分析的文献表明专利的确可以通过上述描述的两种方式发挥作用。Mann and Sager（2007）基于 Mann（2005）的定量研究，调查了专利和风险资本可得性之间的关系。他们表明，在不同的成功措施（融资的轮数、投资总量、退出状态、后期融资的获得及其生存的时间跨度)和专利活动的措施之间存在强烈的正相关关系。他们同样表明,在软件产业中,仅有极少数的创业企业拥有专利(因此,它们是相对稀缺的资产),专利行为的差异很大,而且专利组合的规模并不是专利活动的唯一指标。Mann and Sager(2007)并没有提供倾向于因果关系的有力证据。因此,这一结果可能是由于"好的创业企业"引起的。他们积极进行专利活动,同时受到风险资本投资青睐并不是因为专利权影响了融资决定。

Hsu and Ziedonis(2008)将一个新的方面带入了讨论,即将专利作为需要和规模小及资历浅作斗争的创业企业的质量信号。他们发现,专利申请量和投资者对公司价值的评估有着强烈的相关关系——专利申请量存量的翻倍与28%价值增长相联系。专利在早期融资中特别重要,会被杰出的风险资本给予更高的评价,而且与首次公开招募的可能性呈正相关关系。理论上的考量可能预测,相对于经验较少的创业者,更有经验的创业者应当从信号效应中获利更少,但是这样的预期并不能被证实。这些作者也估计了专家组模型(在融资过程中,包括了一个首次公开募集),认为专利申请的效果是原因的观点仍然是初步的(在其他的研究中也是如此),而且,似乎这样的结果可能与一种观点相协调,即一般而言,企业本身就拥有其有价值的资产,而风险资本的评估反映了这一点。

Haeussler et al.(2008)虽然接受了这样的观点即专利可能是信号,但是也指出了该观点的不足。通常情况下,风险资本的投资决定大都在专利的授权之前作出。因此,信号(如果有的话),不在于专利局本身作出的授权决定,而在于在专利审查过程中产生的其他信息。在美国专利制度中,专利经常指的是专利授权,因为通常情况下,专利申请是不为公众所知的。反过来,Haeussler et al.(2008)所使用的欧洲专利局的数据可以被用来追踪不成功的专利申请以及成功的专利申请。因此,欧洲专利制度提供了专利活动过程的更详细的信息,因为专利申请的提交、检索报告、授权、异议以及申请人和审查员之间的沟通都是可见的。这使得作者能够检验是否风险资本家对于后期被广泛引证的专利以及专利异议反应更为强烈。

通过使用事件时序来检验效果,Haeussler et al.(2008)发现在有专利申请存在的情况下,风险资本的融资出现得更早。其结果也显示风险资本家们关注专利质量,会更快去资助那些后期会产生高质量专利的创业企业。

专利异议增加了获得风险投资的可能性,但是最终的专利授权决定并没有刺激专利融资,可能是因为这样的结果已经被预计到了。经验的结果和其他有关风险资本家的访谈显示专利活动的过程产生了能够帮助企业克服新企业面对新责任的信号。然而,并不是专利申请或者专利授权本身证明了创业企业的质量。一系列多元的事件结合起来使得风险投资者对于专利制度足够熟悉,从而评估企业质量在其专利组合中的作用。

总而言之,这些研究表明专利作为创业企业从风险资本渠道获得外部融资的手段,已经在创业企业中发挥了重要但是复杂的作用。专利可能在一定程度上反映了不断提高的独占性,但是他们可能也扮演着信号的角色,而这些信号在没有专利制度存在的情况下是很难收集的。由于专利的这些功能仅仅在近期的文献中被研究,因此,对这些制度对新企业融资产生多大强度的影响,目前还没有定量的分析。

(四)专利作为债务融资中的抵押品

研究者们已经对融资和创新的关系进行了三十多年的研究。融资缺口问题已被详尽描述。在一些案例中,风险资本提供了一种解决途径,但是,在所有的可能性当中,大量的企业都受到了研发和创新的融资约束,它们中的大多数却不可能受到风险投资的青睐。其中的原因可能是这些企业项目的增长前景虽然坚实,却不能达到风险资本家眼中所要求的高度。而且,创业企业家或者拥有者可能不愿意放弃其独立性。

在这些案例中,创新企业一般都缺乏可以作为抵押品来获得外部融资的有形资本。它们为什么不能够利用它们的无形资产来提供抵押品呢?在诸如专利权等知识产权的流通市场存在的情况下,而且鉴于其范围和价值带来的一定的稳定性,经理人可能使用专利作为债务融资交易中的抵押品。对于为什么使用无形资产作为债务融资中的抵押品很有限,文献阐述了两个原因(e. g. Lev,2001)。第一个原因是要实现对这些资产的客观评价通常是极为困难的,即使是从所有人的角度也是如此。即使存在这样的一个评价,信息不对称可能是使得将这些评价很难与融资者交流。第二个原因是在贷款无法被清偿的情况下,银行将会发现出卖这些资产或者通过其他方式将其产业化是极为困难的。知识产权市场仍然没有充分发展。换句话说,这样的抵押将不能发挥其预期的功能,即一种在贷款无法得到清偿时,能够补偿银行所遭受损失的资产。

一些作者已经提出这种经典的观点需要被修正,而且将知识产权作为债务融资中的抵押品已经变得越来越常见。其主张与技术市场的观点是一致的,该观点认为,技术正在越来越多地在一些市场交易形式中被交易。虽然对于后者已经有一些系统性的证据,但是对于以知识产权抵押品来获得贷款的范围目前还没有全面的统计数据。作为一个上线,最近对4300个德国中小企业的KfW调查表明,在2007年,仅有2.2%的被调查企业使用无形资产作为抵押品(KfW 2007)。由于这些资产可能包括商标、著作权、专利和其他知识产权,企业使用专利作为抵押品的比例可能低于百分之一。然而,这个现象不应当被忽视。的确,在今天只有一些非常专业的融资者提供这样的服务,而且使用专利作为抵押品仍然处于试验阶段且无标准可循。但是这种形式的融资创新非常具有潜力,而且可能对提高创新的整体条件作出巨大贡献。要领略这一交易的特点,可以考虑Schlemvogt(2009)报告的ESKA Implants公司的案例,该公司是一个关节代替品的生产商。该公司需要资本来扩大其产品范围和服务网络来实现转机。主要银行愿意接受专利作为抵押品。一个外部的评估专家明确了320项相关专利,其估值在350万~500万欧元。之后,银行接受了相关的组合(其风险调整在30%~50%)作为抵押。在这些交易中,该公司仍然是其专利的所有人。

一些因素目前对使用专利作为抵押品起了反作用。银行仍然是高度的怀疑,而且信贷员一般都认为其在处理复杂知识产权问题时缺乏专业知识。知识产权专家的介入可能会增加这些交易的成本。而且,将抵押的知识产权变现的高风险也降低了其使用的范围。知识产权在这些债务融资交易中的抵押价值比其在其所有人眼中价值的10%还低是常有的事。即便如此,即使这样低的价值评估也可能给企业提供足够的信用来从事可观的创新活动。因此,创新活动的增加可能是之前发明活动的结果。

评价这些活动的相关性并对将来以知识产权抵押的创新债务融资作出预测是很容易的。随着价值评估技术的提高和标准化,随着专利和许可的市场流动性的增强,随着银行对创新融资工具持越来越开放的态度,一个重要的融资领域将会崛起。一些银行将演变为处理此类交易的专家,也变为银团交易中的债务持有的牵头人。此种类型的债务交易可以通过拥有专利评估专家支持的开户行或者提供评估和延长债务的专业银行处理。显然,新形势的融资不但要求关系,而且要求处理事务的能力。

将这种选择作为一项额外的融资资源将会提高福利，因为资金缺口的范围（尤其是对中小企业而言）可以被减小。然而，这也存在重要的困难。朝向这种融资形式的重大转折将使得银行中的信贷员拥有技术专长同时受过法律和商业的训练。很明显，这将构成一个重大的改变。而且，通过公共银行的（如德国复兴信贷银行）的短期支持、政府支持或者欧盟范围内的协调措施能否加速一个针对创新的新的、稳定的私人融资机制的发展还未可知。这些问题将会在下文中描述。

（五）专利基金

专利基金是最有趣的商用化渠道类型之一。虽然知识产权基金并不是一项新近的发明，⑥但是近来它们的重要性不断增强。一些美国的专利基金已经通过密集地使用法律威胁或者全面的诉讼勒索许可费获得了模棱两可的声誉（e. g. see Business Week，2006）。欧洲的情形有所不同，可能是因为美国的制度中可以使用的那种战略机会在欧洲的诉讼制度中是不允许的。当然也有其他的不同。与美国的专利商用化通常由上市公司实施不同，欧洲的专利基金通常是封闭的投资基金，它们要求投资者们在四年或者更长的时期内持续持有其投资。通过相对较高的回报，投资者们得以对其投资丧失的流动性补偿——大多数专利基金宣称其税后的投资预期为10% ~20%之间。

近年来已经设立的基金有两种形式——盲池（blind pools）和资产池（asset pools）。⑦ 在盲池中，将被商用化的专利组合还未被筛选出来——整个池的表现主要是基于基金经理在对专利进行检测、收购和商用化中的智慧。在资产池中，中介已经对选择专利组合进行了前期投资，然后再邀请投

⑥ 非晚近的例子包括英国技术集团（the British Technology Group，BTG），成立于1995 年。英国技术集团致力于医药和医疗领域专利的商用化。英国技术集团已经通过几宗大规模的收购扩大了其专利组合。例如，在2000 年，西门子公司将其包含1800 多项专利权的专利组合转移给了英国技术集团。

⑦ 德意志银行已经建立了三个资本池基金，其中第一个是2006 年成立的专利选择一号（Patent Select I），瑞士信贷银行已经在2004 年或者2005 年间建立了一个盲池基金。Euram 银行从2007 年开始已经建立了三个盲池专利基金。对于这些基金的绩效目前还不得而知。第一个基金的回报率将可能在2009 年或者2010 年间发布。基金的数量已经在增长，而最低的投资额已经从2005 年的5 万欧元下降到2008 年的1 万欧元。基金的总量目前是3 亿欧元，而且预期会继续增长。从业者对这些基金的观点，参见Lipfert and Ostler（2008）。

资者们来资助后续的商用化过程。资产池对投资者的风险比盲池更小,但是中介需要就其前期成本以及转嫁风险得到补偿,而且其回报也比在盲池基金低。虽然第一代欧洲专利基金都是通过私募实现的,但是后续的基金已经作为一个更广泛的投资者群体的投资被市场化了。

从一个分析的视角,对专利基金的投资在很大程度上仍然是一个未知的对象,而且,需要更多的研究来可靠地描述其特征。可以理解,由基金经理人提供的信息总是倾向于转向乐观的一面。基金经理人所声称的专利基金投资在很大程度上和其他资产类别的投资无关(e. g. Lipfert and Ostler, 2008, p. 265 and BIT, 2008, p. 51 and p. 71)的观点尚未得到独立研究的支持。而且,在这一方面的绩效预期显得相对较高,这种预期可能会受到目前经济危机的严重影响。专利基金如何经受目前知识产权活动下滑以及更严格的授权倾向的考验,还需拭目以待。虽然上述评价持怀疑的论调,但是这种新的知识产权货币化的形式的确可以支持创业公司的融资。因此,它应当受到欢迎。由于基金的商用化战略严重依赖于诉讼以及诉讼威胁,因此其设立可能会受到更加严苛的评估。对于这些实践的讨论将在下一部分进行。

五、专利制度和创新融资

(一)专利制度设计的决定因素

专利制度设计的规则是当前正在兴起的新的融资和交易机制的重要决定因素。鉴于本文关注的焦点,核心的问题是专利制度应当如何被设计,从而讲专利和许可的融资功能。如果专利确实能使创业企业获得融资,或者使其许可其发明更为容易,那么一个良好运行的专利制度同样可以通过这些渠道对创新产生积极的效果。这是专利制度带来的社会福利,这种效果在近期才受到关注,而且还需要更深入的研究。⑧如果专利促进了新市场的出现或者甚至促进了拥有创新产品的有竞争力的新企业进入已有市场,那

⑧　据我所知,Bronwyn Hall 是第一位提出该观点的学者。Hall(2007)对于专利在初创企业和创新中的作用做了细致的分析。

么就不能将由于排他权利（市场力量）导致的福利损失和由于创新带来的福利增加简单并列。进而言之，如果没有专利，将不会有市场进入（也就是竞争），也不会有创新。

在这样的语境下，有很多问题需要回答。广义上，是否需要权衡什么有利于创新融资和专利制度的社会福利最大化？一个设计不佳的专利制度会成为创新融资的障碍吗？另外，欧洲专利制度是否有利于使用专利来获得外部的融资？

当回答这些问题时，需要考虑的主要方面是专利权的不确定性的程度。应当记得，专利权之所以能够支持创新公司的融资是因为它们可以帮助减少信息不对称的问题。但是，如果专利权就其伴随的排他权的范围本身都是高度不确定的，那么它们降低信息不对称的效果可能就很小了。而且，由于不确定性的存在，要为专利和许可建立流动和透明的市场将会是很困难的。因此，如果一个专利制度要支持新的融资渠道的产生，那么它必须提供范围清晰界定的专利权。最后，有关授权和范围的决定应当尽快作出，以便支持初创阶段的创业企业，在那个阶段融资约束是尤为明显的。

有关专利制度设计的全面讨论将超越本文的范围。取而代之，我将关注几个数目有限的决定因素，它们对于实现合理的权衡至关重要。这些因素包括决定时间、审查的质量和准确性以及申请专利的成本（申请人所感知的成本）。专利诉讼制度的相关方面将在下一小节讨论。这些特征是紧密相关的——更高的质量和更快速的审查，相对于低质量和迟缓的决策，可能需要更多的资源。

从任何一个利益相关者的角度出发，最优的专利制度，简而言之，就是能够几乎立即作出准确和可靠的判断，而且几乎不给申请人或者社会整体带来任何成本的制度。显然，这种理想化的制度是不存在的，因为必须要在准确性、持续时间和成本之间做权衡。

首先考虑准确性的问题。为了在一定程度上简化问题，专利主管机构的决定受制于两种类型的错误。第一种类型的错误是指如果一个申请人确实拥有具有新颖性和创造性的技术，却没有得到授权的情形。相反，第二种类型的错误是指如果一项专利申请不值得获得授权，实际却获得授权的情形，如在当技术已经存在了，或者当创造性太小而不能获得专利保护的时候获得授权。显然，要将任何一类错误最小化都需要资源。

而且,它可能需要时间——这与资源无关。有一些信息就是由于时间的流逝而产生的,而且不能简单通过投入更多的私人资源而取代。因此,立即作出审查决定将不是最优的,尤其是在新技术领域。该观点是由 Regibeau and Rockett(2007)提出的。

既然,避免错误的努力将可能导致专利审查持续时间和成本的增加,很明显,一个支持新的融资功能的专利制度将包含复杂的权衡。对实证文献的回顾支持了这样的观点。有很明显的证据表明:

专利审查中更长的时滞(time lags)产生了不确定性(Schankerman and Galasso 2007;Gans et al.,2008)。

一些申请人为了增加其竞争对手的不确定性而推迟专利审查的程序(Harhoff and Wagner,2009)。

快速的决策通常没有较慢的决策准确,尤其是在新的技术领域(Regibeau and Rocket,2009)。

允许申请人推迟审查的制度(延期审查制度)导致了审查工作量的显著减少。

允许大量的“边际”专利申请进入的制度对所有的竞争者而言产生了额外的不确定性,因为已经不能可靠确定现有技术的范围了(McGinley 2008 and Opperman,2009)。

欧洲专利局以及欧洲的国家专利局以及其他国家的现行制度还不能令人满意。欧洲专利局已经积累了大量的申请积压,而且申请人越来越多地在其申请中寻求推迟审查的手段以及人为的复杂化(McGinley,2009)。欧洲专利局之前曾试图满足其“客户”的数量目标,此后,欧洲专利局转向了一条质量为导向的道路。它已经建立了一套朝向“提高标准”的实践,这导致了更低的授权率以及对滥用行为的惩罚(更高的收费)。这条道路需要得到欧洲政策制定者以及国家专利局的支持。欧洲专利局所采取的改革措施需要得到进一步的支持。这样的结论并非新颖,而且它已经得到了学术文献的广泛支持——更多的评价和参考,参见 Harhoff(2006),Guellec and van Pottelsberghe(2007)。但是,一些利益相关者如法律界的代表,看中一个不断扩张的专利制度中对他们的私人价值。而且,专利局本身可能也是“利己的”。毕竟,这些都是对其员工负有法律上的以及未明示的承诺的组织,其员工希望看到有保障的退休基金、更高程度的就业保障以及相对而言较高的工资水平。诸如公平、劳动力市场的竞争以及专利局的长期激励因素等复杂的问题也需要考虑。因此,专利制度的政治经济学可能要比从福利和效率的角度最大化这些制度要复杂得多。这可能是现有的学术讨论所最为忽视的方面。

虽然很明显,专利局的运行应当尽可能地有效率,但是没有理由相信专利活动的价格应当有必要和专利局运行的边际成本(该边际成本应当尽可能地低,从而使得专利局有效地运行)一样低。专利活动的成本(从申请人的角度出发)是一个筛选机制,该机制将阻止申请人提交低价值的边际申请。因此,一个低价的制度将会邀请大量的边际申请,这些申请将会阻塞专利制度,而且会产生后续的审查质量的问题。

甚至一些美国的执业者们现在承认这已经是美国专利制度的注定的命运了(Oppermann,2009)。费用和申请成本是实际申请人行为的重要考量因素——因此它们应当被视为专利政策的重要工具。一项以对申请人而言尽可能低的成本提供专利保护而不考虑申请数量影响的政策是具有严重误导性的。

最后,主要专利局的积压问题使得现有技术以及保护范围具有不确定性。如果授权的决定不能快速作出,那么专利制度应当产生精确的信息,这些信息将允许知识渊博的专家对后续阶段的决定做出合理精确的预期。在这一方面,欧洲专利制度做得很好,因为申请人和审查员之间的书面通讯都在欧洲专利局的文件检查系统中公之于众。

(二)专利诉讼

虽然专利诉讼并不经常发生(尤其是在上诉阶段),但是专利诉讼的结构对于专利活动的实践、专利局的行为以及技术市场的兴起有着至关重要的影响。专利诉讼案件的发生有两种基本形式:要么通过无效宣告程序对已经获得有关专利主管机构授权的专利的有效性提出质疑,要么通过侵权程序来实施(enforce)专利权。在大多数专利制度下,一项专利在其有效期内卷入诉讼的可能性在1%~3%之间,根据技术领域、产业和国家的不同会有一些变化。这一比例在美国尤其高,而在欧洲仍然相对较低。我们知道,专利诉讼在以下情况下会特别频繁地发生:(1)针对有价值的专利;(2)随着案件质量的评估变得越来越发散;(3)随着信息的分布越来越不对称。专利诉讼使得专利制度本末倒置:涉诉案件提供了法律的判例,也是给予专利权人、潜在的侵权人以及寻求摆脱专利纠纷第三方的重要信号。因此,一个设计得好的诉讼制度是任何专利制度的最高成就。相反,一个错误的诉讼制度有可能有效地抵消任何从专利制度中获得的福利,或者其本身会带来福利的损失。

“无形资产的优势地位”是Lev(2001)所称的最新的发展,它带来了新型竞争者和中介机构的崛起。所谓的“专利钓饵”(patent troll)已经变成了其中最引人注目的一个。使用专利诉讼制度来勒索许可费的行为在文献中被称为“钓饵行为”,它并不是违法的行为,而是试图利用专利和诉讼制度的结构性和程序性缺陷来“寻租”。Reitzig et al.(2007)对于“钓饵”的商业模式做了详尽的分析。由于这些“租”可能不能被福利收入补偿,“钓饵行为”可能导致福利的减少。

美国专利和诉讼制度的很多特征都可能是由于在美国广泛存在的“钓饵行为”引起的。以下列举的方面都是专利“钓饵行为”的支持:

诉讼程序的高成本;

在法庭上的费用分配规则(双方各自承担自己的费用);

支付给律师的应急费用,该费用激励了诉讼的发生;

高昂的损害赔偿金以及在“故意侵权”案件中三倍赔偿的风险;

美国法院和陪审团亲专利权人的态度;

低审查质量导致的保护范围的不确定性;

对于可授予专利权的客体给予一般和广泛的定义,使其保护范围扩展到了软件和商业方法领域;

提供快速和非歧视的禁令,[9]它可以用来制造经济上的压力。

在欧洲,“钓饵行为”的具体范围还未可知。的确,这样的行为还没有像它在美国那样扮演重要的角色。另一方面,有几个专利基金已经购买了几千个专利,而且在欧洲第一起由“专利钓饵”发动的法院诉讼可能已经中止了。“专利钓饵”在欧洲表现较弱的原因可能是基于欧洲专利制度与美国的制度在几个关键点上不同的事实。在欧洲,(1)法院的诉讼成本要低

---

⑨ 2006年5月,美国最高法院决定终止准自动禁令(quasi-automatic injunctions)在美国诉讼制度中的运用。这是专利钓饵对于潜在侵权人施加压力的主要工具之一。参见eBay Inc. v. MercExchange, L. L. C., 547 U. S 388(2006)。

得多;(2)费用分配有利于胜诉的一方;(3)损害赔偿费并不过分;(4)许多法院都在寻求诉讼各方权利之间的精妙平衡而不采取亲专利的态度;(5)禁令不是自动颁发的;而且(6)虽然也有一些不足,但专利审查的质量要比美国好得多。然而,我们也不能假定欧洲的制度是"防钓饵"的。

现在将欧洲分裂的专利诉讼制度转化成一个统一的法院系统的努力应当将这些因素和其他一些因素考虑进来。一个当事人在成员国法院重复其纠纷的专利诉讼制度已经不再适合欧洲了,但是向着单一制度的改革需要保证现在当事人之间力量的均衡能够继续维持。在捷克担任欧盟理事会主席国时,在工作共文件 5072/09(2009 年 1 月 8 日,欧洲和共同体专利法院即规约草案的协议)已经提出了一个关于统一专利法院的新的建议,其将之称为"欧洲和共同体专利法院"。本质上,这个建议预见了一个统一的专利法院的建立,该法院将会涉及欧洲专利和将来的共同体专利。这个建议已经再度激起政策讨论。它描绘了一个建立统一法院而不创造可能会被专利钓饵利用的漏洞的良好开端。Harhoff(2009)提供了更为具体的讨论。最重要的是,专利诉讼对于涉诉方而言应当以一个相对低的成本发生。正如一名美国法官曾经指出的那样,高诉讼成本扭曲了专利贸易以及专利制度。[⑩]它们将会对于一个新兴的技术市场和新的融资渠道带来威胁。

六、结论及政策启示

人们很早就知道创新活动不仅仅可能被传统的知识外部性所阻碍,而且也可能被融资约束所阻碍。这些问题的产生是因为信息不对称,在创新过程以及技术创造的早期阶段尤为明显。传统的债务融资和公开股票市场不能填补这些资金缺口,而相对较新的私募股权投资如风险资本,只能触及那些可能会产生特别高的回报率的一小部分创业企业。

然而,新形式的创新融资正在兴起。现在虽然这些形式还不能起到主要的作用,但是政策制定者以及经理人应当注意到这些新的发展。在评估

---

⑩ Ellis(2000):"……简而言之,20 世纪 70 年代和 80 年代激增的诉讼成本已经扭曲了专利市场和专利经济。"该评论对美国的这一发展表示担忧。

技术和会计管制的改变的支持下,专利权看上去将可能更多地在债务融资中被作为抵押品。而且,专利基金可能变成专利所有人的一个重要的融资来源。就金融的角度,当创新过程的中间产出变得越来越可交易的时候,一个更加具有流动性和透明度的技术市场将会兴起。

以下两个发展,不断增强的融资的可获得性以及技术市场的进步,是相辅相成的,但是它们都严重依赖专利制度的合理设计。专利权越不确定,新形势的融资越不可能扮演重要角色,而且技术市场越容易受到信息不对称的影响,而信息不对称会提高创新融资的成本。因此,向着高数量、低质量的趋势必须停止。一些专利局支持数量的态度应当为一种倾向于明确界定和合理保障的财产权战略让路。甚至可能出现这样的良性循环,即高质量的专利权导致了中小企业和年轻企业融资处境的提高,进而引发了更多的研究、创新和高质量的发明。矛盾的是,朝向良性循环的道路将会要求裁减一定数量的专利授权;这是指从现在的膨胀阶段到将来相对低得多的水平,同时伴随着创造性和价值的提高。决策者应当明白,专利局们不能类似于现代的炼金术士,承诺能做到点石成金。它们更像中央银行,印制太多的货币将会导致通货膨胀和不确定性,而且因此阻碍增长。这些评论当然是带有部分投机性质的。要更加客观地指导决策者,需要更为可靠和客观的数据以及更加严肃的分析。在将来的研究中,银行全面的年度调查将会帮助测量专利已经被用作债务融资中的抵押品的范围。要测量技术市场的发展,则需要更加详细的有关许可和专利转让的数据。而且,在欧洲范围内将有关专利基金的信息列举或者收集将会有助于更加可靠地描述基金市场兴起的状态。同样明确的是,更多的政策干预将会支持这个兴起的市场。许可的市场亟需更多的透明度。这样的透明度将会由改变报告要求来实现,正如 Lemley and Myhrvold(2007)建议的那样。但是事情是复杂的——在一些情况下,技术市场的兴起将会受益于允许匿名交易,以此来避免一个表现出许可意愿的当事人立即收到以提价为目的的诉讼威胁的情形。

总而言之,有令人鼓舞的迹象表明技术市场和不断改善的创新融资正展现出积极景象,尤其是当采取措施使得这些交易更加透明,且更少地倾向于机会主义的租金(rent)榨取的时候。这样的发展将会降低信息不对称,以及准租金,使得技术的价格降低,提高创业企业的专业性并且降低其资金成本。所有这些对于欧洲的企业家、经理人和政策制定者来说都是好消息。

参考文献

Amit, R., Glosten, L. and Muller, E. (1990). "Entrepreneurial ability, venture investments, and risk sharing". *Management Science*, (36), pp. 1232 - 1245.

Arora A., Fosfuri, A. and Gambardella, A. (2004). *Markets for technology: The economics of innovation and corporate strategy*, MIT Press, Cambridge, Mass., USA.

Athreye, S. and Cantwell, J. (2007). "Creating competition? Globalisation and the emergence of new technology producers". *Research Policy*, (36), pp. 209 - 226.

Baum, J. A. and Silverman, B. S. (2004). "Picking winners or building them? Alliance, intellectual, and human capital as selection criteria in venture financing and performance of biotechnology startups". *Journal of Business Venturing*, (19), pp. 411 - 436.

BIT (Beteiligungs-& Investitions-Treuhand AG) (2008). Prospect for Alpha Patent Fund 3. http://basisplusweb. bit-ag. com/6YXN-NYAD-674Y-PX89/de/beteiligung/downloads/alpha_patentfonds_prospekt. pdf.

Bloom, N. (2007). "Uncertainty and the Dynamics of R&D". *American Economic Review*, (97:2), pp. 250 - 255.

Bond, S., Harhoff, D. and Van Reenen, J. (2006). "Investment, R&D and financial constraints in Britain and Germany". Centre of Economic Performance, Discussion Paper No. 0595, London School of Economics. Forthcoming in Annales d'Économie et de Statistique.

Burhop, C. (2009). "The transfer of patents in imperial Germany". Preprints of the Max Planck Institute for Research on Collective Goods No. 2009/26, Bonn. http://www. coll. mpg. de/pdf_dat/2009_26online. pdf.

Business Week (2006). "Inside Nathan Myhrvold's mysterious new idea machine". http://www. businessweek. com/print/magazine/content/06_27/b3991401. htm? chan = gl.

Cockburn, I. and MacGarvie, M. (2007). "Patents, thickets and the financing of early-stage firms: Evidence from the software industry". National Bureau of Economic Research, Working Paper No. 13644.

Cockburn, I. and Wagner, S. (2007). "Patents and the survival of Internet-related IPOs". National Bureau of Economic Research, Working Paper No. 13146.

Cohen, W. M., Nelson, R. R and Walsh, J. P. (2000). "Protecting their intellectual assets: Appropriability conditions and why U. S. manufacturing firms patent (or not)". National Bureau of Economic Research, Working Paper No. 7552.

Dechenaux, E., Goldfarb, B., Shane, S. and Thursby, M. (2008). "Appropriability and commercialization: Evidence from MIT inventions". *Management Science*, (54), pp. 893 – 906.

Eisenhardt, K. M. and Schoonhoven, C. B. (1990). "Organizational growth: Linking founding team, strategy, environment, and growth among U. S. semiconductor ventures, 1978 – 1988". *Administrative Science Quarterly*, (35), pp. 504 – 529.

Ellis, T. S. (2000). "Distortion of patent economics by litigation costs: Proceedings of the 1999 Summit Conference on intellectual property". University of Washington, Seattle, USA. CASRIP Symposium Publication Series, (5), pp. 22 – 26. http://www.law.washington.edu/CASRIP/Symposium/Number5/pub5atcl3.pdf.

Epstein, R. and Pierantozzi, M. (2009). "Obtaining maximum value from distressed patent assets". *American Bankruptcy Institute Journal*, (28), pp. 48 – 51.

Galasso, A. and Schankerman, M. (2008). "Patent thickets and the market for innovation: Evidence from settlement of patent disputes". Centre for Economic Policy Research, Discussion Paper No. 6946, London.

Gambardella, A. (2002). "Successes and failures in the markets for technology". *Oxford Review of Economic Policy*, (18), pp. 52 – 62.

Harhoff, D. and Körting, T. (1998). "Lending relationships in Germany: Empirical results from survey data". *Journal of Banking and Finance*, (22), pp.

1317 - 1353.

Harhoff, D., Narin, F., Scherer, F. M. and Vopel, K. (1999). "Citation frequency and the value of patented inventions". *Review of Economics and Statistics*, (81), pp. 511 - 515.

Harhoff, D. and Reitzig, M. (2004). "Determinants of opposition against EPO patent grants - The case of biotechnology and pharmaceuticals". *International Journal of Industrial Organization*, (22), pp. 443 - 480.

Harhoff, D. and Wagner, S. (2006). "The duration of patent examination at the European Patent Office". Discussion Papers in Business Administration No. 1256, University of Munich. Forthcoming in Management Science. Hayes, D. L. (1999). "What the general intellectual property practitioner should know about patenting business methods". Computer Lawyer, (16), pp. 3 - 18.

Hsu, D. H. (2006). "Venture capitalists and cooperative start - up commercialization strategy". Management Science, (52:2), pp. 204 - 219.

Hsu, D. and Ziedonis, R. H. (2008). "Patents as quality signals for entrepreneurial ventures". Academy of Management Best Paper Proceedings.

Kaplan, S. and Strömberg, P. (2003). "Financial contract theory meets the real world: An empirical analysis of venture capital contracts". *Review of Economic Studies*, (70), pp. 281 - 315.

KfW (Kreditanstalt für Wiederaufbau) (2007). "Immaterielle Vermögenswerte und nternehmensfinanzierung", KfW - Research, Sonderband "Innovationen im Mittelstand", (37), pp. 149 - 165. http://www.kfw.de/DE_Home/Research/Publikatio94/Mittelstan45/Mittelstnd99/Per_39_Periodikum_immat_Sicherheiten_071030_final_online.pdf.

Kortum, S. and Lerner, J. (2000). "Assessing the contribution of venture capital to innovation". *RAND Journal of Economics*, (31), pp. 674 - 692.

Lanjouw, J. O. and Schankerman, M. (2001). "Characteristics of Patent Litigation: A Window on Competition". *RAND Journal of Economics*, (32), pp. 129 - 151.

Lanjouw, J. O. and Schankerman, M. (2004). "Protecting Intellectual Property Rights: Are Small Firms Handicapped?". *Journal of Law and*

Economics,(47),pp. 45 – 74.

Lemley, M. A. (2000). "Reconceiving patents in the age of venture capital". *Journal of Small and Emerging Business Law*,(4),pp. 137 – 148.

Lemley, M. A. and Myhrvold, N. (2007). "How to make a patent market". Stanford Law and Economics, Olin Working Paper No. 347.

Lerner, J. (1994). The importance of patent scope: An empirical analysis. *RAND Journal of Economics*,(25),pp. 319 – 333.

Lev, B. (2001). Intangibles – management, measurement, and reporting, Brooking Institution Press, New York, USA.

Levin, R. C., Klevorik, A. K., Nelson, R. R. and Winter, S. G. (1987). "Appropriating the returns from industrial research and development". Brookings Papers on Economic Activity,(1987:3),pp. 783 – 820.

Lipfert, S. and Ostler, J. (2008). "Patentverwertungsfonds als effiziente Intermediäre zwischen Kapitalund Patentmarkt". Mitt. Heft,(6),pp. 261 – 266.

Lipfert, S. and von Scheffer, G. (2006). "Europe's first patent value fund". Intellectual Asset Management,(December/January),pp. 15 – 18.

Long, C. (2002). "Patent signals". *University of Chicago Law Review*,(69),pp. 625 – 679.

MacMillan, I. C., Siegel, R. and Subbanarasimha, P. N. (1985). "Criteria used by venture capitalists to evaluate new venture proposals". *Journal of Business Venturing*,(1),pp. 119 – 128.

Mann, R. J. (2005). "Do patents facilitate financing in the software industry?". *Texas Law Review*,(83),pp. 961 – 1030.

Mann, R. J. and Sager, T. W. (2007). "Patents, venture capital, and software start-ups". *Research Policy*,(36),pp. 193 – 208.

Maskus, K. (2000). Intellectual property rights in the global economy, Institute for International Economics.

McGinley, C. (2008). "Taking the heat out of the global patent system," IAM Magazine, July, http://www. iam-magazine. com/issues/ Article. ashx? g = 6a2efdac – 2023 – 4f35 – 956b – a9577cd908b9.

Merges, R. (2005). "A transactional view of property rights". Berkeley

Technology Law Journal, (20), pp. 1477 – 1520.

Motohashi, K. (2008). "Licensing or not licensing? An empirical analysis of the strategic use of patents by Japanese firms". Research Policy, (37), pp. 1548 – 1555.

Myers, S. C. and Majluff, N. S. (1984). "Corporate financing and investment decisions when firms have information that investors do not have". *Journal of Financial Economics*, (13), pp. 187 – 221.

Nabar, M. and Nicolas, T. (2009). "Uncertainty and innovation during the Great Depression". Working paper. http://people. hbs. edu/tnicholas/UI16_Revised2. pdf.

Nagaoka, S. and Kwon, H. (2006). "The incidence of cross-licensing: A theory and new evidence on the firm and contract level determinants". Research Policy, (35), pp. 1347 – 1361.

Opperman, C. P. (2009). "The elephant in the room". Intellectual Asset Magazine, July/August, pp. 53 – 59.

Regibeau, P. and Rockett, K. (2007). "Are more important patents approved more slowly and should they be?". Centre for Economic Policy Research, Discussion Paper No. 6178, London.

Reitzig, M., Henkel, J. and Heath, C. (2007). "On sharks, trolls, and their patent prey-Unrealistic damage awards and firms' strategies of 'being infringed'". *Research Policy*, (36), pp. 134 – 154.

Scherer, F. M. and Harhoff, D. (2000). "Policy implications for a world with skew-distributed returns to innovation". *Research Policy*, (29), pp. 559 – 566.

Serrano, C. (2008). "The dynamics of the transfer and renewal of patents". National Bureau of Economic Research, Working Paper No. 13938.

Spence, M. 1973. "Job market signaling". *Quarterly Journal of Economics*, (87), pp. 355 – 374.

Stuart, T. E., Hoang, H. and Hybels, R. C. (1999). "Inter-organizational endorsements and the performance of entrepreneurial ventures". *Administrative Science Quarterly*, (44), pp. 315 – 349.

Thakor, A. V. (1993). "Information, investment horizon, and price reaction". *Journal of Financial and Quantitative Analysis*, (28), pp. 459 - 482.

The Economist (2005). "A market for ideas". Special section, October 22nd, pp. 3 - 6.

Zott, C. and Huy, Q. N. (2007). "How entrepreneurs use symbolic management to acquire resources". *Administrative Science Quarterly*, (52), pp. 70 - 105.

Zuniga, M. and Guellec, D. (2009). "Who licenses out patents and why? Lessons from a business survey". Organisation for Economic Co-ordination and Development, STI Working Paper 2009/5, Paris.

(李惠阳　编辑)

百家争鸣

专利侵权诉讼中的无效抗辩问题研究

管育鹰*

摘要:专利权是基于发明创造产生的民事权利,而专利行政机关的审查和公示是界定权利范围和行使权利的必要条件。对于授权后的专利权效力争议是专属于行政机关还是可以由普通法院受理,美国式的双轨制和德国式的二元制都有其各自运行背景。比较而言,日本的折中模式值得中国参考,即将无效宣告的准司法职能归属于行政机关,又允许专利侵权案件中被告提出专利明显应当无效作为不侵权的抗辩理由。引进专利无效抗辩可以在一定程度上减少侵权与无效案件交叉时程序的拖沓,有利于尽早明确双方的权利义务,但这需要首先建立与其相应的运行机制。目前,中国具有专利案件管辖权的法院分散在全国各地,专业化水平参差不齐,不宜直接赋予其审理专利无效抗辩的职能。结合中国的知识产权法院建设规划,应当先按实际需要建立几个跨省级的知识产权法院,将专利等技术性案件的管辖权适当集中,再通过专门立法赋予这些法院审理专利无效抗辩的职能,为最终设立知识产权高级人民法院做好制度准备。

关键词:专利侵权　无效抗辩　知识产权法院

---

* 中国社会科学院法学研究所研究员,中国社会科学院知识产权中心执行主任。本文为日本特许厅 2015 年度“知识产权保护协力推进事业”的中日合作研究成果中文版。

引言

目前,世界正处于新一轮产业革命的前夜。这场以信息、能源、材料、生物等新技术和智能环保等关键词来描述的变革,将改变人们的生产、生活方式与社会经济发展模式。为把握这一重要的发展机遇,世界主要国家都出台了一系列创新激励战略和行动计划,加大科技创新投入、保持科技前沿地位、抢占未来发展的制高点。近些年来,中国更加认识到高新科技产业是今后新的经济增长点,中国国家领导人明确指出,实施创新驱动发展战略决定着中华民族前途命运。① 而实施创新驱动发展战略的核心任务,就是促进科技成果的全面产出并转化为带动社会经济发展的生产力。这首先需要从机制上激发创新主体的积极性、保障其就自己创新成果的市场化运用享有应得的利益回报。

依法保护知识产权,是市场经济、法治经济的内在要求。知识产权保护是实施创新驱动发展战略的法律制度保障。实践证明,知识产权保护是最有效的创新激励措施,产权明晰和保护力度得当的知识产权制度有助于实现新兴产业市场资源的优化配置;完善知识产权制度、加强知识产权保护的最终目标,是激发中华民族的创新力、提升企业核心竞争力,为国家的长远发展奠定制度基础。

现阶段中国在知识产权领域有很多热点问题需要研究并提出解决方案,比如如何提高知识产权质量和成果转化率,怎样完善知识产权保护机制,减少诉累和加大侵权惩处力度等。本文拟从专利侵权与无效程序的关系入手,分析各国的经验,探讨中国在专利侵权诉讼中引入专利无效抗辩的必要性和可能的路径。

---

① 参见中共中国科学院党组:《决定中华民族前途命运的重大战略——学习习近平总书记关于创新驱动发展战略的重要论述》,载《求是》2014 年第 3 期。

一、对专利权本质和专利无效制度的探讨

要获得实施发明创造的垄断权和禁止他人未经许可的使用，首先须依据专利法规定的程序取得专利权证书，这在所有实施专利制度的国家和地区都是一样的。正因如此，专利权看起来只有通过负责施行这一程序的专利行政主管机关“授权”才能获得。那么，应当怎样理解获得专利权证书或“授权”的法律性质呢？我们需要先回顾一下专利权的本质。

（一）关于专利权本质的认识

现行的知识产权制度对中国来说完全是“舶来品”。相应地，国内知识产权领域的相关研究、政策制定、法律完善与适用等，都一直着重于如何应对各种现实问题；实施国家知识产权战略之后，面对经济和社会的转型带来的诸多复杂问题，各界的关注点也仍然是对策性研究。因此，对知识产权制度的一些基本理论问题，比如关于专利制度本质的学说、知识产权法与民法的关系等，国内各界长期缺乏系统的研究。事实上，随着知识产权战略的深化实施，很多问题的解决方案和改革措施亟须理论支撑，这里就包括专利权的本质以及专利行政机关、司法机关在专利制度中的职能和定位问题。

怎样理解专利权的本质，或者说专利权的权利来源、权利属性是什么？这个问题的回答与如何看待国家专利行政机关在专利制度中的职能密切相关。对专利制度的基本原理，在西方首先创建知识产权制度的国家和地区自18世纪、19世纪以来众说纷纭，各种学说见仁见智，其中最主要的是“自然权利说”和“产业政策说”。②

1. 自然权利说，又称基本权利说，包括财产权论和受益权论。财产权论对应天赋人权理论，受益权论对应社会契约理论。具体来说，建立专利制度的理由可表述为：

（1）所有新颖的思想，本来就应属于产出这种思想的人所有，因此社会应该承认这种思想的财产权；假如工业发明不承认创造者的财产，那么就是

② 参见［日］吉藤幸朔著：《专利法概论》，宋永林译，科学技术文献出版社1980年版，第10～14页。

从实质上无视人权。

(2)对社会有有益贡献的人,根据其贡献的大小,理应获得社会的奖励;发明既然给予社会极大的有益贡献,那么社会就应给予适当的奖励,并应给予发明专用的权利。

2. 产业政策说,即认为从产业政策考虑,国家必须采取专利制度。该学说带有一定的功利主义色彩,其具体阐释又分为三种理论:

(1)公开秘密论,即假如不给予发明人专有权,那么发明人花费很多时间、费用和心血所完成的发明可能被其他人不付任何劳动代价即自由模仿,这样势必促使发明人对其发明千方百计采取保密手段,从而不利于技术进步和社会发展。考虑到以上情况,从国家政策的观点,必须采取专利制度,即向发明人付一定报酬,在一定期间内给予其发明垄断权以促使发明的公开。

(2)奖励发明论,即假如不给发明人以发明专用权,那么势必将大大减弱发明人的发明欲望,也势必大大扼杀从事发明实施、企业化的企业家的努力和投资兴致。考虑到以上事实,为了奖励(刺激)新发明的产生,鼓励发明的实施和企业化,采用专利制度应当成为国家政策。

(3)防止不正当竞争论,又称竞争秩序论,指专利制度是为了给发明人垄断权,使其利用这一合理和强有力的方法有效地防止国内外企业白白占有发明成果的不正当竞争行为、维护公平有效的竞争秩序。

可见,无论是基于何种理论,专利制度的宗旨都是通过赋予发明创造者一种垄断权来实现的,而发明创造者之所以获得这种垄断权,是因为其发明创造这一智力成果对整个社会的技术进步做出了贡献。换言之,发明创造是发明人获得专利权的基础。表面上看,专利权的取得要经过行政机关的"授权"程序,但实际上这一程序并不是取得专利权的实质要件,而是一种形式要件。法律之所以规定这样的行政程序,是因为专利权保护对象的特殊性,即发明创造是一种无形智力成果,不像有形物一样有明确的权利保护边界。因此,要对其赋予一种类似物权的专有权,须通过某种方式划定其权利保护边界,即由国家主管机构组织相关领域的专业技术人员来审查发明创造是否符合法律保护所要求的实质要件,并将审查通过后的专利文件(其中记载着用来划定权利保护范围之权利要求的权利要求书是划定专利权利边界的标尺)加以公示,以彰显专利权人就该发明创造获得了对世性的专有权。正是在这个意义上，作为典型的知识产权，专利权的本质是私权，即权利人基于其发明创造所获得的民事权利；专利行政机关的审查、处理等行为起到的是对发明创造的内容、权利人对其发明创造应当享有专利权和应当受到法律保护等进行公证或证明的作用，专利“授权”并不是一种行政许可或授权，而是一种“行政确认”③。如行政法学者所言，“行政确认不直接创设新的权利义务或者法律关系”、“行政确认是对特定法律事实或者法律关系是否存在的宣告，而某种法律事实或者法律关系是否存在，是由客观事实和法律规定决定的”。④

这样看来，中国《专利法》采用的一些术语是值得斟酌的。如果说“授予专利权的条件”（第二章标题）所用的“授予”二字虽然带有行政许可的意味，但仍可解释为“法律授予专利权的条件”尚可接受的话，“批准”二字（即第四章标题“专利申请的审查和批准”）则容易让人误解为专利权的获得要经过专利行政部门的批准，因此更接近行政许可的性质。这一专利“授权”的理念受到欧洲大陆法系尤其是德国的影响，因为《欧洲专利公约》（European Patent Convention）中采用的正是“授予”一词。事实上该公约的前称就是“授予欧洲专利公约”（Convention on the Grant of European Patents），但后来在公约的名称上删掉了“授予”一词。比较而言，我们看到美国的《专利法》在相应条款中采用的是“签发”二字（参见其第十四章标题“专利权证书的签发”Issue of Patent）；而即使是与中国一样同源于大陆法系的日本，其《特许法》（即专利法）采用的也是比较中性的“登记”（日文汉字为“登録”）二字，不像中文里的“批准”二字那样具有浓厚的行政色彩。

作为“经济联合国”的世界贸易组织（WTO）在建立之初，就通过《与贸易有关的知识产权协议》（TRIPs）要求成员国履行知识产权保护义务。在TRIPs的序言中，“知识产权是私权”⑤的定位开宗明义地明确了知识产权

---

③ 行政确认是指行政机关和法定授权的组织依照法定权限和程序对有关法律事实进行甄别，通过确定、证明等方式决定管理相对人某种法律地位的行政行为。常见的行政确认主要形式有认可、证明、登记、鉴定等，如医疗事故责任认定、不动产所有权和使用权的登记、婚姻和亲属关系的证明等。

④ 马怀德主编：《行政法与行政诉讼法》，中国法制出版社2010年版，第194页；姜明安主编：《行政法与行政诉讼法》，北京大学出版社、高等教育出版社2011年版，第250页。

⑤ TRIPs协议序言原文为“Recognizing that intellectual property rights are private rights”。

属于私有财产的法律本质。当然,前文说过,作为无形财产,专利权的边界是普通公众难以判定的,因此专利权的取得和行使必须通过国家专利行政主管机关的审核以便划定其保护范围,这与其他一般民事权利又有着明显区别。因此,尽管属于私权,但须经过法定的程序(无论这一程序被认为是“批准”还是“登记”),才能获得法律赋予的垄断性保护,这是专利权既属于民事权利,又不同于一般民事权利的特殊之处。换言之,就专利权的取得而言,形式要件和实质要件同样重要,仅有实质要件(新颖性、创造性和实用性)而没有及时按照法定程序申请获得专利权的,就丧失了垄断实施权。

总之,专利权是基于发明创造产生的民事权利,但专利行政机关在权利保护范围的界定上具有不可替代的作用。当然,专利行政机关的审查和复议结果是应当接受司法审查的,实践中这一行政诉讼经常与无效宣告及其相关行政诉讼并称为专利授权确权行政案件。⑥

笔者认为,为进一步明确专利行政案件中司法与行政机关的职能和定位,不宜将无效案件余授权案件并列看待而是应当有意地将二者加以区分。具体说,基于审查及复议行为属于行政确认行为的论述,专利申请的审查、复议和行政诉讼都仅仅发生在行政机关(包括专利局和专利复审委员会)与相对人(专利申请人)之间,或者说仅仅是专利局和专利复审委员会单方对专利申请进行审查的行为,因此依照行政诉讼法的程序处理并无争议,司法机关也应当仅审查相关行政确认行为的程序合法性,而不宜代行行政机关的职能并对是否应当授予专利权直接作出判决。另一方面,专利复审委员会在有权利人和第三人参与的无效宣告程序中之角色却与审查复议程序中的角色有所差别,准确定位其角色及其在行政诉讼中的地位,有助于理解目前国内专利确权程序的完善和中国知识产权法院建设的方向。

---

⑥　比如,为贯彻落实《国家知识产权战略纲要》、完善知识产权审判体制、确保司法标准的统一,最高人民法院《关于专利、商标等授权确权类知识产权行政案件审理分工的规定》(法发〔2009〕39号)将包括“不服国务院专利行政部门专利复审委员会作出的专利复审决定和无效决定”在内的专利、商标等授权确权类知识产权行政案件划归北京市有关中级人民法院、北京市高级人民法院和最高人民法院审理;2014年8月31日第十二届全国人民代表大会常务委员会第十次会议通过的《关于在北京、上海、广州设立知识产权法院的决定》进一步规定,“不服国务院行政部门裁定或者决定而提起的第一审知识产权授权确权行政案件,由北京知识产权法院管辖”。

(二)专利复审委员会在无效宣告程序中的职能定位

专利复审委员会在无效宣告程序中与在驳回专利申请的复审程序中扮演的角色有所不同,这一推论从《专利法》相关条款的比较即可得出。《专利法》第41条规定:“国务院专利行政部门设立专利复审委员会。专利申请人对国务院专利行政部门驳回申请的决定不服的,可以自收到通知之日起三个月内,向专利复审委员会请求复审。专利复审委员会复审后,作出决定,并通知专利申请人;专利申请人对专利复审委员会的复审决定不服的,可以自收到通知之日起三个月内向人民法院起诉。”第46条规定:“专利复审委员会对宣告专利权无效的请求应当及时审查和作出决定,并通知请求人和专利权人。宣告专利权无效的决定,由国务院专利行政部门登记和公告。对专利复审委员会宣告专利权无效或者维持专利权的决定不服的,可以自收到通知之日起三个月内向人民法院起诉。人民法院应当通知无效宣告请求程序的对方当事人作为第三人参加诉讼。”可见,在复审程序中,专利复审委员会履行的是行政确认的复议行为,行政相对人是专利申请人,在随后的行政诉讼中这二者分别是被告和原告;在无效程序中,专利复审委员会不是进行行政复议,而是直接根据请求人提出的主张、证据和专利权人的答辩意见、证据作出裁决。专利无效程序有对抗性的当事人(无效宣告请求人和专利权人),专利复审委员会居间对双方当事人关于专利权效力之争议进行裁决,这一职能与司法机关的审理和裁判行为类似,即具有“准司法”特性。

“准司法”(quasi-judicial)的概念在西方司法体制中并不陌生,国外早有将某些执行特殊职能的行政机构的视为准司法机构的经验。比如,美国拥有一套行政法官(Administrative Law Judge,ALJ)制度,行政法官在社会保障、经济发展导向中扮演着十分重要的角色。根据美国相关法律,其国际贸易委员会(简称ITC)就设有行政法官,负责应请求对涉及知识产权的进口、反倾销和反补贴和不公平贸易行为等进行调查并作出裁决,对ITC的裁决不服上诉到联邦巡回上诉法院(CAFC)。关于专利权的效力判断,美国实行的是双轨制,即除了由美国专利商标局(USPTO)对专利权的效力重新进行审查作出裁决外,受理专利侵权诉讼的法院还可以对被告提出的专利权无效抗辩或者反诉并作出判决(当然,这以承认专利权被推定有效为前提,美国《专利法》第282条)。根据美国《专利法》第6条,USPTO设“专利审查与上诉委员会"(PTAB,2012 年 9 月 16 日由其前身 BPAI,即"专利上诉与争议委员会"改制而来,除执行 BPAI 原有各项复审或再审业务、适用专利法及 BPAI 的所有规则外,还负责 2011 年美国发明法案 AIA 调整或新增的多项审理程序);PTAB 的审理程序不像在中国一样被称为无效宣告程序,而是分不同情况称为单方再审程序、双方重审程序和授权后重审程序。⑦ 为审理专利再审查请求,PTAB 设有专利行政法官(Administrative Patent Judge,APJ),APJ 由美国商务部长经与专利复审委员会主任协商后任命,是具有足够丰富的法律和科技知识的专业人员。根据美国专利法,PTAB 关于专利权是否有效的裁决,可以起诉至美国联邦巡回上诉法院(CAFC),CAFC 的判决可上诉至美国最高法院。PTAB 的再审查程序与法院的民事诉讼程序相似,比如由请求人和专利权人双方对抗、引入专家证人、实行证据开示等,具有明显的准司法性。

在德国联邦专利法院设立之前,德国专利局设立有专利申诉委员会(相当于中国的专利复审委员会),其成员皆为公务员,没有任何法律救济手段可以对申诉委员会所作的裁决提起上诉。为符合修改后的德国基本法(Grundgesetz),并适应专利行政诉讼的专业化要求、简化程序、提高效率,1961 年德国创建了独立的联邦专利法院(Bundespatentgericht,简称 BPatG),负责审理不服专利局和申诉委员会关于专利权的有效性裁决起诉的案件。根据《德国专利法》第 65 条的规定,BPatG 是独立自治的联邦法院,设立在德国专利局(DPMA)的总部所在地慕尼黑;BPatG 每个合议庭由五名法官组成,其中两人受过专门法律训练,另外三人受过专门技术培训,庭长由受过专门法律训练的法官担任。针对已登记的专利进行的无效诉讼是一个独立的、与专利授予和异议程序分离的诉讼程序,原则上可由任何人在任何时间提起,⑧被告是登记簿上登记的专利权人;BPatG 作为一审法院进行判决,二审(上诉)法院是联邦最高法院。与美国不同,德国对经过实质性审查的专利之效力判断职能采取明确的分工原则,即只能由 BPatG 专

---

⑦ 参见美国《专利法》第 6 条(35 U. S. C. 6);关于美国 PTAB 再审程序的介绍,参见左萌、孙方涛、郭风顺:《浅析美国专利无效的双轨制》,载《知识产权》2013 年第 12 期。

⑧ 参见德国《专利法》第 81 条;根据该条,专利无效诉讼必须以书面形式提起,有明确的原告、被告和诉讼标的,并且应当有明确的请求、陈述起诉所依据的事实和证据。

属管辖，普通法院不得对此类专利的效力作出无效判决。从专利无效的请求直接向 BPatG 提起诉讼而非向专利局的申诉委员会提起无效宣告、终审法院是德国最高法院（主管普通民事刑事案件）而非德国最高行政法院、专利无效诉讼实行二审终审而非三审终审制、《德国专利法》多处明确规定相关程序适用民事诉讼法等这些特点来看，BPatG 不属于行政法院，属于典型的专门法院。

日本的司法体系先受德国影响，“二战”后则在一定程度上受美国影响。在专利制度方面，日本特许厅（JPO，即日本的专利商标局）的审判部（相当于中国的专利复审委员会和商标评审委员会）负责专利和商标案件的复审工作。该审判部的构成与法院的构成非常相似，而且其内部对无效请求的审查实践也类似于法院。日本《专利法》中关于无效请求的审理程序之规定，多处都直接援引日本民事诉讼法，可见，JPO 对无效请求的裁决程序与法院的诉讼程序基本相同，属于典型的准司法程序。事实上，JPO 审判部的审决也等同于日本地方一审法院的判决，当事人对其所作出的关于专利权无效的审决不服的，可以直接向东京知识产权高等法院提起上诉，日本最高法院是无效诉讼的终审法院。日本的专利无效诉讼虽然是因不服 JPO 审判部对专利权无效宣告请求的审决提起，但是以专利权人或无效申请人为原告，以对方当事人而非 JPO 为被告（法院会将诉讼内容通知 JPO 长官并询问其意见）。⑨

与前述各国的专利无效审查程序相比，中国的专利复审委员会在专利无效宣告程序中扮演的角色，与 USPTO 的 PTAB、德国的联邦专利法院以及日本 JPO 的审判部有同有异。相同的是它们都是直接受理专利权无效请求的首要机构，并执行准司法性质的审理程序；不同的是美国、日本对专利权是否有效的准司法都直接上诉到机构所在地的高级专门法院，德国的甚至直接上诉到联邦最高法院，而中国的专利复审委员会决定只能按照《行政诉讼法》起诉到所在地的北京市相关的中级人民法院（目前为北京知识产权法院）。此外，中国的专利无效行政诉讼中，专利复审委员会都是固定的被告，其频频出现在北京有关法院被告席上疲于应对的不合理现状至今未有改观。还有，由于《专利法》第 46 条没有明确人民法院在行政诉讼

---

⑨ 参见日本《专利法》第 123 条至第 180－2 条。

中是否能直接判决专利权无效,因此实践中法院要么判决驳回原告请求,要么责成专利复审委员会另行作出裁决;更糟糕的是,根据《行政诉讼法》的规定,行政诉讼实行二审终审制。这样,在理论上专利权是否有效可能需要经过专利复审委员会的决定、北京市有关中级人民法院的一审、北京市高级人民法院的二审,然后再发回专利复审委员会重新审查作出决定……如此循环往复,耗费大量的行政和司法资源。

二、专利侵权与无效程序交叉问题及其应对

本来,专利侵权诉讼要判定的是被告行为是否侵害专利权人合法权益、是否应当承担责任、承担何种责任等问题,而专利无效诉讼要判定的是专利权是否有效的问题,二者各有各的职能。但是,由于在侵权诉讼中,专利权本身应当无效通常成为被告竭力主张的一个抗辩理由,因此法院是否接受这一无效抗辩以及是否能据此直接对专利权的效力作出判决,在一定程度上反映了一个国家的司法和行政机构在专利制度中的职能分工。在专利侵权与无效两个程序交叉的问题上,不同国家的应对措施不尽相同。

(一)美国双轨制下的方案

如上文提到的,美国在专利权效力判断的职能方面实行的是双轨制,即在法院主张判决专利权无效或在 USPTO 的 PTAB 提出再审查请求并作出裁决,该裁决可以上诉到美国 CAFC 直至最高法院。在法院直接主张专利权无效有两种方式:一是被告在专利侵权诉讼中以抗辩或反诉形式提出(须在最初的答辩状中即提出[10]);二是在未有专利侵权诉讼发生,但已有实质争议且可能发生时独立提出专利无效确认的诉讼(依据美国司法机构和

---

⑩　参见美国《专利法》第 282 条(35 U.S.C.282)"推定有效及抗辩理由"的规定,即"专利权应被推定为有效,每一申请专利范围项目(无论系独立项、附属项或多项附属项型式)均应推定为独立有效,而不受其他申请专利范围项目之影响;纵使所依附之申请专利范围部分无效,附属项或多项附属项之申请专利范围仍应视为有效,主张专利权全部或其中任何部分申请专利范围无效的当事人应当承担证明专利权无效的举证责任……关于专利权效力或侵害之诉讼,主张无效或无侵害行为的当事人至少应于审理之三十日前,以答辩状或其他书面方式通知对方当事人……"

司法程序法[11])。

因为美国的专利侵权诉讼和确认不侵权之诉可能发生在任何地方法院,在这种双轨制下,就存在地方法院关于同一个专利之效力的判决与PTAB不同的情况。早在Ethicon案中,被告不仅在侵权诉讼中请求确认专利权无效,同时也向USPTO申请再审查;USPTO担心与法院的认定结果发生冲突,中止了再审查程序,被告向CAFC起诉该中止裁决。CAFC认为USPTO中止再审查程序不符合美国专利法、应当撤销,理由为:(1)USPTO在技术审查方面的专业职能是普通法院所欠缺的,二者职能并不重叠交叉;(2)普通法院进行的无效诉讼程序与USPTO的再审查程序在证据方法和证明标准方面不同,即使二者对同一专利的有效性做出不同认定也无矛盾可言。[12] 此后,美国法一直采取这样的态度,即但凡遇到法院与USPTO同时处理同一专利有效性问题时,USPTO不得中止再审查程序而是要尽快处理作出裁决。不过,对处理同一专利有效性问题的法院来说,却可以中止诉讼以等待USPTO的再审查结果,通常法院在是否裁定中止时会考虑:案件的简易程度、提起复审的时机、倾向性等因素。中止诉讼的裁决表示了美国法院对USPTO专业技术职能的尊重;当然法院也可不中止继续诉讼,因为USPTO的再审查结果对法院并无拘束力,而法院的判决则对USPTO有拘束力。需要注意的是,在美国当事人如果对各地方法院审理的专利侵权案件判决不服,都统一上诉到CAFC,而对USPTO的PTAB裁决不服的也是上诉到CAFC,最后的终审法院都是美国最高法院。这样的制度安排目的在于避免出现相互冲突的判决结果,保障法律适用的统一性。就裁判尺度来说,同一法院对专利权效力的认定不会有太多出入。

此外,为了使法院、USPTO两个并行的无效程序衔接得更加顺利,美国《专利法》规定了禁止反言制度(Estoppel),即如果权利要求被再审查认定为具有专利性的,请求人不能再向法院提起该专利无效的请求[35 U.S.C. 315(c)],反之亦然。

(二)德国的二元制下的方案

在实行严格的公、私法划分原则的德国,BPatG既不属于行政法院体

---

[11] 参见美国法典第28篇(28 U.S.Code,Chapter 151)"确认之诉"的有关规定。

[12] Ethicon Inc. v. Quigg 849 F.2d 1422-1428(1988).

系,也不属于普通法院体系,而是一个专门设立的审理专利确权案件的法院。但是,在关于专利权效力判断的问题上,德国的制度仍体现了明显的二元制特点,即审理民事侵权案件的普通法院不得对专利权的效力进行判决,专利权的无效由 BPatG 专属管辖。这种二元制面临的问题是:如果 BPatG 判决专利权无效而普通法院认定侵权成立(或者是相反情形)应该怎么处理? 侵犯一个本来应该无效的专利但却要承担法律责任,这显然是不合理的,但却存在现实的可能性。这种情况下,根据被无效的专利权自始无效的原理,德国法院的弥补方式只能是通过再审撤销之前的侵权诉讼之判决。

为避免可能的冲突,《德国民事诉讼法》第 148 条规定,审理侵权诉讼的普通法院可以裁定中止程序直到无效诉讼程序的终结。但是,一般说来普通法院只有认为专利被判决宣告无效的可能性极高时才会中止侵权诉讼程序。事实上,这一自由裁量权的尺度并不容易掌握。近年来由于一些案件,德国各界对专利侵权诉讼与无效诉讼程序交叉时因为普通法院与行政法院职能区分过于严格产生的法律适用之不确定性已经开始反思。比如,台湾宏达公司(HTC)和德国专利公司 IPCom 就一项欧洲专利(EP1186189)发生争议,一审法院判定 HTC 侵权,但这一结论随后被 BPatG 的判决推翻:IPCom 在 2009 年年初获得了法院的禁令,要求 HTC 停止在德国销售 3G 手机;与此同时,HTC 提出专利无效诉讼,而 2010 年年末 BPatG 判决 IPCom 的专利无效。另一起近期案例是地方法院在专利侵权诉讼中对美国苹果公司颁发了禁令,禁止其在德国以 iOS 移动终端提供邮件收发服务,而当时针对该专利(EP0847654)的无效诉讼还未结案;不过,在案件上诉后,该地区高级法院裁定中止诉讼以等待无效诉讼的结果。根据相关数据,德国不同法院的判决或裁决不尽统一的情况达到了 12%,造成了法律效果的不稳定性,总的来说这套二元制体系有利于专利权人而对被告缺乏足够救济;为此,有研究者建议应当考虑相关改革,比如某些情况下将侵权与无效程序的合并,以及加快 BPatG 的无效诉讼程序进程等。[13] 需要指

---

⑬　相关案件和分析详细内容参见 Katrin Cremers, Fabian Gaessler, Dietmar Harhoff, Christian Helmers: Invalid but Infringed? An Analysis of Germany's Bifurcated Patent Litigation System, 网址: https://www.law.berkeley.edu/files/Helmers_Christian_IPSC_paper_2014.pdf, 2016 年 11 月访问。

出的是，德国的实用新型专利采取的是形式审查主义，因此其与前述采实质审查主义之发明专利不同，法律允许被告在侵权诉讼中提出权利无效之主张；但是，审理侵权诉讼的法院所做的无效判断没有对世性效力，只在当事人间有效，也即该实用新型专利权本身并未被撤销，只是在原告针对该案被告的请求权被否定而已。⑭

（三）日本的折中式方案

日本在法律传统上深受德国的影响，很长时间内多数学者都认为专利权的授予或取消都是专属于 JPO 的职权，相关的程序也是行政程序，在法院依行政程序作出最终判决前，专利权都应当被推定为有效，因此审理专利侵权诉讼的法院不得自行判断专利权的效力。因此，如果认为某一专利有法定的无效事由，只能依据日本《专利法》第 123 条（2）向 JPO 请求无效审决；如果对 JPO 所做的关于无效请求的审决不服时，无效请求人或专利权人可以以对方（非以 JPO）为被告，依据《专利法》第 178 条在东京高等法院（2006 年之后由属于东京高等裁判所特别支部的东京知识产权高等法院管辖）提起“审决取消之诉”（其性质属于行政诉讼）以撤销 JPO 的审决。与此同时，面对各国都遇到的同样问题——被控专利侵权人在诉讼中提出原告的专利权应当无效的抗辩，日本的地方法院一般不做出回应，而是中止诉讼等待无效诉讼行政程序的结果。但是，自 20 世纪 90 年代以来，日本经济就一直处于停滞不前的状态，日本总结其原因后提出了“信息创新时代，知识产权立国”的建设方针。知识产权司法改革也成为日本知识产权战略的重要内容。日本学界也逐渐认可了专利侵权诉讼中被告应该可以提出无效抗辩的学说：⑮一方面，专利权无效的请求要另行提起无效诉讼，实际上是要求当事人的同一诉求要经过两个诉讼程序才能够确定，增加了当事人的负担；另一方面，机械性地执行特许厅与法院的权限分工将一个程序能解决

---

⑭ 参见 Bardehle Pagenberg：Utility Model Protection in Germany，网址：http://www.bardehle.com/uploads/tx_toco3bardehle_files/Utility_model_protection_Germany.pdf，2016 年 11 月访问。

⑮ 无效抗辩学说在日本也叫当然无效说，即发明专利如果存在欠缺新颖性等重大明显瑕疵的，应当认为其当然无效，代表性观点参见［日］中山信弘：《工業所有権法》（上·特許法［第二版］，第 418 页）；［日］田村善之：《特許侵害訴訟における公知技術の抗弁と当然無効の抗弁》，载《特許研究》第 21 号第 4 页；［日］中島和雄：《侵害訴訟における特許無効の抗弁·再考》，载《知財管理》第 50 卷第 4 号，第 489 页。

的问题要求完成两个程序是不恰当的,这还造成了案件审理的拖沓延迟。在不违背设置特许厅的目的之范围,应当承认受理侵权诉讼的法院⑯可以对专利权的效力作出判断。⑰

2000 年,日本最高法院在富士通与美国德州公司关于半导体集成电路基本专利一案(简称“キルビー,Kilby 案”)中肯定了东京高等法院的开创性判决。该判决认为:“本件专利明显存在无效理由,可以切实的预见其专利权如果被请求进入无效审判将确定地被认定为无效,因此基于该专利权的停止侵权和损害赔偿等请求如果准许的话是不适当的……从而,即使在专利无效审决确定之前,审理专利侵权诉讼之法院,于其审理结果认为该专利权存在明显的无效理由时,基于该专利权的停止侵权、损害赔偿等请求,除有特殊情形外,应认为是权力滥用而不予支持。”⑱自此,日本最高法院在 Kilby 案将法院在专利侵权诉讼中可以审理无效抗辩的理论变成了判例。允许侵权诉讼中的被告提出专利无效抗辩为迅速有效地解决侵权纠纷起到明显的促进作用。短短两年内日本采纳无效抗辩的案件激增,而且理由实际上并不仅限于“明显无效”的情形,有的法院连是否与在先发明相同、是否欠缺创造性这种需要较高专业技术判断的无效理由也加以采纳,有的判决与无效审判的结果产生了冲突。⑲

为进一步推进知识产权战略,日本在进行一系列改革的同时,于 2004 年 6 月修改《专利法》增加了第 104 条之 3 第 1 项,明确了无效抗辩并规范

⑯　在 2005 年东京知识产权高等法院成立之前,依据《日本民事诉讼法》第 6 条的规定,包括专利侵权案件在内的技术性知识产权民事案件的管辖实际上已经相对集中,即一审由东京、大阪地方法院跨区审理,二审由东京高等法院审理,而后者正是直接受理专利无效诉讼一审案件的专属管辖权法院。

⑰　本段关于日本无效抗辩讨论的介绍参见飯村敏明:《グローバル・ネットワーク時代における特許侵害訴訟——我が国における侵害訴訟における特許無効の抗弁を中心として》,资料来源于日本软件信息中心 SOFTIC 网站:http://www.softic.or.jp/symposium/open_materials/10th/jp/iimura-jp.pdf,2016 年 11 月访问。

⑱　Kilby 判决由东京高等裁判所于 1997 年作出,并于 2000 年(平成 12 年)得到最高裁判所的确认;参见平成 10(オ)364 債務不存在確認請求事件、平成 12 年 4 月 11 日最高裁判所第三小法廷にて出された上告審判决。

⑲　参见日本首相官邸文件:《侵害訴訟における無効の判断と無効審判の関係等に関する現状と課題》,网址:http://www.kantei.go.jp/jp/singi/sihou/kentoukai/titeki/pc/ronten1.pdf,2016 年 11 月访问。

其适用(随后修改的实用新型、外观设计和商标法中相关条款也明确适用无效抗辩条款):“在有关侵害专利权或独占实施权的诉讼中,如果认为该专利权应当依专利无效审判程序判定为无效时,专利权人或独占实施权人不得对被告方行使其权利。”同时,为避免当事人滥用无效抗辩、有意拖延专利侵权诉讼,第104条之3第2项规定:“依前项提出无效抗辩主张的,如果法院认为其以不当延滞诉讼为目的,则可依申请或依职权裁定予以驳回。”这一规定是为了防止当事人动辄主张无效抗辩,反而造成专利权保护的延迟。日本《专利法》明文规定民事案件审理法院可以接受专利权无效抗辩,这突破了采取二元制的大陆法系国家和地区一般只有行政或准司法机构才能判定知识产权效力的传统,开创了民事法院对知识产权效力进行司法认定的先河。但是,日本的这一规定并不是从民事法院可以直接宣告专利权无效的角度,而是从民事法院不支持专利权人诉讼请求的角度来规制的,巧妙地回避了二元制中司法与行政机关的职能分工问题。在这一折中的方案提出之后,日本进一步采取措施减少专利无效审判和无效抗辩双轨制可能的冲突。2005年4月1日成立了东京知识产权高等法院,统一审理技术性知识产权民事案件的二审和无效审判案件一审。

另外,侵权诉讼中法院采用无效抗辩后在实践中存在两种可能的情形:其一,法院经审理不接受无效抗辩的理由,认定专利权应当有效而支持原告诉求,但随后在无效审判中该专利被判决无效;其二,法院经审理接受了无效抗辩理由,认为专利权应当无效而对原告请求不予支持,但随后该专利权在无效诉讼中却仍然被维持有效。那么,如何解决这两种侵权诉讼结果与无效判决可能产生的冲突?根据日本《民事诉讼法》第338条第1款第8项的规定,民事案件据以判决的行政决定被依法修正的,该民事案件可以提起再审。这一规定直接关系到上述第一种情形下的冲突可能带来的再审问题。为此,日本《专利法》在2011修改时增加了第104条之4对可能发生的再审进行了限制,即“侵权诉讼判决生效后,当事人不得以无效审判中权利被判决无效为由提起再审”。至于第二种情形,因为本身不属于“民事案件据以判决的行政决定被依法修正”的情形,并不能提出再审。结合这两种情形看,目前日本在专利权效力判断这一问题上,应当是审理侵权民事案件的法院之判决最具有权威性,但是由于所有技术性民事案件的上诉审法院与审理无效诉讼的法院都是东京知识产权高等法院,且通常该法院对涉及同一专利有效性的案件之审理都是同一个合议庭,因此现实中同一法院作出相反判决几乎没有可能性,侵权与确权诉讼结果的冲突仅是理论上的。

日本的这一折中方案基本上被中国台湾地区全盘借鉴,不同的是中国台湾地区是通过专门另行立法来实施该方案,而不像日本一样逐一修改相关立法。中国台湾地区的这一立法与日本各部工业产权法的修改目的实质相同,而且范围扩大(即在刑事诉讼中也准用无效抗辩)。[20] 另外,中国台湾地区与日本一样,在法律通过后即成立了知识产权专门法院(2008 年)。

三、中国的专利侵权与无效诉讼现状

(一)中国专利侵权诉讼状况

目前中国法院受理的专利纠纷案件包括民事、行政和刑事诉讼。根据近些年的统计数据,专利民事案件占全部专利纠纷案件的 90% 以上且有逐年增加的趋势。[21] (见下表)尽管如此,根据最高人民法院历年发布的《中国法院知识产权司法保护状况》,我国专利民事案件数远低于同期的著作权、商标民事案件。

中国专利侵权诉讼状况表

年度	一审新收专利民事案件	一审新收专利行政案件	假冒专利罪判决案件
2010	5785	551	2
2011	7819	654	1
2012	9680	760	63
2013	9195	697	1
2014	9648	539	1

数据来源:《中国法院知识产权司法保护状况》(2010 ~ 2014 年)。

---

⑳ 中国台湾地区“智慧财产案件审理法”(2007 年制定、2014 年修正)第 16 条(撤销、废止原因之判断)规定:“当事人主张或抗辩知识产权有应撤销、废止之原因者,法院应就其主张或抗辩有无理由自为判断,不适用民事诉讼法、行政诉讼法、商标法、专利法、植物品种及种苗法或其他法律有关停止诉讼程序之规定。前项情形,法院认有撤销、废止之原因时,知识产权人于该民事诉讼中不得对于他造主张权利。”该法第 30 条(准用规定)规定:“第十六条第一项规定,于审理第二十三条案件或其附带民事诉讼时,准用之。”

㉑ 参见最高人民法院网站:《中国法院知识产权司法保护状况(2010 ~ 2014)》,载 www. court. gov. cn,2016 年 11 月访问。

另外，根据《中国专利侵权诉讼状况研究报告(1985～2013)》，中国的专利侵权案件在报告涉及的期间总数不超过2万件，而且分布不平衡。专利侵权诉讼一审案件受理数量以省级行政区划排行依次为：广东、浙江、江苏、上海、北京、山东、河南、四川、湖南、福建；在受理专利侵权诉讼的一审法院中，广东省广州市中级人民法院的受理量最高，占比高达21.32%，比排名第二的浙江省宁波市中级人民法院(8.47%)高出近13个百分点；接下来是上海市二中院(6.01%)、上海市一中院(5.73%)、浙江省杭州市中院(5.56%)、江苏省南京市中院(4.59%)、北京市二中院(4%)、浙江省金华市中院(3.74%)、浙江省温州市中院(3.7%)、和北京市一中院(2.78%)。笔者认同该报告的分析：该榜单排名基本上与各个地区经济发达程度及经济增长质量正相关，珠三角和长三角显然是我国经济发达区域，也就成为专利侵权诉讼多发地。

尽管专利侵权案件在中国知识产权案件中的绝对数量不多，但由于其中的一些重大的、复杂的、有争议的专利案件，尤其是侵权民事诉讼与无效行政确权程序交叉的案件，通常涉及相关领域的重要企业或者是涉外当事人，使得这类案件的审理过程及判决的社会关注度高、影响范围广。根据2014年全国人大常委会执法检查组《关于检查专利法实施情况的报告》，[22]除了专利质量低、运用率低外，中国的专利维权存在时间长、举证难、成本高、赔偿低等问题长期以来为各界所诟病。这里，“周期长”的一个基本原因，与中国专利制度中的机制设置问题造成的侵权诉讼与无效程序的纠缠、循环有关。

(二)专利循环诉讼及侵权、无效程序交叉问题

根据现行《专利法》第45、46条的规定，目前中国的专利无效只能向专利复审委员会提出请求；不服专利复审委员会的决定，可以向人民法院起诉。[23]由于目前受理对专利无效决定不服提起之诉讼的北京知识产权法院属于中级人民法院的级别，此类案件的二审应当上诉到北京市高级人民法院。因此，理论上，在中国对专利有效性提出的争议可能需要一个在专利复审委员

[22] 参见《中华人民共和国全国人民代表大会常务委员会公报》2014年第4期。

[23] 根据最新的诉讼管辖划分，不服专利无效决定的向北京知识产权法院起诉；参见全国人民代表大会常务委员会《关于在北京、上海、广州设立知识产权法院的决定》(2014年8月31日)第2条第2项：“不服国务院行政部门裁定或者决定而提起的第一审知识产权授权确权行政案件，由北京知识产权法院管辖。”

会进行的准司法程序和北京市中级、高级两级人民法院进行的司法程序。另外,根据中国的《行政诉讼法》第54条的规定,法院对具体行政行为要么维持,要么撤销令其重作,而《专利法》则没有任何相关规定,因此,法院即使认为专利权应当无效也只能判决由专利复审委员会另行作出决定。由于司法程序不能直接作出专利权无效的判决,理论上如果当事人对专利复审委员会另行作出的决定仍可以提起新的行政程序,从而将争议的解决推入新一轮程序循环,使争议解决时间进一步加长。

显然,这一专利无效程序的设置,使相关当事人付出的成本过高,不利于专利确权纠纷的解决;尤其是与专利侵权纠纷的交叉,更使得整个程序延拓,不仅使当事人的权利义务长期处于不确定状态,而且也耗费了大量的公共资源。本来,相对于一般民事诉讼而言,专利侵权民事案件由于涉及证据及财产保全、专家鉴定、侵权审计等环节,诉讼周期就偏长,如果再卷入无效诉讼而中止侵权诉讼程序,案件的结果更是遥遥无期。更糟糕的是,这一程序可能被当事人不当利用来作为拖垮对方的诉讼策略。

事实上,国内很多研究者都认识到这种知识产权无效程序是一种特殊的类似民事诉讼的程序,专利复审委员会在无效宣告程序中扮演的角色是准司法机构。㉔ 中国的知识产权界也很早就提出了相应的方案,比如中国社会科学院知识产权中心即提出将专利复审委员会对专利无效宣告请求的审理视为类似民事诉讼的程序,将其裁决视为一审判决,直接上诉到北京市高级人民法院。㉕ 这些观点和建议被2008年通过的《国家知识产权战略纲要》吸收,明确将"探索建立知识产权上诉法院"列为战略实施的举措之一。但是,随着中国知识产权战略的推进,改革所遇到的问题之复杂程度超出了当时的设想。笔者看来,目前北京、上海、广州知识产权专门法院的设置及其运行,实际上是结合国家知识产权战略和司法改革进程而进行的试点改革。当然,北上广知识产权专门法院的设立有利于技术性知识产权案件的集中管辖和审判的专业化,而且在2014~2017这三年的运行测试阶段,这三个知识产权

㉔ 参见北京市高级人民法院知识产权庭:《专利/商标确权纠纷解决机制的问题研究》,载《法律适用》2006年第4期,第14~17页。

㉕ 参见中国社会科学院知识产权中心著:《中国知识产权保护体系改革研究》,知识产权出版社2008年版。

专门法院将试行一系列司法改革措施,同时也包括今后中国知识产权高级专门法院制度建设所需要配套的一些措施,比如技术调查官制度。

根据现有立法和实践,此次设立的北京知识产权法院并无权直接变更专利复审委员会的决定,也未能化解专利侵权与无效程序二元制可能带来的循环诉讼问题。不过,最近最高人民法院通过的关于《行政诉讼法》的司法解释(法释〔2015〕9 号),有望从另一角度切入对此加以规制。根据该解释第 3 条第 1 款第 9 项的规定,如果行政诉讼标的已为生效裁判所羁束的,已经立案的行政案件应当裁定驳回。这样,如果一件专利的无效宣告请求走完专利复审委员会—北京知识产权法院—北京市高级人民法院的一轮程序后被发回复审委重审的,对重新作出的复审决定又起诉的,可能被北京知识产权法院直接驳回。另外,除了 2001 年最高人民法院出台的司法解释(后文详述)规定了侵权与无效交叉时法院是否中止侵权诉讼程序的一些情形外,2016 年 3 月 21 日最高人民法院颁布了《关于审理侵犯专利权纠纷案件应用法律若干问题的解释(二)》,㉖其中也增加了一些民事与行政程序的衔接措施以尽量避免可能的冲突,如第 29、30 条。我们看到,这一新的司法解释尽管对民事、行政两个程序同时进行或交叉如何处理并没有大的突破,即各种情形的处理方式还是与之前的司法解释㉗一样,但是,与之前的规定模糊相比,新的司法解释进一步从法律适用的角度明确要求审理专利侵权案件的法院尽量避免对同一专利的效力作出与专利复审委员会的生效决定相左的裁判,或者中止与之相冲突的民事判决、调解书的执行。

(三)专利侵权诉讼中被告提出无效的情况

1. 专利侵权诉讼中被告通常采用的抗辩理由

中国的专利侵权民事纠纷大多数是诉前和解或以诉中调解结案的,这也是各国专利侵权纠纷各方当事人通常选择的方案。照此推论,双方坚持争执持续到侵权诉讼阶段的,被告提出专利无效宣告请求的比例应当较高;然而,已有的实证研究结果并不支持这一推论。

㉖ 参见法释〔2016〕1 号。

㉗ 法释〔2001〕21 号(于 2015 年以法释〔2015〕4 号修正)第 8 条至第 12 条对专利侵权诉讼中被告在答辩期请求宣告涉案专利权无效的,人民法院是否中止侵权诉讼根据不同情形作了弹性规定——对发明专利而言,法院“可以不中止诉讼”。

比如,有研究者对搜集到的北京和上海市近五年(2009~2014 年)专利侵权案件的一审判决进行了分析,其中得出的一些数据值得我们思考。根据该分析,从一审判决结果看,北京专利侵权案件原告的胜诉率为 76%,上海原告的胜诉率将近 70%,而这两个地方专利侵权案件的二审维持率都在 90% 左右。也就是说,争讼到法院的专利侵权纠纷,大多数是被告的确侵犯了原告的专利权。在判定不侵权的案件中,无论是在北京还是上海,70% 左右都是因为被控侵权产品未落入原告专利权的保护范围;其他的不侵权原因还有现有技术抗辩、未证明存在侵权行为以及先用权抗辩等。北京和上海的数据都显示,专利侵权案件中,只有 20% 左右的被告会针对涉案专利提出无效宣告请求,而最终因专利被无效而判定不侵权的,仅在北京法院判定的不侵害发明专利权的案件中占 2.4%。[28]

从以上数据看,在专利侵权诉讼中提出专利无效宣告请求、最终因专利被无效而判决不侵权的案件仅发生在发明专利案件中且数量很少。考虑到北京上海的专利侵权案件中外观设计和实用新型案件占了大半,而中国的外观设计和实用新型专利历来因为不经过实质性审查而被批判为"问题专利"甚至"垃圾专利",这种在专利侵权诉讼中提出无效宣告请求比例极低显得十分怪异。我们看到,北京法院审理的实用新型专利侵权案件中 66.7% 被判侵权,外观设计专利侵权案件中将近 90% 的案件被判侵权,在剩下的不侵权案件中也并没有被告提出过无效抗辩。这一现状,可能与外观设计和实用新型案件中的被告多是经销商、个体户有关。这类被告基本没有能力启动和应对专利无效宣告程序,基于诉讼成本等考虑,直接承认侵权负担较少的赔偿,或者作不侵权、现有技术、先用权等抗辩更合适。

2. 专利侵权案件中法院对被告提出无效的处理

在专利侵权诉讼中,被告是否可以直接以专利无效作为自己不侵权的抗辩理由?对此中国已有的法律法规、司法解释中并无明确的规定。实践中法院的一般处理方式是不直接受理无效抗辩并对其进行判决,而是告知被告依法另行提起专利无效宣告程序。不过,北京的法院也曾有过例外的处理方式,即直接对被告提出的专利无效抗辩作出答复并直接判决专利权无效。比

---

[28] 参见高荣英:《北京市专利侵权案件数据分析报告》,载《上海市专利侵权案件大数据分析报告》,资料来源于知产力网站:http://www.zhichanli.com,2016 年 11 月访问。

如，北京一中院（北京知识产权法院前身）在其（2004）一中行初字第575、742、769、770号判决中，北京市高级人民法院在其（2003）高行终字第61号判决中都曾有过此尝试。[29] 但是，在此之后中国的法院对在专利侵权诉讼中直接审理无效抗辩并判决权利无效变得十分谨慎。比如，笔者在2015年12月11日在“北大法意网”数据库中检索“专利侵权”案例时，9346个搜索结果中仅有一件法院直接对被控侵权人的“专利无效抗辩”给出答复：“被告称原告专利无效，但并未提供相应证据证实，且专利有效与否为国家相关行政机关审查范围，并非法院审查内容；因此对被告称原告的专利无效抗辩不予支持。”[30]

总的来说，由于法无明文规定，法院倾向于避免对可能介入行政权力范围的诉求进行审理。北京市高级人民法院在其发布的《专利侵权判定指南》（京高法发〔2013〕301号）中以第6条规定了“专利权有效原则”，即在权利人据以主张的专利权未被宣告无效之前，其权利应予保护，而不得以该专利权不符合专利法相关授权条件、应予无效为由作出裁判。

尽管如此，自2008年国家知识产权战略明确知识产权保护以司法为主导之后，法院也在尝试一些变通的方法。比如，根据北京市高级人民法院知识产权庭的统计，2009年以来专利确权案件逐年增多（发明专利无效案件占45%，实用新型和外观设计分别占40%和15%），北京市两级法院在专利确权案件中司法审查职能不断强化；2013年，有15%的专利复审委员会关于专利无效宣告的决定被北京两级人民法院在司法审查中撤销。近年来，北京市法院还不断加强对专利授权实质性条款的审查力度，在一些有争议的重大问题上敢于提出意见。例如，通过审理（2012）高行终字第833号北京万生药业有限责任公司诉专利复审委员会、第一三共株式会社发明专利权无效行政纠纷案和（2012）高行终字第1754号新曰铁住金不锈钢株式会社诉专利复审委员会、李建新发明专利权无效行政纠纷案，分别对医药化学领域“马库什权利要求”的修改和创造性判断方法、涉及化合物及化学混合物和组合物创造性判断方法进行了探索，有效履行了司法审查职能，明确了裁判标准。[31] 当然，

㉙ 参见喻辉：《浅议专利权无效作为专利侵权诉讼一种“新”的抗辩事由》，载《法制与经济》2013年第11期。

㉚ 参见广州市中级人民法院（2004）穗中法民三知初字第267号。

㉛ 参见北京市高级人民法院知识产权庭：《北京市法院2013年专利授权确权行政案件审判状况》，载《中国专利与商标》2015年第1期。

由于无效案件中涉及的专业技术问题比较复杂、专业性强,法官在单个案件中付出的时间和精力较大,这也给北京市法院带来了很大的压力;建立高级别的知识产权专门法院、加强技术调查官等审判辅助人员的配备等呼声日高。[32]

近年来,在一起侵害实用新型专利权纠纷申请再审案中,最高人民法院审查认为,准确界定专利权的保护范围,是认定被诉侵权技术方案是否构成侵权的前提条件;如果权利要求的撰写存在明显瑕疵,结合涉案专利说明书、本领域的公知常识以及相关现有技术等,仍然不能确定权利要求中技术术语的具体含义,无法准确确定专利权的保护范围的,则无法将被诉侵权技术方案与之进行有意义的侵权对比。原告的专利权属于"保护范围明显不清楚"的情形,因此不应认定被诉侵权技术方案构成侵权。[33] 从这一裁定看,最高人民法院实际上对涉案专利的有效性进行了审查,只不过在陈述理由时通过"不保护无法保护的权利"的方式谨慎回避了对权利效力问题的直接表态。这一判例在一定程度上体现了中国最高审判机构近年来对与行政程序交叉的知识产权民事纠纷应如何进行实质性解决的政策导向。

3. 无效宣告程序启动后侵权诉讼是否中止的问题

在专利侵权诉讼中如果被告提出专利无效宣告请求如何处理?对此最高人民法院分不同情形作出了一系列弹性规定:[34]

(1)侵犯实用新型、外观设计专利权纠纷案件的被告请求中止诉讼的,应当在答辩期内对原告的专利权提出宣告无效的请求。

(2)人民法院受理的侵犯实用新型、外观设计专利权纠纷案件,被告在答辩期间内请求宣告该项专利权无效的,人民法院应当中止诉讼,但具备下列情形之一的,可以不中止诉讼:①原告出具的检索报告或者专利权评价报告未发现导致实用新型或者外观设计专利权无效的事由的;②被告提供的证据足以证明其使用的技术已经公知的;③被告请求宣告该项专利权无效所提供的证据或者依据的理由明显不充分的;④人民法院认为不应当中止诉讼的

[32] 参见吴汉东:《中国知识产权法院建设:试点样本与基本走向》,载《法律适用》2015年第10期。

[33] 参见最高人民法院(2012)民申字第1544号民事裁定。

[34] 参见最高人民法院《关于审理专利纠纷案件适用法律问题的若干规定》,法释〔2001〕21号、法释〔2013〕9号、法释〔2015〕4号,第8条至第12条。

其他情形。

(3)人民法院受理的侵犯实用新型、外观设计专利权纠纷案件,被告在答辩期间届满后请求宣告该项专利权无效的,人民法院不应当中止诉讼,但经审查认为有必要中止诉讼的除外。

(4)人民法院受理的侵犯发明专利权纠纷案件或者经专利复审委员会审查维持专利权的侵犯实用新型、外观设计专利权纠纷案件,被告在答辩期间内请求宣告该项专利权无效的,人民法院可以不中止诉讼。

(5)人民法院决定中止诉讼,专利权人或者利害关系人请求责令被告停止有关行为或者采取其他制止侵权损害继续扩大的措施,并提供了担保,人民法院经审查符合有关法律规定的,可以在裁定中止诉讼的同时一并作出有关裁定。

从以上规定来看,一般来说,在侵权诉讼中如果经过某种实质性审查的专利权被请求宣告无效,法院一般不中止审理。事实上根据前文提到的对北京上海两地法院的案例调查结果,在被告提出无效的专利侵权案件中,也只有不到10%被法院裁定中止。

另外,根据中国的《民事诉讼法》(2013年版)第150条的规定,裁定中止的事由包括"本案须以另案结果为依据、而另案未审结"。但是,专利无效宣告程序及其相关司法审查的行政诉讼之结果是否属于专利侵权诉讼所必需的依据?对此,无论是2015年最高人民法院关于《民事诉讼法》适用的司法解释,还是《专利法》适用的系列司法解释均没有明确规定。因此,迄今为止,专利侵权诉讼和专利无效诉讼程序交叉时,法院是否裁定中止侵权诉讼以待无效诉讼的结果,仍然没有定论,这种不确定性显然不利于鼓励被告积极提起专利无效宣告程序,从而起到过滤问题专利、提高专利质量的作用。

四、中国专利侵权诉讼中引进无效抗辩规则的建议

(一)引进无效抗辩规则的必要性

如上所述,域外经验表明,虽然专利权的本质是私权,但由于其是典型的无形财产、技术性极强,在权利范围界定方面需要专门的专业技术人员协助,因此负责专利行政管理工作的行政、准司法机关的授权确权法定程序成为世

界各国专利制度的必备内容。但是,在实践中由于多种原因,已经被授予专利权的发明创造不可能都符合《专利法》规定的实质要件。为保证专利的质量、纠正专利局和专利复审委员会工作中的疏漏和失误,必须建立专利无效宣告制度,以免不合格的专利权之行使损害他人合法利益和社会公益。目前中国的专利侵权诉讼中被告不愿意提起专利无效宣告程序,在一定程度上反映了现有的制度设计存在一定的问题因而不能达到其目的。比较其他法域的经验,我们发现除了在中国要走完一套专利无效宣告程序,不仅需要多走过一道行政诉讼程序(北京知识产权法院),而且终审的法院(北京市高级人民法院)层级比别的国家低,不利于树立专利权判定的司法权威。前面介绍的美国、德国、日本各种模式都有其可取之处,但毕竟国情不同,难以完全照搬。相对而言,日本既在侵权诉讼中允许无效抗辩,又不明确法院直接宣告权利无效的经验值得考虑。

明确侵权诉讼中可采纳专利无效抗辩并不违背中国行政、司法职能划分的传统。专利权本身作为私权,专利行政管理机关的审查并不是行政许可,而专利复审委员会的无效程序带有明显的准司法性,专利权有效与否的决定最终也是要经过法院的司法审查来判决的。因此,即使法院采纳专利无效抗辩并据此作出判决在实质上属于对专利权效力的判断行为,也符合专利权效力判定的司法终局原则,而且,由于无效抗辩无须像无效宣告程序一样可能经过几轮循环,原被告双方的权利义务关系可以通过民事案件的两审终审制即可得以明确,大大提高了司法效率。引入专利无效抗辩也有利于统一司法尺度、减少不确定性。比如现行司法实践中法院遇到被告提出专利无效宣告请求时在是否中止诉讼方面做法不一,法官的自由裁量权大不利于当事人建立合理预期,也容易被指为滥用或推诿。

(二)侵权诉讼中引入专利无效抗辩的路径

在专利侵权诉讼中引入专利无效抗辩,可以在不动摇目前为止中国司法与行政机关的职能分工(而这正是知识产权专门上诉法院设置的改革难题)的前提下,简化诉讼程序,提高审判效率。尽管如此,从专利无效抗辩制度产生和发展的域外经验来看,这一制度的运行与知识产权侵权上诉案件和无效案件由同一专门法院管辖息息相关。

就中国目前的国情而言,应当如何引入专利无效抗辩呢?简单的路径是直接颁布立法或司法解释,允许所有具有专利案件管辖权的法院采用无效抗辩（像美国各联邦地方法院一样），但这显然是行不通的，仅是这些法院本身的能力就难以胜任，更何况容易引起各界的质疑。笔者认为，引入专利无效抗辩制度绕不开中国知识产权专门法院的建设问题，应当谨慎研究、稳妥进行。

1. 进一步集中专利侵权案件的管辖

根据最高人民法院《关于审理专利纠纷案件适用法律问题的若干规定》的规定，专利纠纷第一审案件，由各省、自治区、直辖市人民政府所在地的中级人民法院和最高人民法院指定的中级人民法院管辖。最高人民法院根据实际情况，可以指定基层人民法院管辖第一审专利纠纷案件。不过，自2001年以来，最高人民法院尚未指定基层人民法院审理发明专利案件。尽管如此，中国的专利案件管辖权一直呈现“放”的趋势，据统计，截至2014年年底，全国具有专利（发明、实用新型、外观设计）民事纠纷案件管辖权的中级人民法院已有87个。[35]

2014年下半年以来，随着知识产权专门法院建设速度的加快，统一裁判尺度、加强专业化审判成为知识产权司法保护所强调的目标；尤其是“北上广”三个知识产权法院的成立，显示出中国的发明专利等技术性案件的管辖权开始出现“收”的迹象。如果说北京上海因为是直辖市，以前的两个审理专利案件的法院合并为目前的知识产权法院影响不是特别大的话，广州知识产权法院的建立和运行则极有试点作用。

事实上，广州知识产权法院在尝试集中“收”回专利案件管辖权时遇到的问题是事先没有遇到过的。在人大常委会和最高院的管辖意见推出之时，[36]对广州知识产权法院这一真正具有跨区域特点的专门法院之设置方案是将广东全省技术性知识产权案件集中到新设立的广州知识产权法院审理，这未考虑到将实践中受理最多重大疑难知识产权案件的深圳市中级人民法院的案件转移到广州后必然涉及的人员调动资源重整等诸多操作性难题。因此，广州知识产权法院的最终管辖方案是按照《最高人民法院关于同意广东省深圳市两级法院继续管辖专利等知识产权案件的批复》执行的，即在广

---

[35] 参见《中国法院知识产权司法保护状况（2014）》，2015年4月发布。

[36] 参见2014年8月31日第十二届全国人民代表大会常务委员会第十次会议通过的《关于在北京、上海、广州设立知识产权法院的决定》和最高人民法院《关于北京、上海、广州知识产权法院案件管辖的规定》（2014年10月27日最高人民法院审判委员会第1628次会议通过）。

东省内跨行政区域管辖全省除深圳市以外的专利、植物新品种、集成电路布图设计、技术秘密、计算机软件第一审知识产权民事和行政案件以及涉及驰名商标认定的民事案件。[37] 可见,在今后的知识产权法院建设进程中,受理案件的数量、法官的素质和经验、人员等重组的难度等都是需要考虑的内容。不过,即使缺少深圳市的专利案件管辖权,考虑到之前最高人民法院在整个广东省已经指定了八家中级人民法院审理专利案件,广州知识产权法院将这些法院的专利案件管辖权收回后的运作经验,对全国范围内将专利案件管辖权进一步集中仍具有参照意义。

笔者认为,专利无效抗辩在一定程度上涉及了对专利权效力的认定,要采用美国式的做法,即任何目前有专利案件管辖权的法院均可审理专利无效请求是不现实、容易引起争议的,尤其是一些地方的法院几乎没有审理过发明专利案件,也缺乏技术辅助人员和专家资源,难以胜任专利权效力判断的工作。最好的办法是像日本那样先适当进一步集中专利案件的管辖权(日本集中在东京和大阪两个地方法院),再赋予这些法院接受并审理专利无效抗辩的职权。这首先需要对现有的各个有专利案件管辖权的法院自受理专利案件以来审理发明和实用新型专利纠纷的案件数量做个统计,根据统计结果在一个大区(跨省级行政区)内指定一个法院专属审理该区的发明专利等技术性案件。跨区法院、巡回法院等试点目前也在中国司法改革的计划中,[38] 再加上远程审判科技手段的迅速发展,专利等技术性案件的进一步跨区集中管辖是具有可行性的。比如,目前的北京知识产权法院、上海知识产权法院可以突破省级行政区划,逐步扩张到对整个京津冀地区和苏浙沪地区的专利案件进行管辖;其他可能适当集中的还包括西北地区、西南地区、东北地区、东南地区、中原地区、中南地区等。总之应当根据需要选择一些审理知识产权案件较多、审判经验较为丰富、办案水平相对较高的法院,建立跨区的知识产权专门法院,没有必要一定在每个省都设立知识产权法院。

2. 推进中国知识产权高级法院的建立

关于中国是否建立一个知识产权专门上诉(高级)法院,是知识产权法

[37] 参见《广东高院发布关于广州知识产权法院履职的公告》,载《中国工商报》2014年12月18日。

[38] 参见祁彪:《跨区法院未来可期?》,载《民主与法制》2015年第10期。

院建设的一个焦点问题,也是涉及司法行政职能划分的敏感问题。我们考察美国经验,发现CAFC是全国所有专利侵权案件的上诉审专属管辖法院,这与美国的二审法院只审查法律适用问题、不审查事实问题的民事程序设置相关(美国的民事诉讼由陪审团对事实进行认定,除非需要对证据是否充分作出合理裁决,否则法官无权重新审理陪审团的裁决),否则一个CAFC是难以负担来自全国联邦地方法院的专利侵权案件之上诉的工作量的。作为专利案件的二审法院(日本是三审终审,二审称为控诉审、三审为上告审),日本的东京知识产权高等法院依据其民事诉讼法既审理事实也审理法律适用;不过,据统计,2004~2014年该院受理的知识产权专利等技术性民事上诉案件每年在100件左右,考虑到其有几百名的技术调查官和专门委员的辅助,[39]这一机制能够运行稳定也就不意外了。

笔者认为,在建立知识产权高级法院方面,日本、台湾地区的经验都可以借鉴,但都难以全盘复制。按照中国目前的《民事诉讼法》,二审法院既要审理法律适用问题,又要审理事实问题,因此,即使按照笔者上述适当集中发明专利等技术性案件的管辖,建立几个大区知识产权法院的设想推行,要由一个高级人民法院受理这么多个地区知识产权法院的一审案件之上诉,且既审理法律适用问题又审理案件事实问题,同时还要承担专利无效宣告决定等准司法裁决的司法审查工作,其可行性是不乐观的。另一方面,修改《民事诉讼法》的难度和复杂度不言而喻,而修改《专利法》等知识产权单行法平均要耗费8~10年的时间。一个变通的办法是像台湾地区一样,通过特别立法(比如"知识产权法院审理法")将大多数的技术性民事案件的事实审理之重点放在各个大区拟设的知识产权专门法院身上,减少知识产权高级法院对这些案件所涉及之事实进行重审的压力,使其将精力放在专利无效宣告程序裁决的司法审查与疑难技术性案件的法律适用以及二者的协调之上。

这样,最终在北京建立一个全国性的知识产权高级人民法院,统一受理各知识产权法院一审的技术性案件的二审以及专利无效宣告程序裁决的司法审查(专利复审委员会的裁决视为一审)。这一全国性的知识产权高级人民法院,可以设在北京市高级人民法院(与其的知识产权审判庭整合承担起

---

[39] 相关数据和材料来自东京知识产权高等法院网站,网址:http://www.ip.courts.go.jp/chi/info/statistics/index.html,2016年11月访问。

更为重要的审判职能),也可另行设置。另外,目前的知识产权专门法院建设中尝试的技术调查官制度、案例指导指导、专家咨询制度等,都可加以完善以充分利用。

3.专利无效抗辩的引入路径

如上,在中国引入专利无效抗辩,简单的方法是直接通过司法解释,但在专利案件管辖权分散的情况下这种方式必然遭到各方质疑,稳妥的方式是逐步完善其赖以运行的机制。

(1)通过《知识产权法院设置法》

其一,推广北上广知识产权法院设置的经验,在各大区设置知识产权法院,集中管辖该地区的专利等技术性强的案件。像广州知识产权法院的设置自然就取消了除深圳外广东省其他地区的法院对专利等技术性案件的管辖权一样,这些跨区知识产权法院的设置将进一步整合优质知识产权专业审判资源,提高专业化审判技能。知识产权法院应当强化技术性案件一审的重要性,避免走过场,应当提升审理质量,降低上诉率。

其二,在北京设置知识产权高级法院,受理以上知识产权法院专利等技术性案件的上诉,原则上只审理法律适用和解释问题。知识产权高级法院同时受理专利等无效诉讼案件。

(2)通过"知识产权法院审理法"

借鉴台湾地区的经验,制定专门适用于所有知识产权法院的审理程序,引入专利无效抗辩。具体表述方式参照日本《专利法》第104条之3、第104条之4,即审理侵权案件的法院不直接判决权利无效,但可以接受被告的无效抗辩,判决专利权人不得对被告主张权利。

当然,中国知识产权司法保护中一些有效做法,如颁布司法解释、指导性案例等,可以进一步细化专利无效抗辩的适用内容,如对"被告应当举证表明专利明显有应当被宣告无效的情形"中"明显应当无效"或"有明显瑕疵"进行进一步阐释。

结语

以上仅是笔者对专利无效抗辩制度的回顾和对中国引入此制度的初步

设想。中国的知识产权法院建立及其配套法律制度的完善是一项复杂的工程,尤其是其涉及整个司法体制改革和知识产权行政管理制度的完善,有些问题恐怕不仅要从学理上研究,还要考虑政治、经济、社会等各方面的因素。本文选取的虽然仅仅是知识产权制度中的一个小问题,但相关规则的制定和运行其实也反映了相关国家和地区整个知识产权制度的运作状况。就中国来说,专利无效抗辩制度的引入与知识产权专门法院的建设、知识产权战略的推进是不可分的。以上这些初步思考和分析供同人们作进一步探讨。

Research on Invalid Defense in Patent Infringement Litigation

Abstract: The patent right is based on the private right created by invention, and the examination and publicity executed by the patent office is the necessity to define the scope and issue the certificate of the right. Should the validity of the patent right after authorization be submitted to the administrative agency or accepted by the ordinary court? the American double track system and the German binary system have their respective running backgrounds. Comparatively speaking, Japan's compromise model deserves reference, that is, the quasi judicial function of invalid declaration is vested in the administrative agency, and the defendant of patent infringement lawsuit has the right to put forward the patent obviously should be invalid as a defense of non infringement. The introduction of patent invalid defense can reduce procrastination when infringement and invalid cases intersect to some extent, and help to clarify the rights and obligations of both parties as soon as possible, however, it needs to be established first with its corresponding operating mechanism. At present, the courts with jurisdiction over patent infringement cases in China are scattered all over the country, and the level of specialization is uneven, so it is not appropriate to give them the function of hearing patent invalid defense directly. In combination with the construction plan of China's specialized intellectual property court, several inter provincial specialized intellectual property courts should be first set up according to the actual need, so that the jurisdiction of technical cases such as patents shall be properly concentrate, and then give these courts the functions of hearing patent invalid defense through special legislation, so as to prepare for the final establishment of an specialized intellectual property high court.

Keywords: Patent Infringement; Patent Invalid Defense; Specialized Intellectual Property Court

(李海敏　编辑)

德国职务发明管制效果研究

蒋　舸*

摘要:《职务发明条例草案(送审稿)》很大程度上借鉴了德国模式,试图通过细化管制促进创新。管制模式试图确保发明人报酬与发明贡献挂钩。这意味着国家必须实质干预单位内部的资源调配与劳资双方的奖酬约定。多方面的实证研究表明,如果将德国作为职务发明管制的制度实验室,其近六十年的试验结果是令人失望的。干预第一在国家层面恶化了创新环境,第二在单位层面造成了巨大负担,第三在个人层面侵蚀了发明人的长远利益。我国若希望完善职务发明制度,需要以此为鉴,避免强化管制。

关键词:职务发明　管制　德国　实证研究

一、问题的提出

2015年的政府工作报告明确提出要"完善职务发明法律制度"。① 考虑到近年来专利申请中职务发明

---

* 清华大学法学院副教授。本文写作受清华大学—微软创新与知识产权联合研究中心资助。

① 李克强2015年3月5日在第十二届全国人民代表大会第三次会议上所做政府工作报告,第四部分。

的比例超过 80% 的事实,法政策对职务发明制度的重视,可谓事出有因。

创新活动日益社会化的背景给传统职务发明制度思路提出的挑战及应对方法,笔者已经撰文进行过理论分析。② 而本文则试图从实证的角度,进一步论证传统的"一发明一奖酬,奖酬与贡献精确挂钩"思路不适合创新社会化的当代背景。本文将对德国职务发明制度的实施效果进行实证考察。因为德国有关职务发明管制效果的实证研究,大概是解决职务发明管制利弊之争最为直接的可得资料了。传统比较法研究较多倚重文本,较少关注实证。但实际上,他国的实证研究,重要性恐怕并不亚于文本经验。毕竟,法学由于研究对象的性质,原本难以通过实验来检验和发展理论假设。所以如果针对特定制度,他国恰好能提供实施效果方面的信息,相当于为理论假设提供了证成或证伪的初步证据。除非有充分理由相信,同样的制度会在我国带来截然不同的结果,否则设计制度时便应严肃考虑他国的经验或教训。以此而论,实证意义上的比较,犹如提供了法学研究的实验室,有助于研究者展开"猜想与反驳"的认知积累。

本文之所以选取德国为研究对象,是取其典型性与可比性。所谓典型性,指德国模式在细化管制方面具有代表性。所谓可比性,指我国在制定《职务发明条例草案(送审稿)》(以下简称《草案》)的过程中,很可能以德国作为了最重要的比较法来源国。《德国雇员发明法》中详细的发明报告流程与强制奖酬要求均在《草案》中有所对应,便是借鉴的痕迹。问题在于,《德国雇员发明法》2017 年运行满 60 年。其间大量学者从不同角度进行了考察,偏偏表明这套制度的运行效果令人担忧。这些研究给我国正在进行的职务发明立法提供了思想实验室,暴露了看似美好的管制思路能够带来始料未及的负面影响,包括对国家创新能力的削弱、对企业运作效率的损害和对发明人长远福利的侵蚀。下文将一一呈现。

② 参见蒋舸:《职务发明奖酬管制的理论困境与现实出路》,载《中国法学》2016 年第 3 期。

二、细化管制在国家层面不能促进创新

(一)发明活跃度降低

尽管人们在如何全面衡量国家创新能力上各执己见,但专利申请量可以作为衡量指标之一,而且是其中重要与客观的一项,这点大家通常不怀疑。由于一国的总人口规模、从业人口规模以及与专利相关行业的从业人口规模并非一成不变,所以单纯比较不同历史时期的专利申请量并不科学。更有说服力的,是比较单位数量雇员的发明量。又由于德国专利申请量长期主要来自制造业,因此制造业每千名雇员的当年发明申请量(以下简称千人申请量)可被作为衡量国家发明活跃度的主要指标。而对德国 1907 ~ 1939 年和 1957 ~ 2004 年两段时间内的千人申请量进行比较,可以发现:细化管制不仅没有提升,反而降低了发明活跃程度。

在没有职务发明法定补偿规范的 1907 ~ 1939 年期间,发明活跃度总体而言呈明显上升趋势。1907 年的千人申请量大约为 1 件,之后一直上升,在 1933 年危机来临时这一数值已经非常接近 3 件。虽然 1933 ~ 1939 年,千人申请量呈下降趋势(1939 年的千人申请量略高于 2 件),但这主要是受经济危机与战争的影响,而非缺乏管制的结果。在这 30 余年期间,即使有极少数行业的集体合同涉及补偿条款,但绝大多数企业能够自由决定是否给予雇员职务发明补偿。可见,不存在法定补偿义务,并未阻碍产业界发明热情的高涨。

相比而言,反倒是存在职务发明法定补偿规范的 1957 ~ 2004 年期间,发明活跃度长期呈现颓势。自从 1957 年《德国雇员发明法》通过,千人申请量长期徘徊在 2.5 件以下,尚不及 20 世纪 30 年代初的水平。从 1957 年到 80 年代初,甚至总体呈现下滑态势。千人申请量尽管从 80 年代中期起有所回升,但截至 90 年代一直在 2.5 件以下。尽管从 90 年代起,千人申请量开始上升,但正如开展这项研究的学者所说,“实在无法把上升归功于一部 30 多年前生效的法律”。[3]

---

③ 本部分研究所依据的数据表格,参见 Axel Brune, Bewährtes Deutsches Arbeitnehmererfindergesetz? Carl Heymanns Verlag 2010, SS. 147 – 149。

(二)研发竞争力不佳

尽管德国有最详尽的职务发明补偿法律体系,但并未因此在全球竞争中取得巨大的创新竞争力。比较德国与瑞士制造业每千名雇员提交欧洲专利局的申请数量,可以看出德国始终大幅低于同处欧洲的瑞士。

以 2000 年为例,瑞士制造业的欧专局千人申请量接近 3.5 件,而德国仅为其一半。④ 这其中固然有瑞士制药产业发达,特别依赖专利保护的原因,但鲜明的对比无疑对法律干预职务发明补偿的必要性提出了质疑。瑞士对雇员为履行工作合同义务而做出的发明不做补偿要求,⑤因为立法者认为雇主已经通过劳动报酬支付了发明对价,而且雇主必须承担发明活动的风险。⑥ 由于绝大多数职务发明是任务发明,所以瑞士法律实际上将绝大多数职务发明的补偿问题交给了雇佣双方解决。实务中,雇佣双方通常认为研发人员取得的工资已经构成对任务发明行为的合理补偿,无需另行支付补偿。总之,没有全面法定补偿要求的瑞士,最终在欧专局每千名雇员专利申请量方面,遥遥领先于德国。

(三)不能定分止争

《德国雇员发明法》的立法理由明确表示希望"通过详细规制填补法律漏洞,澄清争议,建立法律确定性"。⑦ 遗憾的是,该法自通过以来,不仅调解申请数量持续上涨,而且迅速化解纠纷的比例越来越低。大量原本可以被直接投入创新的资源,被无谓地消耗在无休止的职务发明摩擦中,对提升社会创新能力有弊无利。

《德国雇员发明法》生效当年,德国专利商标局就设立了专门处理雇员

---

④ Axel Brune, supra ③, S. 153.

⑤ 2 BGE 80 IV 22.

⑥ Sarah Henneberger-Sudjana / Fred Henneberger, *Gesonderte Honorierung von Diensterfindungen als Beitrag zur (besseren) wirtschaftlichen Entwicklung*? Nr. 128 der Reihe DISKUSSIONSPAPIERE des Forschungsinstituts für Arbeit und Arbeitsrecht an der Universität St. Gallen, 2013, http://www.faa.unisg.ch/~/media/internet/content/dateien/instituteundcenters/faa/publikationen/diskussionspapiere/2013/dp128.pdf,2016 年 5 月 18 日访问。

⑦ BT-Drucks. 02/1648 Entwurf und Begründung eines Gesetzes über Erfindung von Arbeitnehmern und Beamten, S. 16.

发明纠纷的调解机构。⑧ 该机构不作出裁决，而意图引导双方和解。⑨ 在20世纪60年代，该机构平均每年受理约50件申请，而到了20世纪90年代，平均年受理量已经达到100件。⑩ 如果从每千件国内申请对应的调解申请量来看，在20世纪60年代，每千件专利申请大概对应2件调解申请，而到了20世纪90年代，已经上升到大概3.5件。⑪ 可见，详尽规制并未如立法者期待一般“澄清争议，建立法律确定性”，反而引发了更多的纠纷。

同样值得注意的是通过调解迅速解决纠纷的成功率越来越低。根据《德国雇员发明法》第2章第5节的规定，当事方可以在雇员发明纠纷过程中随时申请调解机构介入，帮助双方和平解决纠纷。⑫ 如果双方接受调解机构的和解建议，意味着能以较低的成本化解纠纷。如果一方当事人不参加调解，或者尽管参加但不接受和解建议，都意味着调解失败。拒绝和解建议的比例，能够比较有力地说明当事人之间的分歧程度。

在调解机构运作的最初五年中，没有当事人就和解建议提出异议。在20世纪60年代，已经有大约20%的和解建议被异议。到了20世纪90年代，异议比例翻了一番，达到约40%。⑬ 如果说调解申请数量的增加，意味着详细的规范没能阻止纠纷萌芽；则当事人对和解建议的拒绝，意味着非正式纠纷解决机制在化解分歧方面的作用越来越小。究其原因，“一发明一奖酬”的法律许诺诱惑着发明人去争取“权利”。而分离发明贡献的巨大阻力，却使权利不过是镜花水月。由于法律上的许诺无法在现实中兑现，纠纷不仅在所难免，而且难以化解。由立法强推每项发明的贡献与奖酬挂钩，看起来固然很美，执行起来却越来越举步维艰。《德国雇员发明法》给予雇员就每件发明获得补偿的期待，这一期待是否有利于创新效率和再分配，适合专文探讨，本文按下不表。但这一期待使原本可能借助企业内部机制消弭

---

⑧ Schiedsstelle nach dem Gesetz über Arbeitnehmererfindungen. § § 28 – 36 ArbnErfG. “Schiedsstelle” 一般译为仲裁，但由于德国专利商标局下的机构，并不作出仲裁裁决，任务只是“尽量促成善意和解”（《德国雇员发明法》第28条第2句），因此称为“调解机构”更合理。

⑨ BT-Drucks. 02/1648 Entwurf und Begründung eines Gesetzes über Erfindung von Arbeitnehmern und Beamten, S. 44.

⑩ Axel Brune, supra ③, S. 156.

⑪ Axel Brune, supra ③, S. 158.

⑫ 《德国雇员发明法》第28条。

⑬ Axel Brune, supra ③, SS. 155 – 160.

的纠纷浮现至法律层面,成为需要动用公共资源解决的问题,却是《德国雇员发明法》的直接后果。这一点对中国现行立法进程的启发,在于《草案》赋予县级以上知识产权行政部门职务发明争议调解权,很可能不过徒增了解决纠纷的步骤。

三、细化管制给单位造成了巨大的负担

(一)被迫奖励无商业价值的创新

绝大多数发明并不能给雇主带来直接确定的商业利益。要求雇主对其给予补偿,⑭对雇主而言既不合算也不合理。

有关发明专利的实施转化率,众说纷纭。据德国专利局估计,只有大约8%的发明专利申请能转化为实际应用。⑮ 学者们提供的数据各不相同,但即使根据其中最乐观的估计,也只有不足15%的发明专利申请能被运用于实践。⑯ 至于悲观的数据,甚至认为只有5%的申请最终能被用于实践。研究者以自然现象作比,认为"发明的前景,犹如果树上众多胚芽的命运,貌似潜力相同,最终却只有少数能绽放为花朵。而其中又只有极少部分能成熟为果实"。⑰

不同行业、不同企业将专利申请转化为产业应用的比例也大有不同。

---

⑭ 表面上看,《德国雇员发明法》第 9 条只要求雇主在取得每项职务发明时给予雇员"补偿"(Vergütung),而没有像中国《专利法》第 16 条一样,区分授权后给予的"奖励"和实施后给予的"报酬"。但一方面,德国雇主常常也会采取一次性奖励 + 多次报酬的支付方式。这是因为计算补偿需要考虑发明的经济价值,而经济价值往往只有在实施过程中才能加以测量。另一方面,中国雇主在实践中通常并不把奖励与报酬分开支付,而是采取一揽子支付方式。总体而言,尽管两国法律对支付方式的规定貌似不同,其实并无实质差异。本文视行文所需,交替使用"补偿""奖酬""奖励""报酬"。

⑮ Begründung des Arbeitgeberentwurfs der Arbeitgeberverbände Wiesbaden, Akten des Bundesarchivs, Band B141/2798(Bundesministerium), Blatt 109, 117. 转引自 Axel Brune, supra ③, S. 295。

⑯ Erich Franke, *Stand der Novellierung des Gesetzes über Arbeitnehmererfindungen*, VPP-Rundbrief Nr. 2/2004, S. 49, 51.

⑰ Mediger, Gedanken eines Praktikers zur Regelung des Rechts des Angestellten-Erfinders, GRUR 1952, 67, 72.

同属制药企业，拜尔(Bayer)的转化率为6%，而默克(Merk)的转化率只有2%。[18] 转化比例低下的原因，主要在于专利审查标准与商业成功因素的不同。考虑到专利申请不被授权、即使授权也不能产业化的种种可能，上述比例均情有可原。德国劳动与社会秩序部[19]颁布了《私营经济职务发明补偿指南》和《公共部门职务发明补偿指南》[20](以下统称《补偿指南》)，以明确补偿计算方法。《补偿指南》指出，一项技术方案是否能够获得专利授权，主要取决于其实用性、新颖性和创造性，而与其能否实现商业利益无关。[21] 而且单位往往为了符合专利申请的新颖性标准，就尚未达到产业运用水平的技术方案提出专利申请。这些申请往往仅仅是产业化运用道路上的阶段性成果，尚需进一步的技术开发与商业开发，方可能产生经济效益。专利申请的产业转化率不高，是专利制度的自然结果。

在前述小部分投入产业应用的专利中，又只有极少数能取得商业成功。很多时候，雇主申请专利仅仅是维护一种在将来竞争中不处劣势的可能性。这种可能性很可能永远也不会转化为竞争优势。但对雇主而言，无论专利是否取得竞争优势，无论是否实现商业利益，都必须向雇员支付补偿。这实际上提高了雇主在追逐竞争优势这一充满风险的游戏中，必须承担的成本。由是观之，1957年《德国雇员发明法》生效后连续20年专利申请量呈下滑趋势，也就不足为奇了。

(二)被迫遵循昂贵的合规程序

根据《德国雇员发明法》，雇主必须遵守一系列复杂的程序，而昂贵的程序自然会带来高昂的成本。我国《草案》规定的程序尽管与之并不完全一致，但也有大量重合之处。下面根据《德国雇员发明法》和我国《草案》都

---

⑱ Erich Franke, *Der Lange Weg zur Reform des ArbEG und alternative Incentive-Systeme der Industrie*, in: Festschrift für Kurt Bartenbach, hrsg. von Manfred Haesemann, Klaus Gennen, Britta Bartenbach, Anja Bartenbach, Carl Heymanns Verlag, 2004, S. 127, 135.

⑲ 当时称 Der Bundesminister für Arbeit und Sozialordnung，即现在的 Bundesministerium für Arbeit und Soziales。

⑳ Richtlinie für die Vergütung von Arbeitnehmererfindungen im privaten Dienst vom 20. 7. 1959; Richtlinie für die Vergütung von Arbeitnehmererfindungen im öffentlichen Dienst vom 1. 12. 1960.

㉑ Richtlinie für die Vergütung von Arbeitnehmererfindungen im privaten Dienst vom 20. 7. 1959, V(22).

需要遵循的程序,描述其相应费用。

一是雇员向雇主申报的费用。因为雇员申报属于工作,所以该成本实际上由雇主承担。二是雇主处理申报的费用,在德国是主张权利的过程,在中国是告知雇员是申请专利还是作为商业秘密保护的过程。㉒ 三是专利申请费。四是计算补偿金额的费用。由于现代单项产品中专利数量越来越多,而产品成功中的市场因素所占比重也越来越不容忽视,再加上企业间合作增多,从产品商业成功中剥离单项发明贡献的难度与成本往往越来越可观。五是补偿本身。六是单位放弃申请时与雇员沟通的成本。㉓ 七是保障雇员知情权的成本。㉔

上述成本究竟有多高?最权威的数据,当见于德国工业产权与著作权协会提交给德国司法部的报告。报告称:"企业为每个最终获得专利保护的职务发明平均投入的管理成本,在不包括给予雇员的额外报酬的情况下,已经高达4300马克。"——与之形成鲜明对比的,是高昂管理成本下的雇员收益:在同一份报告中,GRUR表示"根据职务发明调解机构的统计,绝大多数系争发明的雇员发明人最终得到的补偿每年还不足2000马克"。㉕可想而知,产生纠纷的发明已经处于职务发明价值体系的上层。海量普通职务发明的发明人获偿,只会大大低于上述标准。奖酬管制得不偿失并非德国工业产权与著作权协会的一家之言。其他研究结果也与之相近。柏林技术大学1994年的一项研究认为,平均每项发明不包括补偿本身的管理成本是1740欧元,与平均每项发明的补偿本身相当。㉖

制度成本之所以如此高昂,原因在于确定贡献的固有难度。单是将每

㉒ 参见《草案》第13条。

㉓ 参见我国《草案》第15条第1款规定:"单位拟停止职务发明的知识产权申请程序或者放弃职务发明的知识产权的,应当提前通知发明人,发明人可以通过与单位协商获得该职务发明的知识产权申请权或者知识产权。发明人通过协商获得前述权利的,单位应当协助发明人办理相关权利转移手续。"

㉔ 参见我国《草案》第14条第2款规定:"申请知识产权过程中,发明人有权向单位了解申请的进展情况。"

㉕ Gloy / Loschelder: Gesetz zur Änderung des Gesetzes ueber Arbeitnehmererfindungen, GRUR 2000,385. 本文是德国工业产权与著作权协会(Deutsche Vereinigung für gewerblichen Rechtsschutz und Urheberrecht e. V., GRUR)向联邦司法部长提交的意见。

㉖ Fritz Teufel, *Portfoliomanagement, Innovationsförderung und Arbeitnehmererfindergesetz*, in Festschrift für Kurt Bartenbach, supra 17 S. 97, 100.

项发明的贡献从单位的商业成功中分离出来,就是耗时费力的工程。[27]"很多时候,无论是发明人还是研发主管,都无法准确说出究竟哪些产品中使用了哪些专利。"企业越大、产品上的发明密度越高、每项发明的发明人越多,管理成本就越高。[28]调查表明,如果法律要求在发明的数量与质量和发明人报酬间建立联系,并且不希望这一要求在无限制的约定优先条款下被规避,企业为了符合法律的要求,则很需要设置单独职位专门管理职务发明事务。基尔大学研究创新经济学的 Brockhoff 教授推测,大致的岗位需求为每 100 名发明人需要 1.5~2 名专职人员(2%),每 300 名发明人可能需要大约 3 名专职人员(1%),每 3000 名发明人需要大约 18 名专职人员(0.6%)。[29]尽管专职管理人员所占比例因规模效用而逐渐降低,但其绝对数量仍然非常可观,而每一位专职管理人员原本都可以被配置在其他岗位上,直接产生效益。诚然,这是 20 世纪 90 年代的估算。或许有意见认为,随着企业管理电子化程度的提升,管理人员的负担下降,用于管理职务发明实务的人力资源投入也会相应降低。但考虑到单一产品上发明富集程度的提高,以及成功产品上非技术因素比重的上升,均可能抵消技术进步带来的减负效果。所以如果认真执行《草案》要求的"一发明一奖酬",至少不能肯定企业投入的人力资源是否会少于德国 90 年代的水平。当然,如果认为企业与执法机关并不会对"一发明一奖酬、奖酬与贡献相称"的原则较真,所以《草案》将不会给企业造成负担,那或许美国最高院几年前在版权案件中的一段点评,值得深思:"一部只有不被执行才能在实践中运作的版权法,不是好的版权法。它会带来不确定性和选择性执法,而且如果总是得不到执行,还会滋生对版权法本身的不尊重。"[30]如果《草案》把运作基础建立在单位与执行机关不认真对待的基础上,"不确定性"、"选择性执法"和"对法律本身不尊重",都是立法者需要慎重面对的问题。

---

[27] Hans-Peter Rosenberger, Kriterien für den Erfindungswert, erheblicher Unbilligkeit von Vergütungsvereinbarungen, Vergütung bei zu enger Fassung von Schutzrechtsansprüchen Kritsches zu BGH „Vinzlchlorid" und „Schwermetalloxidationskatalysator", GRUR 1990, 238, 239.

[28] Axel Brune, supra ③, SS. 275 – 276.

[29] Klaus Brockhoff, Ist die kollektive Regelung einer Vergütung von Arbeitnehmererfindungen wirksam und nötig? Zeitschrift für Betriebswirtschaft 1977, 677, 682.

[30] Kirtsaeng v. John Wiley & Sons, Inc., 133 S. Ct. 1351, at 1366(2013).

(三)引发内部矛盾

《德国雇员发明法》仅适用于发明、实用新型及不符合发明与实用新型保护条件的技术改进方案,而不适用于其他类型的智力成果。同样是为企业发展做出贡献的雇员,有的受到法律的青睐,能获得有法律保障的额外补偿;大多数则受制于劳动成果归属的一般原则,只能寄望于通过与企业谈判获得更多的收益。这难免让其他雇员心生不平。

这种不平之感,首先可能出现在其他进行智力创作的雇员——如创作作品的作者——心中。尽管他们同样进行智力创作、产出智力成果,而且成果同样受法律保护,却无权主张法定补偿。[31] 这种不平之感,还可能出现在其他任何类型的雇员心中。企业能够取得成功,依靠的绝不仅仅是狭隘的、产生知识产权的智力创作,而更多的是对市场需求的洞察、对必要资源的组织、对智力成果的推广。越是远离稀缺经济,技术本身越难以满足消费者的需求,更不用说塑造消费者的欲望。对消费者心理的把握、对消费者行为的引导,在将生产力转化为社会福利的过程中,起到了更为重要的作用。而承担这一重要任务的,并非发明或者实用新型的发明人。国家动用公共资源确保狭义发明人的权利,却将实现发明社会价值的重要贡献者交给市场,难免引发不满。

《德国雇员发明法》的起草者可能早已预见到企业中广义研发群体和非研发群体之间、研发群体内部不同类别之间法定补偿规则不同,可能引发不满,但权且将此种不满作为厚待特定技术发明人不得不付出的代价。问题是,当初的立法者恐怕并未预见到法定补偿甚至在发明人内部同样引发了诸多矛盾。德国工业联邦协会(Bundesverband der Deutschen Industrie e. v.,简称BDI)调查了大量每年专利申请超过50起的企业,结果发现奖酬在发明人与企业之间,甚至获得奖酬发明人群体内部引发了纠纷。有86%的受访单位表示,曾经在履行法定补偿的过程中,与发明人产生过纠纷。有75%的发明人群体内部产生过纠纷。而多达36%的企业表示,法定奖酬制

---

[31] 在德国,无权主张法定补偿的还有外观设计的设计人、植物新品种的育种人或者半导体产品拓扑图的设计者。

度对单位内部的团队合作产生了负面影响。[32]

心理学上的自利偏见(self-serving bias)可以很好地解释纠纷频发的现象。自利偏见让人倾向于将成功归因于自身,而将失败归结于环境。[33]"每项发明的贡献与补偿挂钩"原则,要求对企业内不同成员的贡献实施精确切割。而自利偏见恰恰说明高估自己的贡献、低估他人的贡献,是人性与生俱来、难以克服的一部分,即心理学上所谓"系统化错误"。[34] 在试验中,每位家庭成员被要求评估自己的家务贡献百分率。然而将每位成员的评估值相加,却会得出大于100%的结果。在对职务发明的贡献评估过程中,也会面临一样的问题。无论是把一项职务发明的贡献从企业的整体成就中切割出来,还是把某位发明人的贡献从一项职务发明的贡献中切割出来,切割者都不得不与人类心理中的"系统化错误"正面交锋。面对这项不可完成的任务,怨声载道原本应在意料之中。

(四)形成反向激励

在设计任何激励机制时,都不能忽略管理学上的共识,即"考核什么、得到什么"(you get what you measure)。只有选择正确的考核标准,赋予各项考核标准正确的权重,才能引导资源进行最佳配置。错误的考核标准将导致资源低效流动,与制度设计者的初衷事与愿违,形成所谓反向激励。创新工作既要求每位实质创新者思路开阔,也要求创新小团体与身处其中的组织架构密切配合。一项创新成果的涌现,最终是众多个人甚至众多团体的努力水乳交融的结果。法律试图从中提取个体发明人直接带来可专利性的活动,并予以单独激励,容易导致参与者的注意力过于狭隘地集中于此类活动。结果便是法定职务发明奖励在德国研发实践中导致了不同形式的反向激励。

第一,雇员可能为了获得奖酬,避而不用更好的方案。此处所谓更好的方案,是能够更加高效地利用企业各项资源,提高企业整体产出的方案。更好的方案既可能根本不取道于技术,而是通过产品定位、商业宣传或者组织

---

[32] Studie BDI/BDA zum ArbEG, Industrie-Position; Kritik am Iststand, VPP-Rundbrief 2/1999, S. 31, 31.

[33] 参见[美]理查德·格里格、菲利普·津巴多:《心理学与生活》,王垒、王甦译,人民邮电出版社2003年版,第491页。

[34] Daniel Kahneman, *Thinking, Fast and Slow*, 2011, Penguin, at 3-4.

重构加以实现;也可能虽落入广义的技术范畴,但并非专利法的客体,而仰赖著作权法等不引发奖励义务的法律加以保护。如果雇主不负有奖励雇员发明的法定义务,雇员只会在自己的劳动确实有助于提高雇主利益时获得奖励,从而更有动力提高雇主的长期、整体利益。但在法定职务发明奖酬的背景下,这些不能给雇员带来法定奖酬的方案很可能被雪藏。同理,不排除一项有利于雇主的方案给雇员带来的奖励较低,而相对不利于雇主的方案给雇员带来的奖励较高。这种情况下,雇员也很可能舍弃前者而选择后者。在雇员是部门领导时,上述危险更为明显。[35]

第二,主管人员可能为了获得奖酬,在自己并未实质参与发明的技术方案上署名。这种行为尽管违法,执法者却并无足够的资源(发明人常常也缺乏足够的动力和勇气)予以严加禁止。有调查表明,23.9% 的发明将研发团队的上级作为共同发明人。60% 的受访者认为这更多是上级影响力的表现,而非上级真正参与了专利法意义上的发明活动。在一家大型化工企业中,45% 的发明都将上级领导列为共同发明人。[36] 立法承诺保障每位发明人获得奖励,原本出于保护发明人的考虑。这一许诺能否实现尚且不论,但法定奖励激励了非实质发明人署名,却不幸成为事实。可见,如果雇主迫于法律必须向雇员传递“通过发明测度贡献”的信号,那么雇主得到的多半也只是发明,而非真正有利于企业的贡献。

四、细化管制侵蚀了发明人的长远利益

前述分析表明,遵循严格管制思路的职务发明制度不仅给企业造成了巨大的负担,而且很可能拖累了国家创新能力。以上两点,已经足以使追求效率目标的职务发明制度设计目标落空。问题是,制度设计者有可能宣称管制追求的是再分配目标。质言之,社会甘愿付出效率方面的代价,以提升雇员群体的利益。以下分析将说明,即便是这一再分配的说辞,也不能赋予职务发明管制以正当性。管制的制度成本过高,降低了雇佣双方的效率总

---

[35] Hans-Peter Rosenberger, supra [27], S. 238. Klaus Brockhoff, supra [27], S. 683.

[36] Klaus Brockhoff, supra [29], S. 681.

和,因而也消磨了雇员从制度中获利的可能。

(一)补偿数额微薄

严格管制的职务发明奖励制度究竟给发明人带来了多少奖励,并不容易统计。但来自不同渠道的调查结果尽管在具体数额上略有分歧,却都指向同一结论,即雇员发明人最终获得的奖励微不足道。

根据职务发明争议调解的结果,绝大多数系争发明的雇员发明人最终得到的补偿不足每年2000马克。㊲ 可以想象,没有提交仲裁的职务发明,发明人获得的报酬更少。而一项不局限于仲裁职务发明的调查表明,考虑到适用于研发人员的税率,一项发明平均每年只能给发明人带来最多315欧的税后收入。㊳ 而由于进入21世纪后,平均每项发明的发明人一直超过两人,㊴这意味着每位发明人仅能得到区区百余欧,㊵尚不及绝大多数研发人员的税后日薪。难怪问卷调查显示,69.1%的被调查研发人员认为,奖励数额如此之低,对激励研发并无太大作用。㊶

如果说以上调查显示的,还只是实务中发明人平均获酬的额度很低。那么迄今为止在针对德国法的借鉴研究中一直被忽略的一点,是德国从立法的实施细则到法院判决,都明确承认零补偿(Nullvergütung)。在司法实践中,最典型的零补偿情形,是"当发明价值和发明人贡献率极低时,依指南计算的补偿可以低至象征性数额,甚至取消"。㊷ 该情形被直接规定于《私营经济职务发明补偿指南》和《公共部门职务发明补偿指南》㊸中。这

㊲ Gloy / Loschelder, supra ㉕.

㊳ Klaus Brockhoff, supra ㉙, S. 683.

㊴ 德国专利商标局2005年年报统计了1995年至2004年,每项发明的平均发明人人数。结果显示,每项发明上的发明人人数在持续增长,而且从1996年起,一直维持在每项发明2人以上。具体而言,每项发明上的平均发明人人数分别为:1995年1.96人,1996年2.00人,1997年2.02人,1998年2.03人,1999年2.03人,2000年2.08人,2001年2.15人,2002年2.22人,2003年2.26人,2004年2.30人。DPMA Jahresbericht 2005, 13. 该年报可通过电子邮件从德国专利商标局处获取(presse@dpma.de).

㊵ Klaus Brockhoff, supra ㉙, S. 683.

㊶ Axel Brune, supra ③, S. 340.

㊷ 《私营经济职务发明补偿指南》边码38。

㊸ Richtlinie für die Vergütung von Arbeitnehmererfindungen im privaten Dienst vom 20.7.1959; Richtlinie für die Vergütung von Arbeitnehmererfindungen im öffentlichen Dienst vom 1.12.1960.

两部指南由德国劳动与社会秩序部[44]颁布,是出于细化《德国雇员发明法》第 9 条有关补偿计算原则性条款的考虑而制定的,[45]名义上并不具备法律拘束力,仅为企业掌握恰当的计算方法提供线索。[46] 但企业、调解机构和法院实际上都遵循两部指南计算补偿。[47]

除了上述情况,当专利申请失败风险极大时,[48]或当企业内部现有技术水平远高于一般现有技术,因此职务发明并不能显著提升企业内部现有技术水平时,[49]补偿数额也可以为零。不过,根据《德国雇员发明法》,“零”这一数值同样应当是计算出来的——哪怕是粗略的计算。这种认真对待规则的态度固然值得尊重,但作为制度标本,恐怕却是产权界定成本抵消产权激励作用的反面典型,并不值得推崇。

(二)补偿计算透明度不高

调查显示,只有 8.5% 的受访雇员发明人认为指南提供的计算指引有助于奖酬计算透明化,另有 24.5% 的受访者持中立态度,而多达 67% 的受访者对指南明确表示不满。[50] 尽管国家“致力于尽可能详尽而周全地”规制职务发明领域,[51]但在雇员看来,实务中的补偿计算过程犹如“猜测”,[52]根本谈不上透明。

企业计算补偿时连猜带蒙并不奇怪。如果企业真能从整体经济效益中抽丝剥茧地分离出单项发明的精确价值,倒是令人惊讶。毕竟,大部分职务发明并未转化为产品、服务或者许可收入,计算其价值谈何容易。即使被市

---

[44] 当时称 Der Bundesminister für Arbeit und Sozialordnung,即现在的 Bundesministerium für Arbeit und Soziales。

[45] 《德国雇员发明法》中有关奖励的第 9 条非常简短,其中有关奖酬计算的第 2 款仅仅要求“计算补偿时尤其需要考虑职务发明的经济利用性、雇员在企业中的任务和职位、以及企业对完成发明所做贡献的比例”。

[46] 《私营经济职务发明补偿指南》引言边码 1。《公共部门职务发明补偿指南》参照前者执行。故以下均仅以《私营经济职务发明补偿指南》为分析对象。

[47] Brent Schwab, Arbeitnehmererfindungsgesetz, Nomos, 2. Aufl., 2014, § 9, Rn. 17.

[48] BGH 30. 03. 1971 X ZR 8/68 „Gleichrichter". GRUR 1971, 475.

[49] Brent Schwab, Arbeitnehmererfindungsgesetz, Nomos, 2. Aufl., 2014, § 9, Rn. 33.

[50] Klaus Brockhoff, supra [29], S. 684.

[51] BT-Drucks. 02/1648 Entwurf und Begründung eines Gesetzes über Erfindung von Arbeitnehmern und Beamten, S. 14.

[52] Herbert Danner, *Der Erfindungswert, das A und O der Erfindervergütung*, GRUR 1974, 241, 243.

场化的发明,要区分经济效益中有多少归属于技术方案,有多少归属于市场调查与推广,也接近不可完成的任务。更何况,前已述及,发明的平均价值并不高,从而否定了投入大量成本精确划定补偿请求权边界的正当性与可行性。社会之所以允许个体享有产权,目的在于通过产权进行激励。问题在于,天下没有免费的午餐。产权产生的激励固然可谓"社会收益",界定产权却总是伴随着"社会成本"。产权的产生过程,就是划界收益超过划界成本的过程。[53] 相应地,如果法律意图保障的产权,制度成本超过了激励效果,人们不外乎或者无效率地遵守,或者有效率地违背。既有守法传统又有商业头脑的德国产业界,恰好被困在了这两种选择的结合地带。雇员心存不满却又无法改变的补偿计算不透明,正是无效率遵守和有效率违背二者妥协,趋于"不太有效率地敷衍"之表现。

(三)存在规避手段

发明人通常甘愿为了稳定性而牺牲高回报,企业则乐意放弃稳定性来追求高回报。这是因为劳动回报往往关乎发明人的生计,企业却可以仰仗大数法则,而无需将存亡系于单一发明回报之上。所以劳方通常期待从雇佣关系中得到的是旱涝保收的安稳,而资方则愿意享有剩余索取权的刺激。尊重定额报酬,实际上是尊重雇员规避风险的偏好。如果一定要求雇佣双方将雇员的发明能力单独估价,雇主的自然反应是降低雇员的固定回报,将节约下来的预算作为发明奖酬,只在发明成功时方予支付。这相当于将发明失败的风险从企业转移给雇员。[54] 而这极可能违背雇员寻求稳定报酬的初衷。所以,违背企业内资源调配规律的单一化政策,既不能达到提升效率的目的,在再分配方面也乏善可陈。

五、小结

前述分析表明,细化管制的德国职务发明制度既无助国家提高创新能

---

[53] Harold Demsetz, Toward a Theory of Property Rights, 57 *The American Economic Review* 347, 347 – 350 (1967).

[54] See Robert Merges, Law and Economics of Employee Inventions, 13 *Harv. J. L &Tech* 1, 16 (1999).

力,也不利于企业提高生产效率。而且在牺牲了巨大的制度效率之后,甚至没能换来发明人的满意。难怪德国工业产权与著作权协会将《德国雇员发明法》的规定描述为"试图追求完美,实则徒劳无功;没有给雇员带来好处,却给企业造成了巨大的行政负担,并为法律纠纷提供了'温床'"。[55]

比较法研究的意义,不仅在条文之对比与借鉴,更是为法学提供了堪比自然科学试验的猜想与反驳机会。毕竟,"对一个理论的反驳——对问题的任何认真的尝试性解决的反驳——始终是使我们接近真理的前进的一步"。[56] 如果坚持管制的德国模式在促进创新方面乏善可陈,《草案》选择的管制立场自然应当接受质疑。

诚然,比较法实验室中幸存的制度未必适合中国。但如果由国家为了解决相似的问题、遵循相似的思路,试验并不成功,我国在解决问题时至少可以绕道而行。王尔德曾说:"经验是每个人提到自己错误时所用的婉转词汇。"其实,经验何必局限于昂贵的亲自体验?德国的教训,我国不妨引以为鉴。

Empirical Study of the German Regulation Regime of Service Inventions

Abstract: The Draft of Service Invention Regulation presented by SIPO is structured after the model of the German Employee Invention Act. The Draft aims at promoting innovation with the help of dense regulation. The key element of the regulation is to ensure that the inventors are remunerated according to the value of their inventions. Such correlation, however, requires the state to be involved into the firm-internal resource allocation. Besides, it also requires the state to review whether the isolated remuneration agreements are efficient and fair. One way to evaluate the regulation approach is to look at its results in other

---

[55] Gloy / Loschelder: *Gesetz zur Änderung des Gesetzes ueber Arbeitnehmererfindungen*, GRUR 2000, 385.

[56] [英]卡尔·波普尔著:《猜想与反驳》,傅季重、纪树立、周昌忠、蒋弋译,中国美术学院出版社 2013 年版,序言,vii。

jurisdiction. Germany, the exemplary jurisdiction for dense regulation in the field of service invention, exhibits strikingly clear evidence that dense regulation hurts innovation. At the macro level, it damages the healthy innovation environment. At the intermediate level, it causes enormous unnecessary administrative costs to the economic organizations. At the micro level, it eliminates inventor's interest in a long run. China shall draw lessons from Germany and avoid dense regulation in the field of service invention.

Keywords: Service Invention Regulation; Germany Empirical Study

(连　冠　编辑)

对“专利复审委依职权审查并以新理由维驳”制度的合理性和改革方案的研究

闫春辉*

摘要：在我国，处理复审请求是专利复审委员会的职能之一。在专利申请和授权程序中，申请人如果对初步审查或实质审查后驳回申请的决定不服，可以向专利复审委员会请求复审。现有制度下，专利复审委员会原则上在驳回决定所依据的理由和证据范围内进行审查，而《专利审查指南》规定，在两种特定的情况下专利复审委员会可“依职权审查”，并且经审查认定后，可依据得到的新理由及其证据作出维持驳回的审查决定。值得注意的是，对于这两种特定的情形，《专利审查指南》并未作出进一步明确的规定，于是，实践中是否适用特定情形通常取决于专利复审委员会的主观判断，这无疑对申请人十分不利。本文在研究专利复审程序性质的基础上，考察了这一制度的合理性和正确性，并探讨了对该制度进行改良或改革的路径。

关键词：专利复审　准司法　依职权审查　新理由维驳　程序改革

---

* 北京市中伦律师事务所律师。

引 言

国家知识产权局专利复审委员会(简称专利复审委员会)自1985年4月5日成立以来,已走过30载春秋。不可否认的是,从整体来看,专利复审委员会在专利确权、促进社会创新等诸多方面发挥了重要的作用,取得了巨大的成就。复审程序作为向法院起诉的前置条件,不仅给了行政机关发现和纠正错误的机会,还减轻了法院的负担。① 但与此同时,专利复审委员会在实务中并非尽善尽美。其中,专利复审委员会依职权审查并依据审查得到的“新理由”②维持驳回决定这一制度,不仅给学术界带来了很大困惑,也在实务界中产生了很多争议。

在现有法律框架下,并未禁止专利复审委员会在复审程序中超越驳回决定所依据的理由和证据依职权审查并以“新理由”维持驳回决定。根据《专利审查指南》(2010年)的相关内容,在复审程序中,合议组一般仅针对驳回决定所依据的理由和证据进行审查。《专利审查指南》中列出了两种可以依职权进行审查,并且经审查认定相关理由和依据后作出维持驳回决定的审查决定的情况:(1)足以用在驳回决定作出前已告知过申请人的其他理由及其证据予以驳回的缺陷;(2)驳回决定未指出的明显实质性缺陷或者与驳回决定所指出缺陷性质相同的缺陷。③ 但是,《专利审查指南》或其他法律文件并未对此两种情况作出更为具体的规定,这就使得该制度在实践中有很大的不确定性,可操作性很低。

目前,在学术界和实务界中有关该制度的研究成果尚不多见。一些法官和学者曾发表过一些自己的看法,有的关注对该制度文字的理解和解释,有的则更多地关注该制度本身的合理性或正确性。无论哪种观点或角度,其论述都停留在表面且不够全面,因此得出的结果尚不能有很高的说服力,

---

① 参见王迁:《知识产权法教程》,中国人民大学出版社2011年版,第300页。

② 本文中,“新理由”包括专利复审委员会依职权审查发现的与审查文本中特定缺陷相关的理由及其证据。

③ 《专利审查指南》(2010年)第四部分第二章第4.1节。

有的学者甚至承认自己的结论也存在问题。

本文拟从案例出发,全面、深入地分析此制度及其正确性,并提出一系列建议,以期使专利复审程序更加明确和合理,更具有可操作性。在研究范围上,根据我国《专利法》的相关规定,专利复审委员会的职能是处理复审请求和专利权无效宣告请求。本文仅研究专利复审程序,不涉及专利权无效宣告程序。在复审程序中,本文主要针对专利复审的原则、专利复审委员会依职权审查、对理由和证据的审查等部分展开研究。由于实用新型专利和外观设计专利无须经过实质审查,故本文中有关实质审查的内容针对发明专利。另外,本文还着重研究了美国的专利复审程序,特别是与“新理由维驳”相关的制度和大量判例。

一、相关案例及问题的提出

(一)相关案例

1. 赢创德固赛 v. 专利复审委员会

本案中,赢创德固赛公司提出了名称为“表面改性的沉淀二氧化硅”的发明专利申请,中华人民共和国国家知识产权局(以下简称国家知识产权局)以该申请权利要求 1 ~ 31 不符合 2000 年修正的《中华人民共和国专利法》(以下简称《专利法》)第 33 条的规定④为由,驳回了该申请。赢创德固赛公司不服,向专利复审委员会提出复审请求,并同时修改了权利要求书。后专利复审委员会作出第 30895 号专利复审请求审查决定,维持了国家知识产权局的驳回决定。但是驳回理由是:修改后的权利要求 1 不具备创造性。

当事人提起行政诉讼后,一审法院(北京市第一中级人民法院)判决:一、撤销专利复审委员会作出的第 30895 号决定;二、专利复审委员会就本申请重新作出复审决定。

④ 《专利法》(2000 年修正)第 33 条规定:“申请人可以对其专利申请文件进行修改,但是,对发明和实用新型专利申请文件的修改不得超出原说明书和权利要求书记载的范围,对外观设计专利申请文件的修改不得超出原图片或者照片表示的范围。”

专利复审委员会不服一审判决，向二审法院提起上诉，请求撤销一审判决，维持第30895号决定。其上诉理由为：第一，《专利审查指南》中并未对“明显实质性缺陷”作出明确定义，并且其第一部分第一章的规定只是对“明显实质性缺陷”的列举而非穷举；同时《专利审查指南》第一部分第一章的规定均是对发明专利申请的初步审查，并不涉及《专利法》第22条第3款[5]的问题，而且《专利审查指南》并未规定“明显实质性性缺陷”不包括创造性问题，故一审判决相关认定缺乏依据。第二，《专利审查指南》第四部分第二章第4.1节对复审程序中合议组的审查范围进行了规定，并未禁止对驳回理由之外的理由进行审查，本案符合“依职权审查原则”。第三，本案的处理方式能够节约当事人的时间，避免案件在实审程序和复审程序之间来回振荡。

二审法院，即北京市高级人民法院于2012年12月20日作出行政判决，驳回上诉，维持原判。[6]

2. 张伟民 v. 专利复审委员会

本案中，张伟民提出了名称为“手机付费服务系统”的发明专利申请，国家知识产权局以该申请权利要求不符合《专利法实施细则》第20条第1款的规定，驳回了该申请。[7] 张伟民不服，向专利复审委员会提出复审请求。专利复审委员会先后两次向张伟民发出复审通知书，指出该申请不属于《专利法实施细则》第2条第1款规定的技术方案。[8] 在对张伟民再次提交的意见陈述书进行审查后，复审委作出第22835号审查决定，审查决定坚持了其之前的观点。

张伟民不服此审查决定，向北京市第一中级人民法院提起行政诉讼。一审法院认为，对于不属于专利权保护客体的发明专利申请，属于《专利审查指南》上述规定的第(2)项所指出的存在“明显实质性缺陷”的情形，故复

---

⑤ 《中华人民共和国专利法》(2000年修正)第22条第3款规定：“创造性，是指同申请日以前已有的技术相比，该发明有突出的实质性特点和显著的进步，该实用新型有实质性特点和进步。”

⑥ 参见(2012)高行终字第1486号行政判决书。

⑦ 《专利法实施细则》(2001年)第20条第1款规定：“权利要求书应当说明发明或者实用新型的技术特征，清楚、简要地表述请求保护的范围。”

⑧ 《专利法实施细则》(2001年)第2条第1款规定：“专利法所称发明，是指对产品、方法或者其改进所提出的新的技术方案。”

审委的做法并无不当,本院应予支持。[9] 后二审法院(北京市高级人民法院)维持了原判。[10]

(二)问题的提出

赢创德固赛案和张伟民案,均涉及对“明显实质性缺陷”的认定。在赢创德固赛一案中,法院认为缺乏创造性不属于“明显实质性缺陷”,而在张伟民一案中,法院认为不属于专利法保护的客体属于“明显实质性缺陷”。其背后的问题是,应该如何界定“明显实质性缺陷”的范围?在现有制度下,考虑到公众的期待利益,复审委原则上依据“请求原则”进行审查,例外在请求范围之外进行“依职权审查”,并且经审查认定后,可以依据该理由及其证据(“新理由”)作出维持驳回的审查决定,但对于这两种特定的情形,《专利审查指南》并未作出进一步明确的规定。这就导致复审委在适用这两种情形时可以依照自己的标准和逻辑对相关概念进行界定。由此引发的一系列思考是,复审委的性质是什么?复审委的职权范围有多大?复审委能否依职权审查并以新理由维驳,即“专利复审委依职权审查并以新理由维持驳回决定”这一制度是否具有正确性和合理性?如果认为此制度有一定合理性,如何可以通过改良使其更具操作性?如果认为此制度不可取,如何进行改革?本文将对这些问题进行探讨。

二、专利复审程序的性质

(一)《专利审查指南》的表述

专利复审委员会能否依职权审查并以“新理由”维持驳回决定,或者说专利复审委员会是否实际上是个“实质审查部门”,很大程度上是以专利复审程序的性质为大前提的。

专利法中并没有对复审程序做出定性的描述,对其描述见于《专利审查指南》中,而《专利审查指南》中对“复审程序”的表述经历了一个变化的过程。

---

⑨ 参见(2010)一中知行初字第2703号行政判决书。

⑩ 参见(2011)高行终字第473号行政判决书。

1993年版《专利审查指南》和2001年版《专利审查指南》均指出，复审程序属于专利审批程序的一部分，因此，合议组在复审程序中仍然遵循适用审查程序中的若干原则，同时，还应当遵循"避免审级损失原则"和"程序经济原则"。[11]

2010年版《专利审查指南》指出，复审程序有两个性质：一是行政救济；二是专利审批。[12] 但并没有明确指出专利复审委员会能否进行实质审查，也并没有规定明确指出专利复审委员会开展的复审程序的一部分是实质审查程序。

(二)行政复议的性质之争

目前学界的主流观点认为，专利行政复议是对国家知识产权局被申请复议的具体行政行为，由国家知识产权局法律事务处进行重新审查；专利的复审是对国家知识产权局驳回专利申请的具体行政行为，由专利复审委员会重新审查。二者本质上都属于行政复议的范畴。[13] 具体而言，专利复审是一种行政确权程序，是对行政机关的确权决定不服申请的复议。[14]

从本质上看，如果复审实际上是一种行政复议，问题就变为，行政复议的性质究竟应该是什么？目前学界主要有三种观点。

1."行政说"

行政说，即认为行政复议是一种具体行政行为，应采取行政程序。[15]

如果复审的性质应采纳"行政说"，则认为复审委可以进行实质审查似乎并无不妥。一部分学者认为，专利复审委员会实际上是实质审机构，因为根据专利法实施细则的规定，在复审之前，申请人可以修改权利要求，然后交给原审机构进行前置审查，如果原审机构仍然坚持驳回决定的话，则交给

---

⑪ 《专利审查指南》(1993)第四部分第二章第4.1节；《专利审查指南》(2001)第四部分第二章第3节，"复审程序是专利审批程序中的一部分，所以在审查程序中所遵循的原则在复审程序中仍然适用，合议组在复审程序中除总则规定的原则外还应当遵循避免审级损失原则和程序经济原则。"

⑫ 《专利审查指南》(2010)第四部分第二章第1节，"复审程序是因申请人对驳回决定不服而启动的救济程序，同时也是专利审批程序的延续。"

⑬ 参见江镇华主编：《专利复审、无效、诉讼及行政复议》，知识产权出版社2004年版，第235~236页。

⑭ 参见李江、贾苑生等：《行政复议概论》，人民出版社1990年版，第26页。

⑮ 参见樊华辉：《行政复议制度新论》，法律出版社2012年版，第42页。

复审委审批决定。于是,在复审委对申请人提交的修改后的文本进行审查时,已经是实质审查了,因为审查的文本已经不是原来实质审阶段审查的那个文本了。从外部表现看,这种行政复议也是一种行政活动,具有行政性,和实质审查没什么不同,因此,当然可依据“依职权审查原则”进行审查并依据“新理由”维持驳回决定。

2. “司法说”

司法说,即认为行政复议就其内容来说是司法活动,是一种救济制度,[16]就其形式而言应采取司法程序。[17]

如果复审的性质应仅是“救济”,则似乎不能认为复审委可以进行实质审查。现有的与新理由维驳相关的规定虽然可看作特殊规定,但难逃违背此性质的嫌疑。一部分学者的观点与此有共通之处,他们认为,复审从字面意思看就是重复或者重新审查已有的决定,如果看成实质审查的延续,会违反专利法。持此观点的学者通常也认为,“依职权审查原则”在复审程序中是不合理的。[18]

3. “准司法说”

该学说主张结合行政说和司法说,兼采两方之长。但是,二者如何结合或者说以什么“比例”结合,目前并无结论。换句话说,这种结合的结果可以是“准司法”,也可以是“准行政”(下文统称“准司法”)。还有一些学者认为,复审程序本质上不是什么行政复议程序,而是一种特殊的救济程序,但所谓的“特殊的救济程序”,实际上就是“准司法”程序。“准司法说”迎合了不少学者建议的“行政复议司法化”的论调。可以说,行政复议司法化的结果,就是“准司法”。

那么,何为“司法化”? 目前来看可以有两种理解:一是直接将部分司法程序移植进行政程序中,如言辞辩论等;二是将司法程序内涵的司法精神,通过对行政程序的限制或改良,间接移植进行政程序。

第一种理解似乎更偏向“司法”,而第二种理解似乎更偏向“行政”。笔

---

⑯　参见张越:《行政复议法学》,中国法制出版社 2007 年版,第 28 页。

⑰　参见樊华辉:《行政复议制度新论》,法律出版社 2012 年版,第 43 页。

⑱　参见:《实施国家知识产权战略,促进专利代理行业发展》,2010 年中华全国专利代理人协会年会暨首届知识产权论坛论文集。

者认为，如果遵循第一种理解，将带来一些问题。首先，将司法程序移入行政程序，将导致低效率和高成本。德国的一个州曾经一度废止行政程序制度，将所有行政争议用司法程序解决，但不久后，便因难以承受之诉累和严重迟滞之效率恢复了原有的异议程序制度。[19] 其次，行政和司法的出发点和理念本不相同，由于已经存在行政诉讼程序，将司法程序移入行政程序，将减损行政程序存在的必要性。实际上，行政复议司法化之倡导者的出发点，是对复议制度实体公正的追求，以及对行政机关内部自我监督的不信任和担忧。于是，第二种理解应该更为可取。为了保留行政程序解决争议的特色，仍使用行政程序，但为了实现设立行政复议制度的初衷，应贯彻司法程序的精神，主要是“公正”。这尤其针对的是容易导致不公正出现的规定或条款。如果该规定不是必须存在于复审程序中的，则可以取消或转入别的程序中进行；如果该规定是复审所必需的，则可以寻求改良或改革。

在采取第二种理解的基础上，如果复审的性质应采纳“准司法说”，则要符合“司法化”对于“公正性”“中立性”的要求，以“行政”为表，以“司法”为里。

（三）专利复审程序宜采“准司法说”

1. 从立法者的角度分析

（1）立法者的初衷排斥“司法说”

“司法说”将把复审委打造成司法机构，而司法机构的中立地位决定了其采取的是“不告不理原则”。对于理由，法院不能主动找出新理由，对于证据，法院仅在有限的情况下，才能主动调取（见诸《民事诉讼法》第 64 条、最高人民法院《关于民事诉讼证据的若干规定》第 15、16、17 条）。

与此相对，行政复议应实行“全面审查”，这是由行政复议作为行政机关系统内部自我监督、自我纠正的性质决定的。[20] 在 1993 年版和 2001 年版的《专利审查指南》中，均规定了“依职权调查原则”，而在 2010 年版的《专利审查指南》中规定了“依职权审查原则”。有学者认为，将“调查”改为

---

[19] 参见周汉华：《行政复议司法化：理论、实践与改革》，北京大学出版社 2005 年版，第 23 页。

[20] 参见张越：《行政复议法学》，中国法制出版社 2007 年版，第 318 页。

“审查”是扩大了复审委员会的权力,前者不能突破“当事人请求的范围和提出的理由、证据”,[21]而后者可以突破。[22] 笔者认为,由“调查”改为“审查”,表面上看,是突出了“审”的意思,但从内容上看基本没有变化,重点都在于“依职权”。这就意味着,立法者的初衷并不想把行政复议做成一个完全司法化的东西。与此相一致的是,行政复议的反司法化,似乎已经体现在了《行政复议法》中。例如,《行政复议法》规定行政复议以书面审查为原则,有必要时(才)听取当事人意见等。[23]

(2)立法者始终在追求程序正义,保护申请人的利益

1993年版和2001年版的《专利审查指南》,特别规定了“应当遵循避免审级损失原则和程序经济原则”。而2010年版《专利审查指南》,突出了“救济”作用,但未明确提“应当遵循避免审级损失原则和程序经济原则”。有学者指出,现行的《专利审查指南》是对之前版本的否定,还是对之前版本的丰富和继承,业内还没有达成共识。但该学者同时认为,避免审级损失原则和程序经济原则应被视为专利复审程序的最基本原则,是体现法律救济的题中应有之义。[24] 笔者同意此观点,因为强调“救济”实际上实现了避免审级损失的结果,而程序经济原则本身作为行政复议“及时原则”“效率原则”[25]的另一种表述,不明确提出也无大碍。

(3)立法者没有明确赋予专利复审以实质审查的内容

在笔者看来,立法者也是想把复审程序设计成“准司法”的性质,因此使用了“专利审批程序的延续”的表述。并且,值得注意的是,“可以审批”是是否有审批权问题,“审批什么”是审批范围的问题,不能将二者等同。可见,将复审程序定性为专利审批程序的延续,并不意味着是实质审查的延续,更不意味着复审委可以随意超出前一阶段的理由和证据的范围进行审查甚至维持驳回决定。

---

[21] 《专利审查指南》(2010)第四部分第一章第2.4节。

[22] 参见秦开宗:《审查还是调查》,载《中国发明与专利》2007年第12期。

[23] 《中华人民共和国行政复议法》(2009修正)第22条。

[24] 参见胡吉科:《试论专利复审程序的法律救济性质》,载《中国发明与专利》2012年第3期。

[25] 参见张越:《行政复议法学》,中国法制出版社2007年版,第62~64页。

2. 从专利授权程序特点的角度分析

(1)专利申请对“效率”的要求

大多数的具体行政行为是行政部门在很短时间内作出的,如行政处罚、行政处分,有的甚至在当场即可作出,如小额罚款。与此不同,在专利申请和授权程序中,自当事人提出申请到获得授权通常需要很长时间。以发明专利为例,根据《专利法》、《专利审查指南》的相关规定,发明专利从提交申请到公布正常需要 18 个月,依照当事人的申请可以提前,发明专利公布后,申请人可以请求开启实质审查,实质审查通常会持续数月。虽然存在加快审查的机制,但整个程序往往会持续 1 ~2 年甚至更久。实用新型和外观设计专利无需实质审查,但也需要数月才能获得授权。如果审查员驳回了专利申请,申请人申请复审,这种情况下,如果复审程序拖太久,可能会给申请人造成利益损失。特别是在半导体、芯片等技术更新换代很快的领域,即便最后申请人获得了授权,技术可能早已落后于时代。因此,这就对复审的效率提出了非常高的要求。相比于司法程序,行政程序的特点就在于高效率,从这一点看,“司法说”不够可行,将部分司法程序引入复审程序亦不可取。另外,伴随着我国各个领域创新的浪潮,专利申请数量逐年骤增,这一大环境,对审查效率提出了更高的要求。

(2)专利申请对“客观”的要求

对一项发明、实用新型或外观设计是否应该被授予专利权的判断,往往是非常复杂的。例如,在判断一项发明的创造性时,往往会有“后见之明”的危险,特别是在以一个对比文件出发,结合其他对比文件进行判断时,多少会存在一定主观因素。因此,复审委在综合审查员和申请人的观点进行判断时,只有站在更加客观的立场上,才更有可能得出正确的结论。因此,应该充分贯彻司法程序中的“公正原则”,复审委充当一个中立者,在审查员和申请人之间进行判断。

3. 小结

由上述分析,笔者认为,专利复审程序的性质应界定为“准司法”。这种“准司法”程序,是一种以行政程序为骨架,贯彻了司法精神的行政程序,其要点有两个:一是“以公正为前提”;二是“以效率为追求”。由此,专利复审委员会宜被界定为一个“准司法”的机构。值得注意的是,在北京市高级人民法院知识产权审判庭 2016 年 5 月 11 日发布的《关于专利复审行政诉讼案件若干问题的解答》(征求意见稿)中,北京市高级人民法院认为,“专利复审程序是因复审请求人对国务院专利行政部门作出的驳回其专利申请的决定(以下简称驳回决定)不服而启动的行政救济程序,在专利复审委员会可以依职权审查的特殊情况下,也是专利审批程序的延续”。北京市高级人民法院将特殊情况下的依职权审查作为“专利审批程序的延续”,其认为只有在例外的情况下,专利复审才是专利审批程序的延续,而一般情况下,专利复审程序仍旧是行政救济程序。北京市高级人民法院对专利复审程序“以救济为原则,以行政程序为例外”的本质揭示,似乎与笔者的上述观点一致。在下文的论述中,笔者将围绕复审程序“准司法”的性质展开论述,并将“是否符合准司法”作为判断制度合理性和完善制度的标杆。

三、是否应该“依职权审查”和“以新理由维驳”

(一)区分“依职权审查”和“以新理由维驳”

1.“依职权审查制度”的恰当性

首先,如上文提到的,专利复审的性质宜定义为“准司法”,且行政复议的一项重要的制度是“全面审查制”。既然专利复审本质上是一种行政复议,则现行《专利审查指南》中规定“依职权审查”并无不妥。

其次,从字面上看,专利复审委员会名为“复审”,表面上看是“重复审查一遍”的意思,但从设立专利复审委员会的表述上看,复审委在国家知识产权局中的地位较实质审查部门为高。根据现行《专利审查指南》的规定,复审委作出的复审决定对原审查部门有约束力。㉖ 可见,复审绝对不是把实审过程换些人简单地重复一遍,复审委员会作出的复审决定对于实审部门还应该具有指导作用。㉗ 可见,如果专利复审委员会完全不能依职权审查,复审委的价值将大打折扣。

㉖ 《专利审查指南》(2010)第四部分第二章7。

㉗ 参见李丙林:《从专利复审委员会的法律地位谈复审程序中公知常识的举证问题》,发展知识产权服务业,支撑创新型国家建设——2012年中华全国专利代理人协会年会第三届知识产权论坛论文选编(第二部分)。

最后,复审委的审查工作也要求其享有一定的实质审查权。专利法是个有机统一的整体,每个问题都不是单独存在的,实际上也无法单独存在。因此,复审员在审查实质审查阶段驳回的具体理由和证据时,有时不得不审查其他理由和证据。例如,在审查一项发明申请是否具有新颖性或创造性时,可能必须要审查有没有充分公开,或者是不是有实用性等方面的内容,只有把这些问题搞清楚了,才能清楚地判断先前的驳回理由是否正确。当然,可能会有观点认为,如果复审员发现连权利要求都不清楚,就应该直接让审查员去查清后,再依据查清的事实判断驳回理由的正确性。很明显,查清相关问题对于实现实体公正是非常重要的,当复审员发现有问题需要搞清楚时,甚至复审员轻易就能搞清楚时,如果在复审员处解决问题,不仅不会影响实体公正,还会在整体上提高行政程序的效率并促进实体公正;如果返回给审查员查清,则无疑会在一定程度上降低行政程序的效率。

可见,依职权审查不仅不会对复审的效果带来负面影响,还会更加有利于提高实现实体公正和效率。实际上,复审委为了作出复审决定,其自行进行法律检索、自行考察专利申请的创造性等问题,是无法予以限制的。即便限制,充其量也就是限制复审委在维持驳回决定中对“新理由及证据”的引入。

2. 可以依职权审查,并不意味着当然可以以新理由维驳

依职权审查是一种行政机关内部的审查活动,而作出以新理由维驳的审查决定,则是一种具体行政行为,二者明显不同。如果在复审程序中可以存在“依职权审查”,则是否可以接受“新理由维驳”制度?

对于这一问题,北京市高级人民法院在《关于专利复审行政诉讼案件若干问题的解答》(征求意见稿)第9条中给出了一个答案:“专利复审委员会依职权审查的事项未超出第2条、第3条规定的范围,但其以驳回决定未提及的事实和理由维持驳回决定的,应当予以纠正。专利申请因该事实和理由不符合《专利法》和《专利法实施细则》有关规定的,可以依据《最高人民法院关于执行〈中华人民共和国行政诉讼法〉若干问题的解释》第五十六条第(四)项的规定,驳回复审请求人的诉讼请求。”北京市高级人民法院在解释该条时进一步指出:“只有驳回决定的事实认定和法律适用足以支持其结论的,专利复审委员会才应当予以维持;如果驳回决定的事实认定和法律适用有错误,不足以支持其结论,专利复审委员会就应当纠正,不应当引入新的事实和理由予以维持。因此,对于专利复审委员会引入新的事实和

理由维持驳回决定的做法,法院应当予以纠正……”可见,北京市高级人民法院也不赞成专利复审委员会以驳回决定未提及的事实和理由维持驳回决定,但北京市高级人民法院同时称“……当然,如果基于新的事实和理由,专利申请确实不应当获得授权,在这种情况下,撤销复审决定、要求专利复审委员会重新作出复审决定,也没有必要,法院可以在纠正复审决定的不当之后,驳回复审请求人的诉讼请求”,故从某种程度上看,专利复审委员会可以“新理由维驳”的现状不会得到实质性改变。

(二)对学术界观点的分析

在现有制度下,复审委在特定情况下可以“新理由维驳”,学术界在此制度是否可取的问题上亦存在分歧,下面分述之。

1. 支持“新理由维驳”的观点及分析

支持“新理由维驳”的观点主要是基于对“提高效率”和“保证质量”的考虑。目前,整体的趋势是追求专利审查的效率,与此同时,很多所谓的“垃圾专利”获得了授权,考虑到专利复审是合议制,有学者认为,给予专利复审委员会一定程度的“以新理由维驳”的权力,对于社会整体来说,可以更有效且充分地利用有限的行政资源,避免“垃圾专利”等对创新的阻碍;对于当事人个体来说,其从解决请求人与在先审级的争议实质出发,减少了前后审级之间的无谓程序振荡,具有积极的意义。[28] 尽管在实践中“新理由维驳”有被滥用之嫌,但如果可以恰当地把握适用的尺度,这一制度还是有合理性的。但是,问题就在于,这个尺度实际上很难把握。

2. 反对“新理由维驳”的主要观点及分析

(1)复审程序的性质决定了不能“新理由维驳”

持此观点的学者通常持行政复议的“司法说”。该观点认为,专利复审程序是复议程序,从而是对申请人的救济。只有具有作出具体行政行为职权的行政机关才可以直接作出具体行政行为。如果实质审查部门作出的审查决定认定事实清楚,证据确凿,适用依据正确,程序合法,内容适当,应当依照《行政复议法》第 28 条的规定予以维持,否则,应当依法撤销、变更或者确认该具体行政行为违法,或者决定作为被申请人的行政机关(此处即

---

[28] 参见李越:《专利复审程序中依职权审查的理解与典型适用》,载《中国知识产权报》2013 年 12 月 27 日。

实质审查部门)履行法定职责。按照这一逻辑,专利复审委员会似乎就不能超越实质审查部门的驳回理由来维持驳回决定。[29]

但是,这一观点存在问题,如上文提到的,虽然行政复议具有救济的性质,但不是也不应仅有救济的性质。并且,在最新版的《专利审查指南》中也明确指出,复审程序有两个性质:一是行政救济;二是专利审批。虽然"专利审批"不必然包括实质审查的内涵,但至少可以认为,并不能当然地根据复审程序的性质决定是否可以"新理由维驳"。

(2)专利复审委员会不是专利行政部门

这一观点的逻辑是,首先,根据《专利法》第37条和第38条的规定,国家专利行政部门负责实质审查,并有权力对不符合专利法规定的申请予以驳回。[30] 其次,根据《专利法》第41条第1款的规定,专利复审委员会由国务院专利行政部门设立。[31] 因此,专利复审委员会能否进行实质审查,关键要看其是否属于"国家专利行政部门"。尹新天教授认为,"国务院专利行政部门设立专利复审委员会"表明专利复审委员会与国务院专利行政部门不同,[32]由此,认为专利复审委员会不能以新理由维持驳回决定。

但是,这种观点也存在一定问题,因为《专利法》第37条和第38条,均是针对流程中特定步骤的规定,既不能说明只有国家专利行政部门可以进行实质审查,也不能说明所有的实质审查都应由国家专利行政部门进行。另外,笔者认为,"国务院专利行政部门设立专利复审委员会"中的"设立"可以理解为在外部设立,也可以理解为在内部设立,究竟如何理解,尚不明

[29] 参见石必胜:《专利复审是否可以改变理由维持驳回决定》,载中国知识产权杂志博客(2013-09-22),http://blog.sina.com.cn/s/blog_6e987b230101em09.html,2015年3月1日访问。

[30] 《中华人民共和国专利法》(2008年修正)第37条规定:"国家专利行政部门对发明专利申请进行实质审查后,认为不符合本法规定的,应当通知申请人要求其在指定的期限内陈述意见,或者对其申请进行修改……"《专利法》第38条规定:"发明专利申请经申请人陈述意见或者进行修改后,国务院专利行政部门仍然认为不符合本法规定的,应当予以驳回。"

[31] 《中华人民共和国专利法》(2008年修正)第41条第1款规定:"国务院专利行政部门设立专利复审委员会。专利申请人对国务院专利行政部门驳回申请的决定不服的,可以自收到通知之日起三个月内,向专利复审委员会请求复审……"

[32] 参见石必胜:《专利复审是否可以改变理由维持驳回决定》,载中国知识产权杂志博客(2013-09-22),http://blog.sina.com.cn/s/blog_6e987b230101em09.html,2015年3月1日访问。

确,因此不能当然认为专利复审委员会不是国务院专利行政部门。

(3)"新理由维驳"会带来负面影响

这主要是指"新理由维驳"会造成制度滥用、审级利益损失等问题,接下来本文将对此详细阐述。

(三)"新理由维驳"存在的问题

1. 日趋危险的"驳回任意"

(1)主观上,专利复审委员会有实质审查的倾向

考察专利复审委员会的人员构成,根据《专利审查指南》第四部分第一章第1节,专利复审委员会包括专职人员和兼职人员。其中,复审委主任委员由国家知识产权局局长兼任,副主任委员、复审委员和兼职复审委员由局长从局内有经验的技术和法律专家中任命,复审审查员和兼职复审审查员由局长从局内有经验的审查员和法律人员中聘任。㉝ 很明显,从事实质审查和复审的人员几乎来自同一个"池子"。不难想象的是,这些专职或兼职的复审人员往往仍带有实质审查的思维惯性,在复审中很容易按照实质审查的思路来。

(2)客观上,相关概念确实难以界定

现有制度最大的问题是,《专利审查指南》规定了复审程序中合议组在两种情况下可以超出驳回决定所依据的理由和证据进行审查并依此维持驳回决定,但并未进行更详细的规定,特别是没有规定何为"明显实质性缺陷",何为"与驳回决定所指出缺陷性质相同的缺陷"。

①"明显实质性缺陷"

界定"明显实质性缺陷",关键是要界定"明显"和"实质性"。由于界定的主体和环境存在差异,很难设计一套统一的界定标准。在现行的《专利审查指南》第一部分第一章第1节、第二章第1节、第三章第1节等中,均有"明显实质性缺陷的审查"的内容,但均属于针对初步审查阶段的规定。赢创德固赛一案所涉及的问题处于实质性审查阶段不服驳回决定而产生的复审程序,应当依据实质性审查阶段的"明显实质性缺陷"进行判断,但《专利审查指南》中并没有对实质性审查阶段的"明显实质性缺陷"进行界定。在此问题上,一审、二审法院和最高人民法院的判决结果虽然是一样的,但在具体思路上存在不小的差别。一审法院认为,在同一法律文件中,相同的

㉝ 参见江镇华:《专利复审:无效、诉讼及行政复议》,知识产权出版社2004年版,第1页。

概念应有相同的含义，因此将初步审查中的“明显实质性缺陷”适用于实质审查阶段。而二审法院认为一审判决将发明专利初步审查与实质审查中的“明显实质性缺陷的审查”范围进行等同界定缺乏依据，二审法院认为，初步审查和实质审查的范围、方式和内容存在差异。最高人民法院则建议“一刀切”，认为新颖性和创造性的认定方法不一样，要考虑的也不一样，虽然新颖性的认定有难的，创造性的认定也有简单的，但毕竟是个别，干脆“创造性”不宜认定为实质性缺陷。

此外，针对可以审查的“明显实质性缺陷”，北京市高级人民法院知识产权审判庭 2016 年 5 月 11 日发布的《关于专利复审行政诉讼案件若干问题的解答》（征求意见稿）第 6 条尝试将其界定为如下几种情形：

a. 专利申请明显属于《专利法》第 5、25 条规定的情形的；

b. 专利申请明显不符合《专利法》第 2 条第 2 款，第 22 条第 4 款，第 26 条第 3、4、5 款，《专利法实施细则》第 20 条第 2 款规定的；

c. 专利申请的修改明显不符合《专利法》第 33 条规定，或者分案的专利申请明显不符合《专利法实施细则》第 43 条第 1 款的规定的。

d. 驳回决定仅指出专利申请权利要求之间存在引用关系的某些权利要求存在缺陷，而未指出其他权利要求存在同样的缺陷，不引入对所述缺陷的审查将得出不合理结论的。

在上述界定中，北京市高级人民法院将复审阶段可以审查的“明显实质性缺陷”划定了一个与《专利审查指南》规定的形式审查（初步审查）中的“明显实质性缺陷”不同的范围，并将对新颖性、创造性的审查排除在外，除了涉及下文提到的“在同一法律文件中，相同的概念应有相同的含义”的问题外，其范围本身的合理性恐怕还要在实践中得到进一步检验。例如，新颖性甚至创造性的判断在某些案件中可能是很简单的问题，而是否符合《专利法》第 26 条第 3、4 款可能却是难以判断的问题。

可见，目前对于“明显实质性缺陷”缺乏明确界定，不仅专利复审委员会，连法院也没有达成某一程度的共识。如果人为地划定一个范围甚至“一刀切”，则缺乏相应的标准予以界定，并且可以想象，这个范围也会逐步扩大。另外，这个范围应该由哪个部门来最终界定，仍旧是应当考虑的重要问题。

②“与驳回决定所指出缺陷性质相同的缺陷”

对于这一概念，关键是要界定何为“性质相同”。最直接的界定方法是,在同一个法律文件中规定在一起的内容,性质更倾向于相似或相同。但是,法律文件中多大范围内的内容属于性质相同的内容?以某一“条”为单元还是以某一“款”为单元?这些都需要予以明确。另外,也不排除出现在一个法律文件中的不同地方的内容,甚至出现在不同法律文件中的内容性质相同的情形。对此问题,北京市高级人民法院知识产权审判庭在其《关于专利复审行政诉讼案件若干问题的解答》(征求意见稿)第 5 条中,尝试将其界定为“与驳回决定依据的事实和理由相同但驳回决定未指出的缺陷”,并举例“驳回决定认定权利要求 1 的保护范围不清楚,如果权利要求 2 的保护范围也不清楚,但驳回决定未予指出,专利复审委员会可以对权利要求 2 的保护范围是否清楚进行审查”。但笔者认为,虽然北京市高级人民法院对“性质相同的缺陷”采用了相对狭义的理解,但其合理性仍有待商榷,特别是其仍然给界定“性质相同的缺陷”留下了较大空间,如保护范围是否清楚的问题进而包含了诸多具体情形,如指代不清楚、逻辑关系错误等。

(3)不良后果

由前两点分析可知,复审员在主观因素和客观因素的作用下,将在很大程度上靠“主观标准”决定以何种理由维持驳回决定。根据现有制度,很可能出现的情形是,专利复审委员会认为的容易就是容易,他认为的明显缺陷就是明显缺陷,然后滥用“新理由维驳”。虽然从程序上看,所有的申请人都会知道存在面临驳回“新理由”的可能性,但由于申请人并不知道会具体面对何种“新理由”,此制度还是常常会带给申请人很大的“意外”。

2. 不可丧失的“审级利益”

所谓的“避免审级损失原则”,是指在先审级未处理的事项通常不能由在后审级超前处理,以避免造成当事人的审级损失。[34] 反对新理由维持驳回决定的人的最主要的论点就是“以新理由维持驳回决定会造成申请人损失审级利益”。那么,“审级利益”是否必须得到保证?笔者持肯定态度,原因有二:

从整体角度看,剥夺“审级利益”是“正义”的缺失。“正义”的含义有

---

[34] 参见江镇华:《专利复审:无效、诉讼及行政复议》,知识产权出版社 2004 年版,第 11 页。

二:一为合法;二为合理与平等。[35] 在罗尔斯的经典著作《正义论》中,提出了“公正的正义”,其包含两层含义:一是前提的公平;二是目标的公平。[36] 按照罗尔斯的逻辑,如果专利复审程序的原初状态,包含了部分申请人丧失审级利益的可能性,由于所有人都面临同样的风险,前提上并无不公平之处。罗尔斯提出的“目标的公平”,是通过资源的“再分配”实现的,通过“再分配”,使得各主体的获益趋向均衡。但是,专利复审委员会的“新理由维驳”,并非是对行政资源进行“再分配”,而是使得复审申请人的利益更加糟糕。诺齐克与罗尔斯不同,其进一步认为,“再分配”本身就是不正义的。诺齐克正义论的基础是“持有”,核心是个人权利,主张个人权利不能被侵犯。[37] 有一句法谚,叫作“有权利必有救济”。诺齐克主张的“个人权利不能被侵犯”,包括在权利被侵犯时应存在有效的救济,否则将成为一句空话。因此,不论是损害权利本身,还是剥夺对权利的救济途径,都构成对权利的侵犯,是不正义之举。

从个案角度看,剥夺“审级利益”可能导致实体损失。有人可能会认为,由于专利复审委员会做出最终复审决定后,申请人不服,还可以提起行政诉讼,申请人即使有审级利益损失,最后通常不会造成不同的结果(即不会有实体损失)。实际上,程序损失如果没有造成实体损失,也就罢了,问题在于,程序损失,往往会导致实体损失,因为认清事实有个过程,没有多次来回震荡,往往就不能得到充分认知。

可见,审级利益的背后实际上是实体利益。如果损失了审级利益,就将违背复审程序“准司法”的性质,甚至摧毁复审制度的存在的价值基础。故而,不论是从整体角度还是个案角度来看,出现审级利益损失都是不能被接受的。

3. 整体丧失的“程序经济”

上文已经提到,专利复审仍然要遵循“程序经济原则”。有学者认为,所谓的“程序经济原则”,是指程序的进行应当避免重复,并尽可能地迅速、

---

[35] 参见[英]罗斯:《亚里士多德》,王路译,商务印书馆1997年版,第206页。转引自徐爱国:《亚里士多德法律正义论的思想史探索》,载《中外法学》2004年第4期。

[36] 参见[美]约翰·罗尔斯:《正义论》,中国社会科学出版社1988年版,第1~2页。

[37] 参见张晓芹:《规范理论的复归与论争——罗尔斯的公平正义论与诺齐克的权利正义论》,载《宁夏党报学报》2008年第10卷第5期。

节省时间和费用。[38] 实践中,专利复审委员会已经开始采取措施,[39]为了提高审查质量和效率。2013 年起,专利复审委员会先后成立了"复审质量和效率提高联合工作组""实用新型、外观设计复审案件高质量快速处理小组""委级质检组"等。由此可见,专利复审委员会并未一味追求速度的加快,而是考虑到了质量的因素,追求质量和效率的联动,即实现"程序效益"的最大化。因此,笔者赞同将"程序经济"解释为"诉讼主体以最低诉讼成本取得最大法律效益,实现诉讼目的"。[40] 虽然这一解释的背景是诉讼,但其原理具有普遍适用性。

波斯纳从程序的经济成本角度研究了程序效益的问题,并认为程序带来的成本包括"错误成本"和"直接成本",应该追求二者之和的最小化。[41] 在专利审查程序中,审查员或专利复审委员会的错误判断,将带来错误成本;申请人付出的人力和财力、未实现预期利益或未避免预期不利益,将带来直接成本。现有的"新理由维驳"制度并非与此"程序经济"完全一致。专利复审委员会在一定条件下以新理由维驳,其实是干了审查员的活,虽然表面上看加速了专利审批程序,但实际上减少了审查员和专利复审委员会之间的"互动"。如果把专利复审委员会以新理由维驳看作对在前审查员驳回决定的纠正,而这并未有效转化为审查员的经验教训,则审查员在后续的审查程序中还会出现更多的错误判断。申请人应对驳回的"新理由",可能也需要付出额外的人力财力。诚然,无论何种程序,包括下文提到的改良或改革后的程序,均会使申请人付出额外的人力和财力,但一个突兀的"新理由维驳",将严重减损申请人的预期利益。可见,从整体和长远来看,现有框架下的"新理由维驳"不利于贯彻"程序经济原则"。

㊳ 参见江镇华主编:《专利复审、无效、诉讼及行政复议》,知识产权出版社 2004 年版,第 11 页。

㊴ 参见王康:《专利复审委:审查业务综合能力再上新台阶》,载《中国知识产权报》2014 年 2 月 21 日第 5 版。

㊵ 参见徐昕:《程序经济的实证与比较分析》,载《比较法研究》2001 年第 4 期。

㊶ See R. A. Posner, An Economic Approach to Legal Procedure and Judicial Administration, in *the Journal of Legal Studies* 2(1973), p. 401.

4. 违反“禁止不利变更”原则

《行政复议法实施条例》第51条确立了行政复议“禁止不利变更”的原则。该条规定,“行政复议机关在申请人的行政复议请求范围内,不得作出对申请人更为不利的行政复议决定”。在专利复审中,“更为不利”包括不能使申请人承担更多责任,也包括不能减损申请人的既得权利。诚然,从实事求是的角度来看,专利复审委员会如果已经发现驳回决定存在问题,不予置否似乎不完全合理,并且,《行政复议法》确定了“有错必纠原则”。[42] 但在二者冲突时,笔者认为,至少在专利审查领域,应该优先适用“禁止不利变更原则”。如果专利复审委员会以新理由维驳,一方面,申请人将不得不应对此新理由;另一方面,申请人在走向法院前失去了对新理由复审的机会。这无疑加重了对申请人的不利影响。申请人将会对复审程序失去信任,甚至由于担心将自己置于风险中,而不愿再提出复审申请。至于“有错必纠原则”,主要是强调纠正错误的“必须性”,而纠正则有很多方式,不仅可以由专利复审委员会纠正错误,还可以发回审查员纠正错误。综合来看,“新理由维驳”在制度上恐怕是得不偿失的。

5. 小结

由上述分析,笔者认为,在专利复审程序中,在保证公正的基础上,基于提高效率的考虑,专利复审委员会可以进行“依职权审查”。但在发现驳回的“新理由”时,不能当然认为专利复审委员会可以直接依据“新理由”驳回,否则会带来诸多问题。因此,现有制度存在一定的不合理性。

四、复审程序改良和改革的进路

(一)改良的进路

面对专利复审委员会性质的不确定性和复审程序的诸多不足,在现有制度框架的基础上做出改良是一条出路。上文分析已经说明,如果保

---

[42] 《中华人民共和国行政复议法》(2009年修正)第4条规定:“行政复议机关履行行政复议职责,应当遵循合法、公正、公开、及时、便民的原则,坚持有错必纠,保障法律、法规的正确实施。”

持现状,笔者认为专利复审委员会可以享有一定的实质审查权,但依据经过实质审查得出的新理由及证据维持驳回决定,则要严格限制“新理由”的类型。

1. 对相关概念予以严格界定

上文提到,何为“明显的实质性缺陷”,在理论界仍有争论。在实务中,不论是新颖性还是创造性的判断,都有难有易。在赢创德固赛一案中,最高人民法院采取的“一刀切”的做法肯定在个案中适用时会有失公允。有学者建议在《专利审查指南》中,“以本领域技术人员的认知水平无需深入调查证实即可得出的事由”作为认定“明显实质性缺陷”的总体标准,再以如“无需确定权利要求保护范围”为具体标准,从所有驳回条款中,参照初审驳回和实审驳回的条款范围,筛选出一些具体驳回条款作为确定“明显实质性缺陷”的依据,专利复审委员会不能援引该范围之外的条款作为新理由依职权审查。这样,在提高依职权审查“明显实质性缺陷”易操作性的同时,保障专利申请人的合法权益,确保复审程序的基本属性。[43] 笔者基本赞同这样的观点,并进一步作出如下讨论和建议:

(1)为什么要严格界定?

因为复审的结果是要么维持驳回决定,要么撤销驳回决定。如果是后者,则案卷将返回原审查部门,由原审查部门继续进行实质审查。如果是前者,则申请人的申请在复审阶段就“死掉了”,而不能再回到实质审查。此时,如果专利复审委员会在维持驳回决定的复审决定中引入了新理由,则申请人将只能诉诸法院,走行政诉讼程序。这样一来,与实质审查阶段的驳回相比,将丧失一次“审级利益”。对此,北京市高级人民法院在《关于专利复审行政诉讼案件若干问题的解答》(征求意见稿)第 10 条的说明中专门指出,“尽管专利复审委员会可以依职权进行审查,但是在依职权审查程序中给予复审请求人的程序利益保障,不得低于专利申请人在专利申请被发回原审查部门继续进行的审查程序中应当享有的程序利益保障标准”。尽管北京市高级人民法院一再强调保障复审程序中对附申请求人的程序利益,但上述规定仍无法避免复审程序中引入新理由而给复审请求人带来的“审

---

[43] 参见熊延峰、杨磊等:《复审依职权审查中“明显实质性缺陷”的界定与认定》,载《中国专利与商标》2013 年第 3 期。

级利益损失”。因此,从审级利益的角度来看,如果专利复审委员会可以以新的理由或证据维持驳回决定,在效果上应该做到实质上基本弥补了申请人受到的审级利益损失,即使在表面次数上确实少了一次。

另外,根据《专利审查指南》第四部分第二章第 4.3 节的规定,如果合议组需要引入驳回决定未提出的理由或证据,将发出复审通知书或口头审理通知书,复审请求人应当在收到该通知书之日起 1 个月内针对通知书指出的缺陷进行书面答复,然后专利复审委员会将作出最终的复审决定。可见,虽然申请人有答复的机会,但只有 1 个月的时间,和实质审查阶段的期间相比(正常答复一审的时间为 4 个月,答复 N 审的时间为 2 个月),无疑也是一种利益损失。因此,从时间的角度来看,如果专利复审委员会可以以新理由或证据维持驳回决定,该“新理由”也需要严格限制,目的是让复审申请人有充分的时间答复。

(2)对“明显实质性缺陷”的界定。

笔者基本赞同赢创德固赛一案中一审法院北京市第一中级人民法院的观点,即在同一法律文件中,相同的概念应有相同的含义,除非有明文予以特殊规定。二审法院北京市高级人民法院认为一审判决将发明专利初步审查与实质审查中的“明显实质性缺陷的审查”范围进行等同界定缺乏依据,但二审法院的理由是说理性的,同样没有明确依据。

笔者认为,对于“明显实质性缺陷”,应仅限如下两类:

第一类是《专利审查指南》规定的形式审查(初步审查)中的“明显实质性缺陷”。因为这些缺陷对于本领域技术人员而言是“明显”的,即无需深入调查便可发现。

根据现行《专利审查指南》,对发明专利、[44]实用新型专利[45]和外观设计专利[46]申请文件的“明显实质性缺陷”审查,可归纳为三个方面,审查的具体内容如下表所示:

---

[44] 《专利审查指南》(2010)第一部分第一章第 1 节。

[45] 同上。

[46] 同上。

对专利申请文件的“明显实质性缺陷”审查内容表

类型	审查内容	发明	实用新型	外观设计
客体相关	是否明显不符合三种发明创造的概念	√	√	√
	是否明显属于违背法律、社会公德或社会公共利益	√	√	√
	是否明显属于非法获取和利用遗传资源	√	√	
	是否依照《专利法》第 9 条规定不能取得专利权。		√	√
	是否明显不符合新颖性的要求		√	√
	是否明显不符合创造性的要求		√	
	是否明显属于六种不授予专利权的客体的情形	√	√	√
申请人相关	特定外国主体在中国申请专利,是否依照国家间协议、国际条约或互惠原则,根据本法办理	√	√	√
	特定外国主体是否委托依法设立的专利代理机构办理专利事务	√	√	√
	在中国完成的发明或者实用新型向外国申请专利是否经保密审查	√	√	
申请文件相关	是否明显不满足说明书充分公开的要求		√	
	权利要求书是否明显得不到说明书的支持		√	
	是否明显不符合“依赖遗传资源完成的发明创造,申请人应披露来源或陈述理由”	√		
	申请人提交的图片或照片是否明显未充分公开外观设计			√
	是否明显不符合“申请单一性”	√	√	√
	是否明显不符合“申请人对其专利申请文件的修改不得超范围”	√	√	√

续表

类型	审查内容	发明	实用新型	外观设计
申请文件相关	是否明显不符合实施细则对说明书内容形式上的要求	√	√	
	是否明显不符合实施细则对附图的要求		√	
	是否明显不符合实施细则对权利要求书内容形式上的要求	√	√	
	是否明显不符合实施细则对独立权利要求和从属权利要求的规定		√	
	是否明显不符合实施细则对独立权利要求撰写方式的规定		√	
	是否明显不符合实施细则对从属权利要求撰写方式的规定		√	
	是否明显不符合实施细则对分案申请的申请日和范围的规定		√	√

第二类是专利复审委员会在认可原驳回理由的前提下,在必须进行的附带审查过程中发现的“缺陷”。

对于此类,应该以“特别规定”的方式进行明确。上文已经提到,复审员在审查实质审查阶段驳回的具体理由和证据时,有时不得不审查其他理由和证据。例如,在审查一项发明申请是否具有新颖性或创造性时,可能必须要审查有没有充分公开,或者是不是有实用性等方面的内容。只有把这些问题搞清楚了,才能清楚地判断先前的驳回理由是否正确。如果在这种必须的附带审查时,发现缺陷,如未充分公开或缺乏实用性等,但依据原驳回理由仍足以维持驳回决定时,其可作为维持驳回的“新理由”,加入原驳回决定的理由中。

(3)对“性质相同的缺陷”的界定。

笔者认为,性质相同的缺陷,应仅限于缺陷的概念相同。例如《专利审查指南》中的例子,权利要求 1 和权利要求 2 的缺陷均为“存在含义不确定的用语,导致保护范围不清楚”。这样,虽然专利复审委员会发出复审通知书后,申请人只有一个月的答辩期,但是申请人对此新理由也不会感觉意外。

2. 存在的问题

改良的好处在于,对“新理由维驳”的“新理由”进行明确界定,便给了申请人一个预期,至少申请人可以对所有可能的“新理由”提前有所准备,而不会在面对新理由时感到措手不及。另外,在复审程序中解决“明显实质性缺陷”“性质相同的缺陷”等问题,提高了专利申请审批的效率,减少了无谓的程序震荡。

但是,即便进行改良,仍有不足之处。首先,对于“明显的实质性缺陷”,如果把标准定得太低,即缺陷太过明显,那么既然如此,为何审查员看不出来?如果专利复审委员会以此驳回,审查员仍可能在后续的审查中继续犯同样的错误。如果把标准定得太高,则很可能涉及专利申请所要保护的范围的大小,对申请人多少还是会有些利益损失,如没有足够的时间答辩,甚至蒙受审级利益的损失。其次,改良似乎对改善专利复审案件数量呈爆发式增长的现状毫无裨益。

(二)彻底改革的进路

1. 引入“复审意见”

(1)制度安排

根据现行《专利审查指南》第四部分第二章第 5 条,复审请求审查的结果是维持或撤销,具体的决定类型包括三种:

①复审请求不成立,维持驳回决定;

②复审请求成立,撤销驳回决定;

③专利申请文件经复审请求人修改,克服了驳回决定所指出的缺陷,在修改文本的基础上撤销驳回决定。

基于对申请人审级利益的保护、提高审查员水平等因素的考虑,专利复审委员会不能当然地以新理由维持驳回决定。建议将复审请求审查决定的类型进行修改,引入“复审意见”,具体而言:

①在复审请求不成立,但仅针对驳回决定所依据的理由和证据进行审查即能够作出维持驳回的复审决定的情况下,无须延续专利审批程序。所引入的新的理由和证据可作为复审意见写入复审决定中,而不是作为维持驳回决定的理由及证据(新引入的修改超范围的理由除外)。这样做对于维护复审

请求人的利益、提高整个专利审批流程的效率是有利的。[47]

②在复审请求不成立,即专利复审委员会认为应当驳回,但针对原驳回决定所依据的理由和证据不能作出维持驳回的复审决定,而需要引入新的驳回理由的情况下,应当撤销驳回决定,将有关案卷返回原审查部分,同时附上“复审意见”。

③、④分别同现行《专利审查指南》第四部分第二章第5条中的②、③。

(2)存在的问题

针对设想的第①种情形,由于审查员并不一定能看到复审意见,因此无法起到对审查员的指导作用;针对设想的第②种情形,由于行政机关内部存在上下级的关系,审查员往往会听取专利复审委员会的复审意见,而怠于挖掘真相,甚至推翻专利复审委员会的复审意见。另外,专利复审委员会作出“复审意见”可能动力不足。按照此制度的设想,案件在专利复审委员会终结还是回到实质审查部门的选择权实际上在专利复审委员会手里,既然不能以新理由维持驳回决定,专利复审委员会就很可能没有足够的动力去依职权审查并挖掘真相。

2. 参考美国的做法

(1)美国在此问题上的制度安排

我国学者批评“新理由维持驳回决定”的一个重要理由,就是在程序上对申请人不公平,尤其是审级利益的损失。美国的“新理由驳回”制度(new ground of rejection)正是考虑到了程序公平(due process)。在美国,与专利权授权有关的行政机构是美国专利和商标局(USPTO)及其设立的专利审判与上诉委员会(PTAB)。[48] 对于专利审判与上诉委员会(以下简称委员会)而言,最重要的一个原则是确保上诉人享有程序公平,即确保上诉人得到公平的回应新驳回的机会。[49]

---

[47] 参见田喜庆:《浅议专利复审程序的法律性质与审查实践》,2013年中华全国专利代理人协会年会暨第四届知识产权论坛论文汇编(第四部分)。

[48] 参见[美]Martin J. Adelman、Randall R. Rader 等:《美国专利法》,郑胜利、刘江彬主持翻译,知识产权出版社2011年版,第8~14页。

[49] *See In re Kumar*, 418 F. 3d 1361, 1368 (Fed. Cir. 2005) (citing *In re Kronig*, 539 F. 2d 1300, 1302 (CCPA 1976).

根据《美国专利审查程序手册》,[50]委员会可以对上诉的申请作出一个新的驳回,包括先前审查员已经允许的权利要求。这实际上是给了委员会发现明显问题时的权力,这个权力完全由委员会凭其理由作出。如果委员会引入驳回的新理由,申请人通常须在 2 个月内行使选择权,否则其关于被驳回的权利要求的上诉将被终止。申请人有两个选择,具体为:

①重新启动实质审查(reopen prosecution)[51]

如果申请人选择重启实质审查。申请人需要提交针对驳回决定指出的权利要求的适当的(appropriate)修改和/或新证据。审查员受到"新理由"的约束,除非申请人提交的修改或证据在审查员看来没有克服驳回的"新理由"。如果审查员再次驳回申请,申请人还可以再上诉。

根据 37 CFR 41.50(b)(1),如果申请人提交了适当的修改(针对委员会驳回的权利要求)和/或新证据(与委员会驳回的权利要求相关),则专利申请文件将被返还到审查员处重新审查。所谓"适当的"(appropriate)修改,是指申请人修改了一项或多项被驳回的权利要求,或者将其替换为新的权利要求,从而克服了委员会举出的在先技术或理由。这些修改的或新的权利要求必须直接指向与上诉的权利要求相同的客体。换句话说,如果一项增加新的权利要求的修改,既没有修改被驳回的权利要求,也没有将被驳回的权利要求替换为新的权利要求,则不能称其为"合适的"修改。这种新的权利要求将被随着申请文件交给专利上诉委员进行复审。但如果其包含了任何针对驳回的答辩,则可能被视为"新证据"。

如果委员会的驳回决定包含对审查员驳回的确认/维持,被确认/维持的部分不再重启实质审查(further prosecution)。如果上诉人选择选择去审查员那里对驳回的"新理由"走实质审查程序,则委员会对审查员先前驳回的确认/维持将被视为未终局(目的是寻求复查),此时,申请人并不需要提交重新审查该确认的申请文件。

需要注意的是,尽管已经被确认的驳回并不进入重启的实质审查(further

---

[50] Manual of Patent Examining Procedure(MPEP), Section 1200, § 1213.02, 37 CFR 41.50(b).

[51] See MPEP § 1214.01 for the procedure following a new ground of rejection under 37 CFR 41.50(b).

prosecution),审查员在重新实质审查驳回理由的程序中,可能会顺带地推翻已经被委员会确认的驳回。因此,审查员对驳回进行有限的实质审查的结果,可能是专利申请被允许。如果专利申请变为被允许,该申请将不会再回到委员会。与此类似,如果专利申请由于任何理由被申请人放弃,该申请同样不会再回到委员会。但是,如果驳回没有被推翻或申请人没有放弃申请,即审查员依然坚持驳回,申请人可以进行第二次上诉,但这个上诉必须限制在37 CFR 41.50(b)中驳回的部分,而不包含已被确认的驳回内容。此时,对于被确认的驳回内容,应随申请文件返回委员会,以便委员会作出对确认的驳回决定的最终决定。

同样值得注意的是,经过审查员的审查,如果审查员不认为申请人提出的修改和/或新证据能推翻驳回,审查员会再次驳回权利要求。如果该修改或新证据是“适当的”,则这次驳回是终局的,案卷将不能再通过之前的上诉回到委员会。根据37 CFR 41.50(b)中的规定,在这次终局的驳回之后,申请人想要进一步寻求复审,必须向委员会提交一份“新的上诉”。与先前的那次上诉比,这次是个全新的上诉,因为其涉及不同的理由,从而需要新的上诉通知、提交新的上诉文书、缴纳相应的上诉费。

②请求复审(request rehearing)[52]

除了提交修改和/或新证据之外,申请人还可以选择针对委员会的驳回请求复审。此时,申请人必须放弃回到审查员的那条路径。如果申请人选择复审,则请求委员会在§41.52条下,依据相同的案卷材料进行复审。申请人在复审请求中必须说明其认为委员会作出新理由驳回时误解或忽视的地方,以及其他所有寻求复审的理由。

需要注意的是,如果在复审请求中,包含有对委员会驳回的权利要求的适当的修改和/或新的证据,则这将不被视为一个正确的复议请求,而被视为请求重启实质审查[37 CFR 41.50(b)(1)]。

另外,一个形式上的要求是,如果在委员会的决定中还包含一个对审查员驳回的确认,则对该确认的复审请求[53]应该单独写在申请书上。

③特殊情形

如果申请人针对部分权利要求请求重启实质审查,而对剩下的权利要求

[52] 同上注。

[53] See MPEP § 1214.03 and MPEP § 1214.06, paragraph IV.

请求复审,则实质审查的审查员将不会考虑请求复审部分的权利要求,在审查员审查程序结束后,剩下的那一部分权利要求由委员会进行复审。至于被委员会驳回而没有提出修改或新证据的权利要求,将被视为请求复审。

(2)参考美国做法进行改革的合理性

从世界范围内看,专利法无疑是一个非常"国际化"的法律。我国的专利法与美国专利法的原理和绝大多数规定是非常近似的。笔者认为,在我国现有制度的基础上借鉴美国模式有一定合理性,具体而言,在前置审查程序结束后,如果专利复审委员会欲以新理由及证据维持驳回决定,则应赋予申请人以选择权。

①符合复审程序"准司法"的性质

笔者在本文第三部分中已指出,"准司法"要求复审程序应当贯彻公正、中立的精神。因此,当专利复审委员会发现驳回的"新理由"时,即便这是依职权主动查明的,也不能直接替申请人"做主",决定专利申请程序接下来的走向。美国的做法,将选择重启实质审查或请求复审的决定权归于申请人,一方面,将委员会置于一个公正、中立的地位,符合"准司法"的要求;另一方面听取了申请人的意见,解决了"审级利益损失"的问题,也符合"请求原则"。

②适当给专利复审委员会一定决定权利的原因

美国做法的合理性在于,一方面,申请人在面对驳回"新理由"时,可能会希望回到实质审查阶段,从而得到更多的救济机会,特别是在技术比较复杂的领域,申请人更希望有充分的准备答辩的时间;另一方面,如同前文所述,赋予专利复审委员会一定的依职权审查的权利是有必要的,在此基础上,赋予其依据新理由及证据维持驳回决定并终结申请程序的可能性,也是有必要的,因为并非所有的申请人都希望重新回到实质审查阶段,有些申请人不希望把审查拖得太久,可能提出复审就是抱着试一试的态度,如果发现确实比较难通过审查,也就放弃了,这个时候,申请人可以选择在复审阶段终结程序,这无疑是提高行政效率的正确之道。

③免去了界定"明显实质性缺陷"等概念的麻烦

由于赋予了申请人选择权,如果申请人选择在复审阶段终结申请程序,由于是其自愿处分,也不会被视为在实体上损失了审级利益。没有了"审级利益"的羁绊,就可以免去界定"明显实质性缺陷"等概念的麻烦,只要界定该理由是“新理由”即可。虽然仍然需要对“新”进行界定,但相比界定“明显”和“实质性”,无疑容易了很多。下文将具体阐述美国如何界定驳回的“新理由”(new ground of rejection)。

④提高审查员的素质

如果专利复审委员会以新理由维持驳回决定,申请人选择重新回到实质审查阶段,从表面看,专利申请的审批阶段来回震荡了一次,但这次震荡可能具有重要的意义。实际上,专利复审委员会一个重要的职能,就是牵制审查员、保持审查标准的稳定。这样的制度安排不会造成行政资源浪费,因为对于一个案子来说,震荡可能确实浪费了一定时间,但就此次申请而言,更加有利于实现实体正义,并且,今后审查员面对同样或近似的申请时,就不会出现同样的问题了,或者说审查员逐渐成长了。于是,从整体上看,震荡是没有损失的,反而大大提高审查员们的素质。

⑤缓解专利复审委员会的压力

审查员素质的提高,可以使申请人更加认可审查决定,降低申请复审的动力。另外,美国模式赋予申请人选择权,可能会有很多案件回到实质审查阶段。如上文所述,如果审查员再次驳回该申请,则驳回终局,申请人再次上诉(复审)需提交新的上诉文件。由于专利制度赋予获得专利授权的发明人一定的垄断权,专利申请人有动力穷尽一切机会去追求专利授权。因此,即便需要申请人提交新的复审申请文件,申请人也会这样做。但即便这样,专利复审委员会的压力也较之前有了大幅的减少,因为审查员的重新审查代替了专利复审委员会针对“新理由”的相关工作,专利复审委员会只需在现有事实和证据的基础上进行审理即可。这无疑会大大减少复审机构的工作量,从而让复审机构可以把更多的精力用在解决复审程序中真正的疑难问题上。

⑥不违背行政程序对效率的要求

既然专利审查程序是行政程序,就不能不重视效率的问题。按照美国模式,表面上看,在专利申请人的选择下,申请材料可能又回到了审查员手里,导致程序回流,延长了专利申请审批的流程,但实际上,审查员可能更了解该专利申请的具体情况。如果考虑到答复审查意见的时间,可以参考《专利审查指南》第四部分第二章第4.3节的内容,规定申请人只有1个月的时间向审查员答复关于“驳回决定未提出的理由或证据”的审理通知书。这样一来,对“新理由”的处理仅是由专利复审委员会来做还是审查员来做的不同了。虽然专利审批程序在专利复审委员会和审查员之间多震荡了一次,但将部分出现“新理由”的案件从由合议庭处理变为审查员单独处理,节约了行政资源,再加上前文提到的避免了审级利益损失、提高了审查员的整体水平等,总体来看,采取美国模式,并不会对效率产生影响,也不会造成行政资源浪费,反而可能会提高专利审批的效率和质量。

(3)何为驳回的“新理由”?

实际上,美国在判断何时构成驳回的“新理由”时没有绝对的规则。下面根据一些美国关税和上诉法院(CCPA)和联邦巡回上诉法院(CAFC)的判例,举例说明法院认为的构成和不构成“新理由”的情形。

第一,构成驳回的“新理由”的几种情形:

①专利审判与上诉委员会(PTAB)采取了新的事实依据或证据。[54] 例如,驳回是基于一个新的计算方法。[55] 又如,在涉及化学的案件中,驳回是依据新的化学结构。[56] 再如,如果委员会在审查员基于显而易见性的驳回陈述中增加了额外的引用(对比文件),即使这个引用存在于先前的记录中,也构成驳回的“新理由”。在 *In re Ahlert* 案中,[57]审查员依据一个单独的对比文件,以缺乏非显而易见性为由驳回了申请,并引用了第二个对比文件作为“加热铁轨一部分”的例子。委员会同意审查员的结论,但认为有必要把第二个对比文件作为全面考虑的基础,即从第二个对比文件出发,结合第一个对比文件,从而得到此结论。法院认为,委员会的决定构成驳回的“新理由”,并称委员会自己引用新的对比文件并不常见,这通常会构成驳回的“新理由”。在 *In re Hoch* 案中,[58]法院进一步说,即使引用了在先技术文献中的很小一部分来支持驳回决定,也应该积极地写在驳回决定中,并视为驳回的“新理由”。

②把驳回决定的法律根据由新颖性(35 U. S. C. § 102 Novelty)变为非显而易见性(35 U. S. C. § 103 Nonobviousness)。新颖性和非显而易见性是

---

[54] See *In re De Blauwe*, 736 F. 2d 699, at 706 n. 9(Fed. Cir. 1984).

[55] See *In re Kumar*, 418 F. 3d 1361, at 1368(Fed. Cir. 2005).

[56] See *In re Wiechert*, 370 F. 2d 927, at 933(CCPA 1967).

[57] See *In re Ahlert*, 424 F. 2d 1088, at 1092(CCPA 1970).

[58] See *In re Hoch*, 428 F. 2d 1341, at 1342 n. 3(CCPA 1970).

两个截然不同的问题,可能会导致不同类型证据的产生和引入。[59]

③把驳回决定的法律根据由非显而易见性变为新颖性,依据的是与先前不同的教导(teaching)。要注意的是,这种改变构成驳回的“新理由”,要求委员会依据引用的参考文献的不同部分,即在先前依据的部分的范围之外,否则不构成“新理由”。[60]

④指向权利要求的不同部分,主张基于一个“新事项”驳回(a “new matter” rejection)。根据35 U. S. C. § 112(对说明书的规定),权利要求应该得到说明书的支持,如果权利要求里的某个事项是说明书里没有的,则被视为“新事项”(new matter),审查员可以以此为由驳回申请。如果委员会基于一个被驳回的权利要求的某一其他特征或方面(此处的其他特征或方面同样构成“新事项”,但与审查员先前指出的不同),则该“新事项”构成驳回的“新理由”。[61]

以上列举了通常会被认定为新理由驳回的几种情形。可以预见的是,如果某一情况不属于上述任何一种,则认定“新理由”之“新”的办法,就是看上诉人是否得到了公平的应对驳回理由变更的机会。[62]

第二,通常不构成“新理由”的情形,可归纳为三类:

①维持驳回决定的阐述是重复性的。例如,专利上诉委员会在回应申请人的论点时,使用了不同的语言,或者以其他方式重新说了一遍驳回的理由,而依赖的证据和驳回的基本理由是相同的。[63] 又如,专利上诉委员会仅仅是向申请人解释为什么他们的争辩不足以推翻审查员的驳回决定。[64]

②维持驳回决定援引的内容未超出原对比文件的范围。例如,维持驳回的决定援引了一个对比文件的不同部分,但本质上未超出先前援引的内容,

---

[59] See *In re Hughes*, 345 F. 2d 184, at 186 (CCPA 1965).

[60] See *In re Echerd*, 471 F. 2d 632, at 635 (CCPA 1973).

[61] See *In re Waymouth*, 486 F. 2d 1058, at 1061 (CCPA 1973).

[62] See *Kronig*, 539 F. 2d at 1302.

[63] See *In re Kronig*, 539 F. 2d 1300, at 1303 (CCPA 1976); See also *In re Cowles*, 156 F. 2d 551, 1241 (CCPA 1946) (holding that the use of “different language” does not necessarily trigger a new ground of rejection). See also *In re Krammes*, 314 F. 2d 813, 817 (CCPA 1963) (“It is well established that mere difference in form of expression of the reasons for finding claims unpatentable or unobvious over the references does not amount to reliance on a different ground of rejection.”).

[64] See *In re Noznick*, 391 F. 2d 946, at 949 (CCPA 1968).

充其量仅仅是一种对先前引用内容的详细说明。[65]

③维持驳回决定的根据是基于与之前相同的教导。例如,将驳回的法律根据从非显而易见性改为新颖性,但依据相同的教导支持新颖性。

以上是通常构成和不构成驳回"新理由"的情形。笔者看来,美国这一做法的精神是:由于符合驳回"新理由"时会赋予申请人一个选择权,如果驳回不是基于"真正的新理由",则可能会造成无谓的程序震荡,造成行政资源浪费,而是否构成真正的新理由驳回,取决于"加入了新理由的复审决定对原审查员决定的改变,是否导致申请人失去了公平的回应新驳回的机会"。如果是,委员会将考虑在复审决定中包含驳回的"新理由"从而启动相关程序。

3. 对实质审查阶段的配套改革

(1)实质审查的现状

如前文提到的,目前我国专利申请量逐年成倍增加。但是,一方面,审查的次数不够多,根据《专利审查指南》第二部分第八章第6.1.1节,[66]审查员通常给申请人两次陈述意见和/或修改申请文件的机会,但在一定情况下,也可能只给一次机会。可见,申请人并没有太多的机会去试探审查员的尺度,因此,申请人往往不敢修改的太多,也不想修改的太少,不敢太过分,也不想太谨慎。而从结果上看,规定的是审查员"可以"直接作出驳回决定。这就导致申请人没有一个预期,不知道何时实质审查程序就终结了。一个极端的情况是,申请人在申请被驳回后,可能为了在复审中获得支持,大幅缩小权利要求保护范围,从某种角度讲,这不利于保护申请人的利益。

另一方面,审查的程度不够深。有的时候实质审阶段审查不充分,不仅仅因为《专利审查指南》的规定如此,还有很多其他因素,如临近审限、临近

[65] See *In re DBC*, 545 F. 3d 1373, at 1382 n. 5. (Fed. Cir. 2009).

[66] 《专利审查指南》(2010)第二部分第八章第6.1.1节规定,"驳回决定一般应当在第二次审查意见通知书之后才能作出。但是,如果申请人在第一次审查意见通知书指定的期限内未针对通知书指出的可驳回缺陷提出有说服力的意见陈述和/或证据,也未针对该缺陷对申请文件进行修改或者修改仅是改正了错别字或更换了表述方式而技术方案没有实质上的改变,则审查员可以直接作出驳回决定。如果申请人对申请文件进行了修改,即使修改后的申请文件仍然存在用已通知过申请人的理由和证据予以驳回的缺陷,但只要驳回所针对的事实改变,就应当给申请人再一次陈述意见和/或修改申请文件的机会。但对于此后再次修改涉及同类缺陷的,如果修改后的申请文件仍然存在足以用已通知过申请人的理由和证据予以驳回的缺陷,则审查员可以直接作出驳回决定,无需再次发出审查意见通知书,以兼顾听证原则与程序节约原则"。

年终考核等。在上述情况下，审查员往往着急结案以追求工作量。另外，一些审查员考虑到既然后面还有复审，就可能会在审查不够充分的情况下发出驳回决定。这些在某种程度上都是“驳回任意”的现象出现的原因。

(2)改革的必要性

由当前实质审查的现状可以看出，我国的实质审查整体上是不够充分的，于是，申请人在收到审查员的驳回决定后，大多会申请复审。通俗地讲，就是要靠复审弥补实质审查的不足。这就导致了复审案件的数量随着专利申请量的激增而快速增加。实际上，如果不对实质审查程序作出改革，将导致恶性循环。据了解，有30%的复审申请在前置审查中就撤了。我国的专利复审委员会每年复审结案的案件有16,000多件。根据统计，根本不对申请文件做出修改而最终专利复审委员会直接维驳的数量不足10%。大部分的申请到了复审阶段，都是在对申请文件进行了修改后，专利复审委员会要么直接维持驳回决定，要么撤销驳回决定。如果申请人在复审阶段修改了申请文件，如前文提到的，专利复审委员会审理的客体在某种意义上就不再是原来审查的文本，进而可以认为专利复审委员会在申请人修改申请文件后维持驳回和维驳引入新理由的实质是一样的。如此，为了保障审级利益，赋予当事人选择权，意味着可能有太多的案件需要回到实质审查阶段，结果是实质审查阶段的审查员不仅要审查新的申请，还要应对来自专利复审委员会的需要再次实质审查的案件，从而实质审查更加趋向于不充分。因此，在对复审程序做出调整后，还必须想办法从一开始减少申请复审的案件数量。

(3)改革的初步思路

①对实质审查程序的改革方向

首先，在专利审查实践中，专利申请文件中的很多问题需要在申请人和审查员中多次震荡才能够使审查员高效、充分地了解技术本身并发现潜在的问题。审查员在考虑全面后，才做出令申请人信服的审查决定。如此一来，申请人会考虑到专利复审委员会撤销驳回决定的可能性很小，就会减少申请复审的动力，即便申请复审，修改申请文件的空间也不大(如缩小权利要求保护范围将无法实现商业预期等)；审查员会更充分地了解专利申请，在专利复审委员会阶段发现驳回的“新理由”的概率也就会降低。当然，震荡的次数也不能太多，要减少无谓震荡，以符合“程序节约原则”。另外，对于审查员作出审查决定，应该给申请人一个预期，使其在作出每次陈述和/或修改时更加谨慎和有计划。以上或许是实质审查程序改革的方向,更具体的方案需要进一步的研究。尽管如此,笔者仍试图提出以下三种不尽完善的改革初步思路:

第一种是用规定限制申请人和审查员之间震荡的次数,如给申请人三次陈述和/或修改的机会。这一思路的优势在于保障了专利申请人和审查员之间的震荡次数,同时给专利申请人以预期,但劣势在于可能会造成行政资源的浪费,因为有些发明可能并不需要震荡三次之多。

第二种是先给申请人两次修改的机会,然后实质审查并不当然终结,而是依靠收费控制实质审查的次数,申请人如果想再次得到审查的机会,则需要缴纳一定的费用,当申请人对审查员丧失信心时,自然就不会再缴费,而寻求专利复审委员会复审。这一思路的优势在于给予申请人预期,也可能会减少申请人对申请文件"试探性"的修改。但是,再次审查的费用,如果过高,似乎有悖于当下我国鼓励创新的大环境,申请人也可能直接寻求相对廉价的复审程序;如果过低,可能会带来行政资源浪费,也不排除申请人为了试探、拖延时间等目的有意"交钱换机会"的可能性。

第三种是将给申请人若干次的陈述和/或修改机会,但审查员在欲作出驳回决定的那次审查之前,必须提醒申请人这是最后陈述和/或修改的机会。根据目前的规定,在审查员给申请人发第一次审查意见通知书后,如果申请人对申请文件进行了修改,就应当给申请人再一次陈述意见和/或修改申请文件的机会。但对于此后再次修改涉及同类缺陷的,如果修改后的申请文件仍然存在足以用已通知过申请人的理由和证据予以驳回的缺陷,则审查员可以直接作出驳回决定,无需再次发出审查意见通知书。但是,申请人可能原本不认为其修改后的申请文件"仍然存在足以用已通知过申请人的理由和证据予以驳回的缺陷",从而不得不寻求复审并在复审阶段修改申请文件。

②提高审查员的水平,统一审查标准

如果说之前的建议是从制度的角度做出改变,那么提高审查员的水平则是提高整个专利授权质量和效率的根本。

由上文可知,专利复审委员会之所以引入新理由和/或新证据,通常因为实质审查阶段的审查员未发现申请中的明显缺陷,或者专利复审委员会不认可审查员的审查结果。提高审查员的业务能力,有利于减少依据新理由及证据驳回的情形。这一方面可以通过申请文件在审查员和专利复审委员会之间震荡，审查员领会专利复审委员会的意图而实现；另一方面也可以通过在专利复审委员会和审查员之间开展各种形式的培训和交流来实现。

另外，复审案件的数量多，很大程度上由于初始申请的数量多，而初始申请的数量多，除了我国提倡创新的大环境外，有很大一部分原因是“分案申请”。由于在实务中，分案和母案的审查标准存在不同，很多申请人在发现维持驳回的可能性很大的时候，会选择分案申请。当然，分案申请往往是基于申请单一性的要求，但也不排除申请人为了提高授权概率或者“复活”原申请而提出分案申请。因此，提高审查员的业务能力，也有利于统一审查标准、减少申请人为了“复活”而寻求分案申请的情况。

结 论

“赢创德固赛案”“张伟民案”等代表性案件表明，现有的专利复审程序存在不足之处，特别是专利复审委员会依职权审查的范围在实践中产生了很大不确定性。从根本上看，造成这一现状的原因是专利复审程序的性质很难认定。专利复审委员会已经用行动表明，其有一定的依职权审查权（实质审查权），并且，由于现行《专利审查指南》第四部分第二章第 4.1 节规定了专利复审委员会可以在特定的情况下依职权审查并以“新理由”维持驳回决定，但并未对其中的特定情况作出足够具体的规定，导致专利复审委员会有滥用“新理由维驳”之危险。笔者认为，应把复审程序设计成一个“准司法”性质的程序，即将专利复审委员会看作实质审查的“质监部门”，可以赋予其一定的实质审查权，但要符合“公正”“中立”的要求。同时，有实质审查权并不意味着可以以实质审查得到的任何新理由和证据维持驳回决定，因此有必要改良或彻底改革现有制度目前的复审程序，并且在改革和改良时要遵循复审程序“准司法”的性质。如果保持现有大框架不变，则必须对诸如“明显实质性缺陷”“性质相同的实质性缺陷”等概念进行界定。但是，即便目前圈出“明显实质性缺陷”等概念的范围，也仍然存在未来扩充该范围或者遇到特殊情况的可能性。从国外角度看，美国在这一点上并不是从“考察概念的‘度’”出发的，而是以申请人的利益为根本标准进行制度设计，然后赋予申请人以选择权，巧妙地将决定程序走向的任务交到了申请人手中。笔者认为这一模式有一定合理性且对我国有借鉴价值。同时,针对实质审查阶段存在的不足,以及复审案件数量激增的现状,应对实质审查程序作出配套改革。只有这样,才能兼顾当事人的利益和行政程序的效率,并实现复审程序效益的最大化这一最终目标。

Rationality and Reformation of System of Rejection on New Ground by Patent Reexamination Board Based on Examination *Ex Officio*

Yan Chunhui

Abstract: Patent Reexamination Board (PRB) in China has authority to review the result of preliminary examination or substantive examination, if the applicant refuses to accept the decision during the process of patent application and authorization. Under the current system, in principle PRB reviews the refusal on basis of its reason and evidence concerning the public expectation interest. Nonetheless, Patent Examination Guidelines (2010 Revision) have exceptions, that is PRB shall conduct examination ex officio under two particular circumstances, after which PRB has the right to sustain the decision of refusal on new ground with its solid evidence. It draws attention that for the two particular situations, the guidelines have not set up clearer rules. Apparently, it is detrimental to applicants when the judgment of examination ex officio solely depends on PRB. In this article, the nature of patent reexamination procedure is analyzed. On this basis, this article then justifies the system by seeking whether PRB has the authority to conduct reexamination ex officio and reject the complaint on new ground. The reformation and improvement of the system are also discussed.

Keywords: Patent Reexamination; Quasi-judicial; Examination ex officio; New Ground of Rejection; Procedure Reformation

(连 冠 编辑)

广药集团诉加多宝“怕上火”广告语纠纷案之评释

——兼谈未注册商业标识的归属与保护

章凯业*

摘要:商业广告语得因使用而获得识别商品来源之显著性,进而成为受法律保护的商业标识。洛克的劳动财产权说无法为付出智力劳动收获排他性财产权提供正当性支持,以商标的来源功能确定涉案广告语之利益归属更为适宜。《反不正当竞争法》一般条款之适用有待于限定条件的满足以及内涵之具体化。对本案纠纷处理结果的理性认识应当从认识论上的转变开始。将“怕上火”广告语所属的识别性利益归属于王老吉,但不赋予其对“怕上火”这一词汇的垄断性专有使用权,从功利主义的角度更符合社会整体福利的提高。

关键词:广告语　商业标识　反不正当竞争法　一般条款　劳动财产说

2015年12月1日广州市中级人民法院对备受关注的广药集团与加多宝公司关于“怕上火”广告语纠纷一

* 中央财经大学法学院知识产权法2014年级硕士研究生。

案①作出一审判决,认定加多宝公司使用"怕上火喝加多宝"以及类似广告语构成不正当竞争,并判处加多宝停止使用该广告语,同时赔偿广药集团经济损失若干。本案判决一经作出便引得学界一阵轩然大波,笔者认为,本案中广州市中级人民法院的观点和论证确有不少可商榷之处。本文将顺着涉案广告语之属性、归属及法律保护的思路,对本案中涉及的法律问题试析一二,欲以探寻本案纠纷之最佳解决途径。

一、案情梗概

(一)案件事实

1997年原告广药集团经受让取得王老吉商标的专用权,同年原告与鸿道集团签订商标许可使用协议,授权鸿道集团及其子公司使用"王老吉"商标,有效期至2011年12月31日。被告加多宝公司为鸿道集团全资子公司,于2002年独立设计出"怕上火喝王老吉"广告语,并于同年在央视等多家媒体和户外广告进行广泛宣传,至纠纷发生时已投入广告费38亿元。2012年5月中国国际经济贸易仲裁委员会裁定被告应当立即停止使用"王老吉"商标。2012年6月起,被告开始通过报刊、户外媒体、网络等途径大量投放"怕上火喝加多宝"及类似广告,用以宣传其生产的加多宝牌凉茶。原告与被告就"怕上火喝……"广告语的归属发生争议,原告遂将被告诉至广州市中级人民法院,要求被告加多宝公司停止使用"怕上火喝加多宝"及类似广告语、赔偿原告经济损失500万元并在相关媒体上作出声明赔礼道歉,并要求另一被告乐润百货公司因销售带有涉案广告语的加多宝凉茶而承担连带责任。

(二)当事人诉求及法院判决

本案中原告诉称:"怕上火喝王老吉"这一广告语是为王老吉凉茶量身定做的,经过多年的使用、推广,"怕上火"和王老吉已经形成了特定的联系,只要说到"怕上火喝××"的类似广告语,消费者自然地就会联想到王

---

① 本案的判决详情请参见广州市中级人民法院判决书,案号:(2013)穗中法知民初字第619号,如无特别说明,下文关于本案案情、两造之观点以及法院之判决均引自该判决书。

老吉。因此,该广告语已经产生了第二含义,成为以广告形式的未注册商标,具有识别商品来源的权益,与知名商品“王老吉凉茶”形成了稳定持续的联系,该广告所产生的无形资产也应当附着于王老吉凉茶上,不可剥离。被告加多宝公司“怕上火喝加多宝”等广告语转移、稀释了知名商品特有名称及商标的无形资产,造成消费者混淆,给原告的商誉和品牌形象造成消极影响,因此构成不正当竞争行为。

被告答辩主张:“怕上火喝王老吉”是其独立构思并创作、宣传的,且该广告语之所以具有识别商品来源的第二含义,也是因为加多宝公司的独立使用,从创作到使用凝结了作者和广告主的智力劳动,而这一过程原告并未付出。其次,“怕上火”广告语中起到区别商品来源的是产品的生产者,而不可能是作为抽象法律概念的商标权人。因此,从消费者的角度,从该广告语上所能识别出的商品来源只能是产品生产者和广告主。被告主张“怕上火喝加多宝”广告语是对属于其自身的合法利益的正当使用,而原告对涉案广告语不享有任何利益,不具备提起本案诉讼的资格。

本案法院仅从《反不正当竞争法》的角度出发,认为本案广告语自产生之初并无显著性,但经被告加多宝公司的使用宣传,已具有区别同类商品的能力,能与所经营的凉茶产品产生稳定的联系成为具有识别性和显著性的商业标识,从而肯定了其为《反不正当竞争法》保护的客体。其次,关于广告语的归属,从涉案广告语的识别性和显著性来看,涉案广告语首先且直接联系的是“王老吉”,消费者因涉案广告语首先想到的是其是推销王老吉产品的广告语。“怕上火喝王老吉”广告语是一个整体,“怕上火喝”是功能定位,“王老吉”是产品指向,两者为一有机整体,不可分割。法院还认为,该广告语所传递的预防上火的产品形象同时也是“王老吉”品牌形象的组成部分。综合以上两点,原告作为“王老吉”商标的所有权人和合法使用人,对涉案广告语享有合法权益。被告对涉案广告语不享有权益,其在商标许可使用合同终止后使用“怕上火喝加多宝”必然会使消费者混淆两者之间的关系,使被告获得不正当的竞争利益,从而损害原告的合法权益。因此,根据《反不正当竞争法》第2条、第5条第2项应当承担不正当竞争的民事责任。

二、"怕上火"广告语法律属性之辩

本案中原告主张"怕上火"广告语因使用、宣传而与原告联系在一起,获得了第二含义,具有显著性,属于受法律保护的未注册商标。笔者认为,若想对本案的争议作出合理解决,其前提首先在于厘清"怕上火"广告语本身能否成为《商标法》意义上的商标。关于商标,美国学者大多认为,商标本质上乃是一种信息传递的工具,即通过便捷的、可识别性的符号传递与商品有关的信息。② 作为信息传递工具,商标之所以产生其根本目的就是通过为特定商品提供一种既简明又不含糊的来源指示,从而减低消费者的搜索成本。③ 因此,当每次面临消费之际,消费者不再需要仔细调查其所欲购买的商品来源及质量如何,而只需将目光短暂停留于商品上的商标即可。换言之,商标成了消费者意识中关于商品来源及质量等信息的"速记符号"(shorthand indicators)。④ 而这一"速记符号",有赖于消费者心中心理确信的形成。"当消费者仅仅依凭商品上贴附着的符号,便能断定该商品具有一切他们所欲找寻的特征时,该符号便具有通常意义上所讲的商标的所有特征。"⑤因此,综观各国商标立法,对何为商标大多采用功能性的定义,而并不具体限制构成商标的外在表现形式。⑥ 质言之,无论是文字、字母还是口号等,只要消费者认为其能代表商品或服务的来源信息,那么它便是一个商标。

广告语或口号是指使用一些广告用语促进消费激发购买的短语和句子。⑦ 通常认为,广告语具有信息功能、劝诱功能、自我表达等诸多商

---

② Stacey L. Dogan & Mark A. Lemley, Trademarks and Consumer Search Costs on the Internet, 41 *Hous. L. Rev.* 777, 788 - 789(2004).

③ Ty Inc. v. Perryman, 306 F. 3d 509, 510 (7th Cir. 2002) ("The fundamental purpose of a trademark is to reduce consumer search costs by providing a concise and unequivocal identifier of the particular source of particular goods.").

④ Stacey L. Dogan & Mark A. Lemley, supra 2, 788 .

⑤ See Smith v. Chanel, Inc. , 402 F. 2d 562, 566(9th Cir. 1968).

⑥ 例如美国《兰哈姆法》规定,当文字、字母和口号等能够指示商品或服务来源时,它们可以用作商标获得注册和保护。See 15 U. S. C. §1127. (1999).

⑦ 参见李明德等:《欧盟知识产权》,法律出版社2010年版,第471页。

业功能。[8] 当广告语经过大量地、频繁地使用宣传后,若能在消费者的内心形成该广告语代表特定商品或服务来源的确信,则该广告语便具备了指示来源的功能,从而成其为商标。正如美国学者所言,“一个成功的广告必然是能够表明它所推销的商品的来源的广告”,“在广告的众多功能之中,唯一一个能从法律上进行评价和审查的,就是它指示来源的功能”。[9] 与美国商标法类似,我国《商标法》也并未排斥广告语作为商标注册和使用,[10]因此判断广告语能否作为商标,关键看其是否符合商标的本质特征,即具备指示商品或服务来源的功能。商标的来源功能可以通过符号本身固有的显著性和通过不断地使用在消费者中产生该符号已经与某商品联系在一起的强烈意识,进而使符号获得第二含义而确立。[11] 通常认为,广告语大多属于其商品或服务领域的惯常用语,直接描述商品或服务特点,其词汇本身不具备来源功能,但广告语可通过广泛、长期的使用形成与商品来源的唯一对应关系,从而产生指示来源的功能。[12] 就本案而言,“怕上火”广告语其产生之初虽只是描述凉茶功能的惯常性用语,符号本身缺乏固有的显著性,但由于后天广泛的使用宣传,使消费者能够依凭该广告语辨别其宣传的产品之来源。换言之,“怕上火”广告语已经通过使用获得了第二含义,具备指示来源的功能,能够成为我国《商标法》意义上的商标。

三、“怕上火”广告语法律归属之辩

原被告均主张其对“怕上火”广告语享有排他性的权益。原告认为只要说到“怕上火喝××”的类似广告语,消费者自然地就会联想到该广告语所宣传之商品的商标权人。被告针锋相对,指出该广告语作为商标所区分

---

⑧ See R. B. Sheridan, Developments in the Law-Deceptive Advertising, 80 *Harv. L. Rev.* 1005, 1006-1007(1967).

⑨ Mark Bartholomew, Advertising in the Garden of Eden, 55 *Buff. L. Rev.* 737, 747-749 (2007).

⑩ 例如李宁公司,将其广告“一切皆有可能”注册为商标;另一例子为重庆宽广文化传播公司,将其广告“千年龙水刀,唯有思念断不了”注册为商标。

⑪ 参见杜颖:《商标法》(第2版),北京大学出版社2014年版,第14~16页。

⑫ 参见戴怡婷:《广告语商标显著性的认定》,载《中华商标》2013年第4期。

的是不同生产者所生产的商品而不是不同商标权人,同时基于洛克的劳动财产权说主张"怕上火"广告语中凝结了其付出的智力劳动,根据"谁播种,谁收获"的自然法原理,该广告语理应归其所有。笔者以下即对"怕上火"广告语在法律上之归属作一初步探析。

(一)劳动财产权说难以为"付出智力劳动收获排他性财产权益"提供正当性解释

被告的第一个主张以洛克的劳动财产说为基础主张其对"怕上火"广告语享有财产权益。洛克以自然权利为基础论证了私有财产的合理性,"上帝将整个世界赐予人类共有,同时也赐予他们理性以便利用理性过最好的生活"。[13] "尽管土地和一切低等动物都归所有人共有,但每个人对他的自身拥有一种所有权……他的身体从事的劳动和他的双手做的工作严格意义上都归他所有,只要他使任何东西脱离了自然状态,并加入了他的劳动,那么它们就变成了他的所有物……除了他,没有人拥有享用这些东西的权利,至少还在有足够多,并且同样好的东西留给其他人共同享用的情况下是这样的。"[14]劳动财产权说作为论证私有财产正当性受到众多学者的青睐,但劳动财产权说因其内在缺陷在论证私有财产合理性时饱受诟病,在无体财产领域能否适用更是一个问题[15]。限于篇幅,笔者无意对劳动财产说本身的合理性过多着墨,只意在探讨基于智力劳动主张排他性的知识财产的合理性问题。法哲学家德霍斯认为,"在洛克的劳动财产论中,劳动只起到一个相对次要的功能性作用,将劳动看成知识产权劳动理论的本源是站不住脚的"。[16] 笔者认为智力劳动作为知识财产正当性的依据至少面临以下两个方面的问题。其一,劳动作为财产权基础具有不确定性。"劳动与财产权客体之间所建立的联系并不是直截了当的,劳动并不能准确表明其所引发的客体。"[17]如果劳动能确立财产权,那么确定财产权客体的方法又是什

[13] [英]约翰·洛克:《政府论》(下篇),丰俊功、张玉梅译,北京大学出版社 2014 年版,第 35~36 页。

[14] 同上注,第 36 页。

[15] 有的学者指出,洛克劳动财产权说自身模糊和矛盾导致了无法为知识产权提供正当性证明,却又蕴含着为无限扩大知识产权提供正当性的危险。参见朱理:《财产权劳动学说与知识产权——劳动学说能够为知识产权提供正当性吗?》,载《科技与法律》2006 年第 2 期。

[16] [澳]彼得·德霍斯:《知识财产法哲学》,周林译,商务印书馆 2008 年版,第 52 页。

[17] 同上注,第 62~63 页。

么呢？劳动本身无法提供答案，这也是英国"文学财产争论"中反对者所针锋相对的一大论点。普通法上永久性文学财产的支持者提出的主要理念即"劳动是解释私人财产取得之合法性根据"。[18] 但反对者随即指出，文学财产并不具备其之所以作为财产的一个种类的必须特征，"当财产被用来划定一个独占区域时，就有必要显示存在某种能够清楚可见地得到享用的东西，存在某种对它进行定义的界限"。[19] "智力劳动无法回答这个奇怪的财产始于何处、终于何处或将在哪里继续？"[20]劳动之所以无法提供界定财产边界的方法，正如普芬道夫所说，"这没什么奇怪的，因为财产界限的存在是建立在协议基础上的人类制度，这种协议可能是心照不宣的，也可能是以法定形式明确表述出来的"。[21] 关于无体财产权利边界问题的回答最初在很大程度上来自一种宗教的形而上学的理论，[22]现代则随着知识产权对象的闭合，由表述性登记制度逐渐最终承担起划定无体财产界限范围的责任，而这两者都与智力劳动无关。一种财产形式的确立，必然伴随着权利客体的确定，而劳动性质所产生的不确定性动摇了其作为无体财产来源的基础地位。

其二，财产形式的选择取决于共有形式的选择，而知识财产的形式必将破坏劳动财产权说的前提基础。劳动财产权说中自然状态下的世界属于全人类共有，如何能从共有物中取出一部分成立排他性的财产权而不需要获得其他共有人的同意呢？格劳秀斯认为，这取决于对共有物共有形式的选择，即在积极共有和消极共有之间的选择。[23] 若将自然状态定义为"积极共有"，学者塔利认为，在这种情景下劳动则仅为个体共有人提供了一种为个人目的而使用共有物的方式，"现存共有物是依据上帝旨意为人类所用，而

---

[18] 参见[澳]布拉德·谢尔曼、[英]莱昂内尔·本特利：《现代知识产权法的演进——英国的历程(1760～1911)》，金海军译，北京大学出版社2012年版，第27页。

[19] 同上注，第27～29页。

[20] 同上注，第29页。

[21] 罗国强：《普芬道夫自然法与国际法理论评述》，载《浙江大学学报》(人文社会科学版)2010年第4期。

[22] 前注⑯，[澳]彼得·德霍斯书，第63～65页。

[23] 积极共有即共有物属于所有的共有人共同所有，个人对产权的取得需要取得其他共有人的同意；消极共有即共有物由所有共有人共同使用，但所有权问题尚未解决，个人对产权的取得是一个虽然人人都可以取得但不属于任何人的东西，获得产权的机会对所有共有人都平等开放。参见[荷]格劳秀斯：《战争与和平法》，[美]A. C. 坎贝尔英译，何勤华等译，上海人民出版社2005年版，第126～130页。

劳动使人类能够具体使用共有物,实现上帝旨意”。[24] 换言之,此种情形下劳动本身并没有产生财产权。若将其定义为“消极共有”,虽然能在一定程度上解释私有产权与共有之间的关系,但正如学者所说,“智力劳动一旦与抽象物相结合,其产生的知识财产由于本身的独占性将诱使所有人阻止这种劳动走向共有知识,促使抽象物所有人去控制更多的抽象物成为可能”。[25] 这又导致一种新型的“封建主义”,它使一小部分知识财产所有人处于市场的中心控制地位,而竞争受到损害,其后果是将私有的垄断权提升到一个危险的全球化的高度。[26] 这将阻止共有知识的发展与壮大,无法为后来者提供同等的获取知识财产的机会,同时也将损害公众获取公共知识的权利。此外从经济学的角度看,知识财产存在“激励有余而使用不足”的弊端,[27]这在某种程度上就是一种资源浪费。综上,在“消极共有”的情形下这与劳动财产权说的前提“为他人留下足够的一样好的、禁止浪费”限制条件相违背。因此,当劳动与抽象物相结合时,不仅违背了劳动财产权说基础的自然理性,即“上帝将世界赐予人类,并赋予他们理性,从而使他们可以利用理性过上最好的生活并为他们提供便利”,[28]同时也落入了劳动财产权说中排斥财产权的范畴。

(二)商标许可期间产生的附着于商标之上的增值利益应当归属于商标权人

原被告争执的第二个焦点即“怕上火喝王老吉”广告语作为未注册商标,是基于原被告商标许可实施过程而产生的增值利益。通常商标许可协议的双方应当对协议实施过程中产生的附加价值进行协商约定,当无约定或无法达成补充约定时,该利益的归属是一个比较有争议的问题。本案中被告指出,“怕上火”广告语区分的是实际生产者(即加多宝公司)生产的凉茶与其他公司生产的凉茶,而非商标权人(即广药集团)生产的凉茶与其他

---

[24] 同注⑯,第63~65页。

[25] 吴汉东:《法哲学家对知识产权法的哲学解读》,载《法商研究》2003年第5期。

[26] 参见[澳]彼得·达沃豪斯、约翰·布雷斯韦特著:《信息封建主义》,刘雪涛译,知识产权出版社2005年版,第3页。

[27] François Lévêque & Yann Ménière, *The Economics of Patents and Copyright*, 62~67(1th ed., The Berkeley Electronic Press, 2004).

[28] 前注⑬,[英]约翰·洛克书,第36页。

企业生产的凉茶,因此“怕上火”广告语上的利益应当归属于实际生产者加多宝公司。笔者认为,“怕上火”广告语所区别的乃不同商标权人之间的产品,同时,该广告语上的利益归属于商标许可方较为合适。

我国现行商标法律体系内对商标许可期间产生的附加增值利益的归属问题并无明确规定。在美国法上,商标许可中由于被许可人的行为使商标相关的商誉积累增加,这一积累的商誉价值应当回归于许可人,被许可人不得对其主张任何权利。[29] 正如学者所言,“商标许可制度中的被许可人,其地位就像房屋租赁中的承租人,无论租期多长,他们都无权主张基于房屋产生的任何权利”。[30] 这首先是缘于美国普通法上的一个观念,即商标许可情形下,被许可人生产的商品的种类和品质始终处于许可人合理的监督和控制之下。换言之,被许可人生产什么如何生产均体现许可人的意志,因此商标许可中产生的任何利益应当归属于商标权人。[31] 任何将商标许可给他人使用的情形,都必然要求被许可人使用商标的行为始终处于许可人的合理控制之下。这一思想的发展,是随着商标功能理论的完善而逐渐确立的。根据早期的商标理论,商标的功能仅限于表明商品的物理来源(physical source)即生产来源。[32] 任何将同一标识使用在不同生产商生产的产品上的行为在商标法理上均是行不通的,因此早期的美国商标法并未肯定商标许可制度。[33] 随后20世纪30年代对商标功能的研究进一步深入表明商标并不总是必然的指示商品来源,更为重要的是指示商品的质量。[34] 因为消费者通常会认为同一商标下的商品会有同等的品质(可能是高品质,也可能是低品质),而无论它们的实际生产商的来源。[35] 美国法院也逐渐认识到,《兰哈姆法》对商标权人最大保护并非保护其商品免受假冒仿冒的侵犯,而

㉙ J. Thomas McCarthy, *McCarthy on Trademarks and Unfair Competition* § 18:52(4th ed., West Group, 2012).

㉚ Ibid.

㉛ Restatement Third, Unfair Competition § 33, comment b, (The American Law Institute, 1995).

㉜ J. Thomas McCarthy, supra 29, § 3:8.

㉝ MacMahan Pharmacal Co. v. Denver Chemical Mfg. Co., 113 F. 468(8th Cir. 1901).

㉞ E & J Gallo v. Proximo Spirits, Inc., 103 U. S. P. Q. 2d 1656, 1663, 2012 WL 273077(E. D. Cal. 2012).

㉟ Eva's Bridal Ltd. v. Halanick Enterprises, Inc., 639 F. 3d 788, 790, 98 U. S. P. Q. 2d 1662 (7th Cir. 2011).

是赋予他们对生产和销售附有其商标的商品的质量进行控制的权力。㊱ 因此美国商标法逐渐肯定了只要商标权人能控制他人生产贴着其商标商品的质量,那么生产者使用他人商标的行为便不算欺骗消费者,将商标许可给他人使用的行为就是有效的。商标许可制度的重点在于许可人有监督被许可人使用商标的积极义务,如果许可人无法履行这一监督义务,那么商标许可可能导致商标失权的后果。㊲ 同时,由于商标许可必然包含了质量控制,被许可人使用商标的行为体现了许可人的意志。因此在大多数由被许可人生产的产品导致侵权的场合,消费者都可以直接要求商标许可人承担侵权责任。㊳ 由质量监督而产生的品质保证以及替代责任机制,使得商标许可情形下消费者的认知发生了变化。具言之,任何宣传被许可商标商品的广告经过使用而具备显著性时,消费者通常会将该广告指示的来源与商标权人联系在一起,而不论广告发布者或商品的具体生产者。由于该广告的显著性是与商标权人联系在一起的,因此其产生的附加商誉也应当归属于商标权人。因此,从匿名来源理论、商标许可的质量控制、责任替代机制以及消费者认知等多重角度来看,笔者认为,在商标许可情形下,基于被许可商标而产生的附加增值利益(本案为具有来源功能的广告语),该利益应当回归于商标许可人。

四、"怕上火"广告语法律保护之辩

在论证了"怕上火"广告语具有未注册商标的属性及其利益的归属之后,是否就意味着被告使用类似的广告语的行为就构成侵权呢?原告主张的救济有两项,其一为《商标法》上的救济,其二来自《反不正当竞争法》的保护。而法院仅从《反不正当竞争法》的角度论证了被告行为具有不正当

㊱ El Greco Leather Products Co. v. Shoe World, Inc., 806 F. 2d 392, 395, 1 U. S. P. Q. 2d 1016, 1017(2d Cir. 1986).

㊲ J. Thomas McCarthy, supra 29, § 18:38.

㊳ 例如最高人民法院《关于产品侵权案件的受害人能否以产品的商标所有人为被告提起民事诉讼的批复》中表明,任何将自己的商标体现在产品上的主体,均属于《民法通则》第122条规定的"产品制造者"和《中华人民共和国产品质量法》规定的"生产者"。

性,认为被告违反了第5条第2款关于仿冒商业标识的规定,以及第2条第1款“公认的商业道德”。笔者下文分别从《商标法》和《反不正当竞争法》两个角度,论证在本案的情形下“怕上火”广告语应当受到何等的保护,以及被告的行为是否构成侵权,具有违法性。

(一)《商标法》关于未注册商标保护的途径因混淆要件的缺失而难以证立

根据我国《商标法》的规定,未注册商标要获得保护,除满足驰名商标这一要件外,还需他人的使用容易导致混淆的后果。[39] 因此,原告商标侵权诉求能否成立,关键在于被告的行为是否造成消费者混淆。混淆在概念上有“狭义混淆”和“广义混淆”[40]之分,根据相关司法解释的规定,“足以使相关公众对使用驰名商标和被诉商标的商品来源产生误认,或者足以使相关公众认为使用驰名商标和被诉商标的经营者之间具有许可使用、关联企业关系等特定联系的,属于商标法第十三条第一款规定的‘容易导致混淆’”,[41]据此,前述混淆属广义混淆。由于历史原因,我国商标立法长期以近似性作为商标侵权的基础,[42]加之理论界关于“混淆”与“近似”之争[43]至

---

[39] 根据我国《商标法》第13条第2款的规定,“就相同或者类似商品申请注册的商标是复制、摹仿或者翻译他人未在中国注册的驰名商标,容易导致混淆的,不予注册并禁止使用”。本案中是否驰名从经验事实上判断较为明显,因此下文主要分析混淆问题。

[40] “狭义混淆”是指仅限于商品或服务来源上的混淆,也称为“传统的商标混淆”;“广义混淆”则不仅包括商品或服务来源上的混淆,还包括商品或服务的关联、认可上的混淆。参见李明德:《知识产权法》(第2版),法律出版社2014年版,第251页。

[41] 最高人民法院《关于审理涉及驰名商标保护的民事纠纷案件应用法律若干问题的解释》第9条第1款。

[42] 我国自1982年《商标法》至2001年《商标法》,虽历经两次大修订,但商标侵权的认定仍以“商标相同或近似+商品相同或近似”为标准。直至2013年《商标法》才在“除商标相同且商品相同”这一范围之外,引入了混淆的判断标准。司法实践中“近似性”之重与“混淆性”之轻,可见一斑。

[43] 时至今日,商标侵权中“相似性”与“混淆性”的关系仍不见明朗,有的学者指出,商标侵权的判断应当以相似性为基础和前提,以混淆可能性为限定条件。参见王太平:《商标侵权的判断标准:相似性与混淆可能性之关系》,载《法学研究》2014年第6期;有的学者认为,从商标本质的识别功能来看,应当以消费者混淆可能性代替相似性作为商标侵权的判断标准。参见金海军:《调查统计方法在商标诉讼案件中的应用——以商标混淆可能性的认定视角》,载《知识产权》2011年第6期。

今仍未见止息。由此不仅导致了混淆概念的缺失,[44]也使司法实践惯常以标志本身的相似近似代替消费者混淆的判断,这违背了商标主要功能是"识别"的初衷。[45] 商标混淆亟须全面、全新的解读! 国外通说认为,关于混淆可能性的判断并不存在一个统一的公式,"影响混淆的标准是非穷尽式的,且其中任何一项都不是决定性的",[46]商标混淆的可能性应当以个案原则加以认定。美国法院在判断混淆可能性时大多采用"多因素分析法",但每个巡回法院都有自己的一系列要素和检验标准。[47] 虽然各巡回法院的标准有所不同,但笔者认为它们的标准都是建立在对"商标本身、商品本身以及相关公众本身"这三个角度的判断之基础上的。从商标本身的角度,即判断商标构成的相似性程度如何,以及商标的强度如何。"商标的相似性是由三个层面判定的,即视觉、声音和含义",[48]然此三者任何之一都不足以单独确定相似性,应当将它们作为一整体综合进行考量。商标的相似性越高则构成混淆的可能性越大。商标的强度如上文所述,商标强度越强,对其保护程度就越高,同时构成混淆的可能性也就越大,反之亦然。从商品本身,主要是根据商品的特征、用途、功能、消费群体等认定其相关度,[49]两个商品之间有较高的相关度,是造成混淆的必要非充分条件。从相关公众的角度即相关公众的认知能力、消费心理以及受教育程度等考察对混淆可能性的影响。个案中相关公众的认知能力决定了相关公众的注意力水平,进而决定了是否可能发生混淆,[50]因此消费者是"傻瓜的"还是"理性的",极大地影响了混淆的判断。此外,消费者的消费心理、受教育的水平等也可能影响混淆的判断。

---

[44] 参见李树建:《论商标侵权行为认定中的混淆标准——最高人民法院(2009)民三终字第 3 号判决评析》,载《知识产权》2012 年第 6 期。

[45] 参见高海垒:《商标侵权中混淆理论的构建》,载《中华商标》2015 年第 1 期。

[46] Polaroid Corp. v. Polarad Elect. Corp. ,287 F. 2d 492(2d Cir. 1961).

[47] 例如第 2 巡回法院通过判例确立了八个判断是否存在混淆之虞的要素:商标强度;标识相似度;产品的接近性;原告缩小市场空白的可能性;实际混淆的证据;被告的主观状态;被告产品质量;消费者的老练程度。Polaroid Corp. v. Polarad Elect. Corp. ,287 F. 2d 495(2d Cir. 1961). 第 10 巡回法院则认为判断标准仅为以下四个要素:各商标的外观;标识的读音;所涉及的图案的语言表述;商标的暗示。Beer Nuts, Inc. v. Clover Club Foods Co. ,711 F. 2d 934(10th Cir. 1983).

[48] Beer Nuts, Inc. v. Clover Club Foods Co. ,711 F. 2d 934(10th Cir. 1983).

[49] 前注[45],高海垒书。

[50] 参见姚鹤徽:《论商标侵权判定中的消费者注意程度》,载《知识产权》2014 年第 4 期。

“怕上火”案中，从商标构成是否相似的角度，“怕上火喝王老吉”与“怕上火喝加多宝”均属于文字标识，由描述产品功能的词汇+表明产品来源的企业名称构成。有的学者指出，若中文文字商标由复合词汇构成，其包含了描述性形容词和名词，原则上重点考察名词是否相似。[51] 若综合形、声、义三者对原被告的广告语进行对比，笔者认为虽然两广告语中关于产品功能的描述性词汇是相同的，但描述性词汇指向的名词(即王老吉或加多宝)却是不同的，因此两广告语在整体上给消费者的相似度并不高。其次，从商标强度看，“怕上火”广告语属于“弱商标”，不能排除他人正当的使用“怕上火”这一描述性词汇(见下文)。最后，从相关公众的角度，通说认为应当以“理性和谨慎的”消费者认知作为商标混淆的判断前提，[52]结合消费心理和教育水平等作出判断。就本案而言，加多宝王老吉的纠纷自2012年以来经过媒体、学界和司法诉讼的热议与发酵，两家之“恩怨情仇”早已传遍街边巷尾。加之凉茶属于大量消费品，“消费者在长期大量购买某种特定商品时能够积累丰富的经验，从而提高他在选购这种商品时的谨慎程度”。[53] 此刻若假设“理性谨慎的消费者”看到被告的广告语后分不清两家的关系，实在令人匪夷所思，也不符合常理。虽然原被告的商品属于替代品具有高度相似性是不争的事实，但综合商标的相似性、商标强度以及相关公众的认知等其他要素进行对比，消费者看到被告的广告语后混淆两者之间的关系的可能性并不大，且原告没有为其主张提供充分的证据，承担相应的证明责任。综上，笔者认为从《商标法》关于未注册商标保护的要件来看，原告的商标侵权主张是难以证立的。

(二)“怕上火”广告语应受到合理使用制度的限制

如上文所述，直接描述商品或服务特征的广告语通常不具备来源功能，但能通过使用在消费者中产生标记已经与某商品联系在一起的强烈意识，

---

[51] 参见孟静、李潇湘：《商标混淆可能性认定问题探析》，载《法学杂志》2011年第4期。

[52] 有的学者指出，只有施加了通常合理的注意力的消费者，才能代表商标相关消费者的认知状况。在市场中总有一些对商标漠不关心、智力低下、对商标注意力极低的消费者，若将他们的混淆也纳入商标混淆的规制范围，则任何厂商都未能避免被判定为混淆侵权。前注[50]，姚鹤徽书。

[53] 孟静、李潇湘：《事实与经验——商标混淆的可能性要素分析》，载《宁夏大学学报》(人文社会科学版)2011年第2期。

进而使标记获得第二含义成为受《商标法》保护的商标。然上述使用获得第二含义的商标,对其保护的范围、程度显然与固有显著性的商标有所不同。商标法旨在通过营造一个信息透明的市场环境,从而降低消费者的搜索成本,维持充分的市场竞争。因此,商标法需要在多种利益之间进行平衡。商标法除了对扭曲商品来源信息从而误导消费者的行为进行规制之外,还需保障竞争者能有充分的空间与潜在的消费者交流其商品的属性、质量、特征等信息而不受干涉。[54] 因此美国普通法早期正是基于此而形成两种不同的制度设计。对于技术性商标(technical trademark,即臆造性、任意性商标),则允许在先使用人进行"先占",并赋予对该标识类似财产权的排他性权利。[55] 而对于第二含义的商标(secondary meaning mark,即暗示性、描述性商标及通用名称),由于竞争者需要借助它们来描述其商品或服务的特征,因而不允许个别经营者对其进行排他性独占,仅在满足严格要件的情况下提供竞争法上的救济。首先,上述标识须经过使用而具备指示来源功能;其次,竞争者在其本义以外的第二含义上使用上述词汇;最后,竞争者使用上述词汇的目的不正当,其意在误导消费者关于商品的来源。[56] 当上述要件得到满足时,第二含义商标的使用者便能获得反不正当竞争法上的保护。上述关于第二含义商标"弱保护"的精神,经过发展成为了今天各国商标法中普遍存在的合理使用制度。例如我国《商标法》第 59 条第 1 款规定了,"注册商标中含有的本商品的通用名称、图形、型号,或者直接表示商品的质量、主要原料、功能、用途、重量、数量及其他特点,或者含有的地名,注册商标专用权人无权禁止他人正当使用"。正如某学者所言,"市场上的每一个竞争者都有权使用某一描述性的字词描述自己的商品或服务,如果某人就该描述性字词获得专有权利,必然会剥夺其他竞争者使用该字词的权利"。[57] 质言之,对描述性商标提供弱保护的根据在于阻止对描述性词汇

---

[54] Margreth Barrett, *Reconciling Fair Use and Trademark Use*, 28 Cardozo Arts & Ent. L. J. 2, 10 - 11(2010).

[55] Ibid.

[56] Daniel M. McClure, *Trademarks and Unfair Competition: A Critical History of Legal Thought*, 69 Trademark Rep. 305(1979).

[57] 参见李明德:《美国知识产权法》,法律出版社 2014 年版,第 499 页。

的不正当垄断,从而给其他经营者造成不合理的竞争劣势。[58] 因此,当竞争者正当地使用他人商标中的描述性词汇,以描述自己商品或服务的特征时,符合商标法旨在达致的目的,理应受到商标法的保护。

就本案而言,“怕上火”广告语本身不具备内在显著性,只是描述了广告对象的功能,是通过使用获得第二含义的商标。因此,其描述性商标的本质决定了其保护范围和程度应当受到《商标法》第 59 条第 1 款的限制,即商标权人无权阻止其他人对自己的商品或服务进行描述时正当使用商标所包含的文字。从生活经验上判断,“怕上火”是对凉茶这一商品的功能、功效的描述,乃每一凉茶生产企业用以向消费者介绍其商品特征的必须表述。加多宝公司当然有权在广告中使用“怕上火”向消费者宣传其生产的凉茶的功效特征。此外,单纯的使用“怕上火”也难以表明加多宝公司有恶意攀附广药集团商誉,误导消费者的不正当意图。综上,笔者认为,法院判决禁止加多宝公司在广告中使用“怕上火”这一表述不仅于法无据,且不利于公平竞争的市场环境的形成。

(三)“怕上火”广告语受《反不正当竞争法》第 5 条第 2 项保护之不当

法院认为“怕上火”广告语已具有区别同类商品的能力,能与原告所经营的凉茶产品产生稳定的联系成为具有识别性和显著性的商业标识。因此能受到《反不正当竞争法》第 5 条第 2 项即“擅自使用知名商品特有的名称、包装、装潢,或者使用与知名商品近似的名称、包装、装潢,造成和他人的知名商品相混淆,使购买者误认为是该知名商品的,属于采用不正当手段从事市场交易,损害竞争对手的不正当竞争行为”的保护。法院若想启动第 5 条第 2 项保护某一商业标识,须满足如下要件:知名商品特有的名称、包装和装潢,[59]相同或者近似的使用,导致市场混淆和误认,[60]三者缺一不可。另外,即使满足上述要件,被告还可能由于其他抗辩理由而免责。

---

[58] KP Permanent Make - Up, Inc. v. Lasting Impression I, Inc. ,543 U. S. 111,122(2004).

[59] 有的学者指出,从立法本义上看,《反不正当竞争法》第 5 条第 2 项保护的对象应确定为“知名商品特有的名称、包装和装潢”。作为修饰词“知名商品特有的”仅仅是为了修饰“名称、包装、装潢”而存在,并不是独立受保护的对象。因此“知名商品”并不具备成为该条单独之构成要件的资格。参见王太平:《我国知名商品特有名称法律制度保护之完善——基于反不正当竞争法第 5 条第 2 项的分析》,载《法商研究》2015 年第 6 期。笔者对此观点表示赞同。

[60] 参见孔祥俊:《反不正当竞争法原理》,知识产权出版社 2005 年版,第 118 页。

关于该第 5 条第 2 项保护的客体,单纯从法条的文理上看,仅包括“名称、包装和装潢”三者。那么加多宝究竟动了名称、包装、装潢中的哪块“奶酪”?换言之,“怕上火”广告语能否被纳入第 5 条第 2 项所保护的对象范畴呢?有的学者指出,广告语和包装装潢都具有商业标识的属性,广告语可作为包装装潢的构成要素,获得反不正当竞争法的保护。[61] 有的学者则认为,《反不正当竞争法》第 5 条第 2 项规定的识别性标识的范围是十分有限的,实践中不敷实用,凡是能够借此传递企业及其产品的信息、具有显著特色和商业吸引力的符号、徽记、口号、广告语、别称等均可根据实际需要扩充纳入其保护范围。[62] “《反不正当竞争法》第五条第(二)项规定的‘名称、包装和装潢’已经不完全限于三者本身的表面含义,而是几乎囊括了商品上所使用的全部标记。”[63]复言之,可通过目的论扩张的漏洞填补技术,将广告语视为第 5 条第 2 项所单独保护的客体,而不必再费力探寻其能否被打包入“名称、包装和装潢”三者之一。笔者认为,能传递商品来源信息的广告语,均具有商业标识的功能,与“名称、包装、装潢”在本质上具有高度的相似性,理应受到《反不正当竞争法》第 5 条第 2 项禁止仿冒的保护。上述学者对第 5 条第 2 项的解读分别是从扩大解释和类推适用的角度出发。若从法律概念的周延性、法律适用的灵活性以及法律自身的发展等角度,笔者认为后者的解释似乎更为可采。从域外竞争立法上看,日本法规定了他人的姓名、徽章、商品容器或包装以及所有对商品的表示均属于仿冒保护的对象,[64]台湾地区“公平交易法”保护他人姓名、公司名称、商品容器、外观及其他显示商品之表征。[65] 上述国家或地区的立法都为法条未明文列举的客体之保护保留了余地,虽然我国《反不正当竞争法》第 5 条第 2 项并未明示兜底条款,但笔者认为此并不妨碍在修法前通过类推适用的漏洞填补技术,将符合条件的商业标识解释为该条独立的保护对象以达到兜底保护的效果。综上,笔者认为法院虽未明示广告语属于“名称、包装和装潢”之何者,但通

---

[61] 参见李永明、卜千:《关于广告语构成商品包装、装潢要素的法律思考》,载《知识产权》2012 年第 12 期。

[62] 参见谢晓尧:《论识别性标示的竞争法保护》,载《法学评论》2000 年第 3 期。

[63] 前注[59],王太平书。

[64] 《日本反不正当竞争法》第 2 条。

[65] 我国台湾地区“公平交易法”第 20 条。

过类推适用《反不正当竞争法》第5条第2项的保护客体，肯定了“怕上火”广告语属于该项保护的商业标识，这一思路符合与时俱进的理念，具有一定的创新性及合理性。

其次，本案中被告的行为构成相同与近似的使用在经验层面较为明显，但如上文所述，消费者看到被告的广告语后混淆的可能性并不大。因此，本案尚不符合适用《反不正当竞争法》第5条第2项进行保护的全部要件。此外，假使原告能证明被告的行为确实造成消费者混淆，由于我国反不正当竞争法相关司法解释参照了《商标法》中关于叙述性词汇的合理使用制度，规定了“知名商品特有的名称、包装、装潢中含有本商品的通用名称、图形、型号，或者直接表示商品的质量、主要原料、功能、用途、重量、数量以及其他特点，或者含有地名，他人因客观叙述商品而正当使用的，不构成不正当竞争行为”。[66] 而叙述性合理使用制度之法理就在于防止对描述性术语的不正当垄断，从而对竞争自由造成损害。换言之，此时消费者即使可能对叙述性合理使用造成混淆，也不得阻止被告就该描述性词汇的正当使用。[67] “怕上火”广告语内含了描述产品功能的叙述性词汇，任何主体均得在描述自己产品功能时正当地使用“怕上火”几个字。综上，法院在援引《反不正当竞争法》第5条第2项时，并没充分考虑适用该项的全部要件以及可能存在的“避风港”，因此本案中“怕上火”广告语难以寻求第5条第2项的救济。

（四）《反不正当竞争法》一般条款适用之时弊

判决中法院还援引《反不正当竞争法》第2条第1款对原告进行救济。近来理论界通说[68]认为，《反不正当竞争法》第2条第1款为一般条款具有可诉性，当事人得据一般条款诉诸法院要求救济，法院也可准据该一般条款予以适用、作出裁决。然而我国竞争立法及相关司法解释尚未对该一般条

---

[66] 参见最高人民法院《关于审理不正当竞争民事案件应用法律若干问题的解释》（法释〔2007〕2号）第2条第3款。

[67] KP Permanent Make-Up, Inc. v. Lasting Impression I, Inc. ,543 U. S. 111,122(2004).

[68] 当然，非主流的观点认为，《反不正当竞争法》规定的不正当竞争行为仅是第二章中明确列举的11种不正当竞争行为，理由在于：第一，《反不正当竞争法》通过第2条第2款“违反本法规定”的表述，限定了该条款乃至该法的适用范围；第二，从法律条文的一般关系看，通常确立“一般条款”的立法，都会在下文列举不正当竞争行为的类型时添加类似“其他不正当竞争行为”的兜底性条款，而我国并没有这样的规定。因此第2条第2款并不是一般条款，不具有可诉性。参见种明钊主编：《竞争法》，法律出版社2008年版，第112页。

款之适用作出明确限定,这导致了司法实践中许多学者所诟病的"一般条款滥用的现象"。[69] 一般条款之可诉性只是表明其司法适用的可能性,并不意味着一般条款是个大篮子,什么东西都可以往里边放![70] 在我国台湾地区,"公平交易委员会"专门制定了"公平交易法第二十四条处理原则",以使"公平交易法"第 24 条即一般条款的适用前提明确化。该《处理原则》规定了一般条款的适用前提是首先检视行为是否足以影响交易秩序;其次再检视具体的竞争规范是否未穷尽该行为的不法内涵,若以上两点都满足,才容有适用一般条款之余地。[71] 最高人民法院在"山东海带配额案"中也曾指出适用一般条款的前提条件即其他经营者的合法权益确因该竞争行为而受到损害;法律未对该竞争行为作出特别规定;该竞争行为具备一般条款所规制的可责性内涵。[72] 综合"公平交易委员会"和最高人民法院的观点,笔者认为一般条款之适用须同时满足竞争行为无法为具体条款所囊括,以及该竞争行为符合经过具体化的一般条款之构成,具有可责性。一般条款必须在具体条款没有规定的情况下才能适用,是"穷尽法律规则,方能适用法律原则"的法理在竞争法层面的体现。而一般条款之所以在适用前必须被具体化为裁判规范,正如拉伦兹所说,"一般条款是一个必须填补的标准",[73] "虽然法律原则通常具有主导型法律思想的特质,但其不能直接用以裁判个案,毋宁只能借以法律或司法裁判的具体化才能获得裁判基准"。[74] 因此适用一般条款有赖于法官对"公认的商业道德"这一核心概念之内涵作出价值判断、对其抽象理念作出诠释和解构,进而将之具体化为更为细化、可操作性的裁判标准。关于"公认的商业道德"如何具体化,最高人民法院在上述"山东海带配额案"中指出,应当以特定商业领域普遍接受和认知的

---

[69] 据统计,近五年北京法院审判涉网络不正当竞争纠纷案件中,根据一般条款作出判决的比例高达 37%。以至于有的学者感叹道,"在目前司法适用中,《反不正当竞争法》第 2 条几乎已经被雕凿成了一个无所不包、无所不能、甚至让互联网企业自己也摸不着头脑的巨大黑洞"。参见知产力:《堵住〈反不正当竞争法〉第二条的黑洞》",载 http://www. hfiplaw. cn/? p = 10024,2015 年 12 月 12 日访问。

[70] 参见谢晓尧:《在经验与制度之间:不正当竞争司法案例类型化研究》,法律出版社 2010 年版,第 94 页。

[71] 同上。

[72] 参见最高人民法院民事裁定书(2009)民申字第 1065 号。

[73] [德]卡尔·拉伦兹著:《法学方法论》,陈爱娥译,商务印书馆 2003 年版,第 170 页。

[74] 同上注,第 353 页。

“经济人伦理标准”加以评判，公认的商业道德应当是交易参与者共同和普遍认可的行为标准。[75] 换言之，“公认的商业道德”可以被具体化为具有司法操作性的行业习惯和职业伦理，但它们应当具有普遍认可性。正如博登海默所说，“在裁定良好的道德品德问题时，法院的个别态度不是标准，这种标准具有公认的缺点与可变性，所以就时间和地点来看，所适用的标准应当是整个社会接受的行为规范”。[76]

就本案而言，并非没有可兹适用的具体规范，法院在判决书中就已明确援引了《反不正当竞争法》第5条第2款作出裁决。可见法院并非简单地“向一般条款逃逸”，而是在具体条款已敷适用的情况下与一般条款共同适用，这从原则与规则适用关系上看实属一大荒谬！更有甚者，本案法院并没有就一般条款具体化，析出适用本案的具体裁判规范，而仅仅提到“必然使消费者疑惑、损害原告合法权益、使被告获得不正当竞争利益”等模糊术语，这与最高人民法院指出的“特定商业领域普遍认可的行为标准”相去甚远。本案法院适用一般条款心理正好印证了某些学者的批评，“一些法院在适用具体规则时缺乏应有的熟练和自信，而随意将一般条款拿出来增加保险系数，以确保万无一失”。[77] 综上，笔者认为本案中一般条款之适用并非真正需要，若勉为其难拿来为原告的诉求作“双重论证”，则实属法律适用之一大谬误。

五、代结语：一种认识论的转变

综合全案来看，加多宝付出的智力劳动并不能为其主张“怕上火”广告语的归属提供正当性支持。相反，由于该广告语得使消费者识别广告所宣传的商品之来源，从维护市场秩序、保护消费者的识别利益的角度，将其划归商标权人广药集团较为合理。但这并不意味这广药集团能排斥他人正当

---

[75] 参见最高人民法院民事裁定书(2009)民申字第1065号。

[76] [美]E.博登海默：《法理学：法律哲学与法律方法》，邓正来译，中国政法大学出版社2010年版，第490页。

[77] 前注[70]，谢晓尧书，第98页。

地使用“怕上火”这一描述产品功能的词汇。此外,“怕上火”广告语作为未注册商业标识,从竞争法保护的角度看乃是一种非设权保护,[78]广药集团所享有的仅仅是一种禁止他人侵害的利益。广药集团诉请法院保护该利益的前提限于他人的行为容易造成混淆,有予以禁止之必要。因此法院判决并未充分考虑是否造成混淆,也未考虑构成合理使用之可能性,而径直援引《反不正当竞争法》第 5 条第 2 项进行保护,有失偏颇。而本案适用一般条款,则更为不妥!

此外,本案中无论是原告、被告亦或法院,其对“怕上火”广告语之法律地位及归属所采取的论证方式均把焦点聚于该广告语的本质之检讨上。对法律属性尚未明确之客体,形而上学角度之探讨虽属必要,然而笔者认为对于本案的争议我们不妨从认识论的角度作一转换。从上述先验性检验方式转换为从功利主义、经济学角度的考量,思考其可能对社会造成的结果,争论的问题也许会明朗得多。商标的经济功能是通过指明特定产品的来源以及通过给定统一的质量保证而节约消费者的搜索成本。[79] 若将已经与原告的商品产生一定联系的“怕上火”广告语划归被告所有,则必然要求消费者放弃这种已经产生的既有联系去建立新的联系,这种转化需要花费消费者大量的时间和精力。此外,在新的联系建立之前,将加大消费者搜索的盲目性。这将增加消费者的搜索成本,损害社会整体福利。同理,若商标所有人有权排斥其竞争者用通用性词语描述其品牌,他就是在对他们施加成本。[80]当原告有权排斥他人在描述自己产品的功能时使用“怕上火”这一词汇时,其他竞争者则不得不采用更为复杂、繁琐的长句来描述其产品的功能以达到同样之效果,这在无形之中给社会设置了一种消极的负担,不利于自由竞争和经济发展。正如学者所说,“将注意力从无体财产的本体性地位问题转向授予此种财产所将带来的影响上,是现代知识产权法的开端”。[81] 若我们从上述结果实在性的认识论的角度出发,本案纠纷应当如何解决才恰到好处是很清晰的,即将“怕上火”广告语所属的识别性利益归属于王老吉,

[78] 参见李琛:《论知识产权法的体系化》,北京大学出版社 2005 年版,第 168 ~ 170 页。

[79] 参见[美]理查德·波斯纳:《法律的经济分析》,蒋兆康译,法律出版社 2012 年版,第 62 页。

[80] 同上注,第 63 页。

[81] 前注[18],[澳]布拉德·谢尔曼、[英]莱昂内尔·本特利书,第 45 页。

但不赋予其对“怕上火”这一词汇的垄断性专有使用权！

Analysis of Judicial Decision on Pa Shang Huo Advertisement Case

——An Analysis on unregistered commercial mark

Abstract: The use of commercial advertising slogan makes it acquire distinctiveness through which the source of goods can be identified. As a result, commercial advertising slogan, as one kind of commercial marks, is protected by law. The labor theory of property by Locke cannot explain how to gain an exclusive property right through brainwork. It is more appropriate to determine the ownership of interests of advertising slogan involved in this case on the basis of source function of trademark. The adoption of general provisions of Anti-Unfair Competition Law needs to satisfy its restrictions and to crystallize its implication. The rational knowledge of results of dispute in this case should start from the shift in epistemology.

Keywords: Advertising Slogan; Commercial Mark; Anti-Unfair Competition Law; General Principle; Labor Theory of Property

（赵　日　编辑）

著作权法裁判的核心：作者，而非作品

何天成*

摘要：著作权法适用的领域之间存在质的差异，心理学、行业研究相关的新发现不断表明这种差异对著作权法而言已经难以忽视，对所有领域、所有创作者适用一套激励理论以及给予同一程度的经济权利保护，未必能促进相关领域的创作。而重要的版权制度在处理异质性(譬如不同类型的作品)时表现出显著的混乱。本文试图通过澄清作者、作品、受众三种易被混淆的标准，从著作权法的根本目的出发，建立一套以作者标准为核心的三步衡量法，以便于灵活而有效地确定权利的归属与范围，实现各领域的繁荣。

关键词：著作权　作者　异质性　裁判　作品

一、引言

随着认知心理学、社会学以及行业和制度的实证研究不断积累，学界越来越关注著作权法在不同领域适用的差异——本文简称为著作权法的异质性。马克·莱姆利(Mark A. Lemley)曾论证行业间的异质性是专利法

* 作者为自由职业者。

必须考虑的因素,①对著作权法来说似乎同样如此。时尚产业在无版权保护的情况下快速发展。② 脱口秀这类作品表明社会规范——如消费者对抄袭作品的厌恶——同样可以起到保护原创作品的作用。③ 音乐的借用和化用在部分音乐类型中是常见的、被认可的创作方式。④ 学术论文可以废除版权保护。⑤ “等者等之,不等者不等之”似乎不仅是公正的要义,也是效率的要义。

而新发现不仅涉及异质的行业,还包括异质的创作动力。经济利益之外其他因素无法被省略。⑥在无经济激励的情况下,人们依靠自发的分享和表达欲望创造了大量作品。⑦传统的经济理性不能解释粉丝作品、同人作品的创作过程。⑧创作者对“创造者”(如上帝)的信念也是激发创作灵感的动力。⑨经济学研究也肯定了以往将版权客体当作公共商品的分析只在萨缪尔森条件下才适用。⑩于是法学家们试图借助心理学弥补传统激励模型缺

① See Dan L. Burk, Mark A. Lemley, Policy Levers in Patent Law, 89 *Va. L. Rev.* 1575, 1696 (2003).

② See Kal Sprigman, Christopher Raustiala, The Piracy and Paradox: Innovation and Intellectual Property in Fashion Design, 92 *Va. L. Rev.* 1687(2006).

③ See Dotan Sprigman Oliar, There's No Free Laugh (Anymore): The Emergence of Intellectual Property Norms and the Transformation of Stand-Up Comedy, 94 *Va. L. Rev.* 1787 (2008).

④ See Olufunmilayo B. Arewa, From J. C. Bach to Hip Hop: Musical Borrowing, Copyright and Cultural Context, 84 *N. C. L. Rev.* 547(2005).

⑤ See Steven Shavell, Should Copyright of Academic Works be Abolished, 2 *J. Legal Analysis* 281(2010).

⑥ See William M. Landes & Richard A. Posner, An Economic Analysis of Copyright Law, 18 *The Journal of Legal Studies*(1989). 其实文章注意了许多与经典推理相反的特性,但为了简化模型只能主观地舍弃那些变量。

⑦ See Mark A. Lemley, IP in a World without Scarcity, 90 *N. Y. U. L. Rev.* 460(2015). Dotan Sprigman Oliar, There's No Free Laugh (Anymore): The Emergence of Intellectual Property Norms and the Transformation of Stand-Up Comedy, 94 *Va. L. Rev.* 1787(2008).

⑧ See Rebecca Tushnet, Economies of Desire: Fair Use and Marketplace Assumption, 51 *Wm. & Mary L. Rev.* 513(2009).

⑨ See Roberta Rosenthal Kwall, Inspiration and Innovation: The Intrinsic Dimension of the Artistic Soul, 81 *Notre Dame L. Rev.* 1945(2005).

⑩ See Christohper S. Yoo, Copyright and Public Good Economics: A Misunderstood Relation, 155 *U. Pa. L. Rev.* 635(2006).

失的部分。⑪

上述发现使人怀疑在各个领域相同程度的经济权利保护是否可能损害了某些领域创作的生产和交易。法院不自觉地意识到了著作权法的异质性,所以没有依据理论设计制度,除了授权本身,现有的著作权法中甚至都很难找到直接衡量与调整动机的方法,⑫而确定保护程度和边界时确实也无法借助激励理论。但法院不自觉的判断也因不自觉而深受个人艺术观、⑬社会理解⑭影响,导致著作权法的侵权认定纷繁复杂又缺少一致性和可预测性而广受批评,思想表达二分法、⑮实质性相似、⑯合理使用⑰等重要

---

⑪ See Diane Leenheer Zimmerman, Copyrights as Incentives: Did We Just Imagine That?, 12 *Theoretical Inq. L.* 29(2011). 激励理论不能解释很多事情,内在动机更重要。Erez Reuveni, Copyright, Neuroscience, and Creativity, 64 Ala. L. Rev. 735(2012). 著作权法缺少从输入到输入的过程的说明,现代认知心理学可以补足这一点。Julie E. Cohen, Creativity and Culture in Copyright Theory, 40 *U. C. Davis L. Rev.* 1151(2006). 创造力的根本在于人与社会的互动。David A. Simon, Culture, Creativity & Copyright, 29 *Cardozo Arts &Ent. L. J.* 279(2011). 版权法应该在文化基因理论下思考创造力和模仿的关系。

⑫ See Shyamkrishna Balganesh, Foreseeability and Copyright Incentives, 122 *Harv. L. Rev.* 1569(2008). 文章批评现有规则缺乏真正考虑个人动机的方式,常见的调整动机的手段——可预见性——都不曾引入版权法中,文章试图在侵权判断中加入可预见的复制这一测试。

⑬ 法官的艺术观不可避免地影响了司法实践。See Robert Kirk Walker & Ben Depoorter, Unavoidable Aesthetic Judgments In Copyright Law: A Community Of Practice Standard, 109 *Northwestern University Law Review* (2015); Amy B. Cohen, Copyright Law and the Myth of Objectivity: The Idea-Expression Dichotomy and the Inevitability of Artistic Value Judgements, 66 *Ind. L. J.* 175(1990).

⑭ See Olufunmilayo B. Arewa, The Freedom to Copy: Copyright, Creation, and Context, 41 *U. C. Davis L. Rev.* 477(2007); Michael J. Madison, A Pattern-Oriented Approach to Fair Use, 45 *Wm. & Mary L. Rev.* 1525(2003).

⑮ See Robert Yale Libott, Round the Prickly Pear: The Idea-Expression Fallacy in a Mass Communications World, 14 *UCLA L. Rev.* 735(1966); Leslie A. Kurtz, Speaking to the Ghost: Idea and Expression in Copyright, 47 *U. Miami L. Rev.* 1221(1992); 李雨峰:《思想/表达二分法的检讨》,载《北大法律评论》2007 年第 2 期;熊文聪:《被误读的"思想/表达二分法"——以法律修辞学为标准的考察》,载《现代法学》2012 年第 6 期。

⑯ See Amy B. Cohen, Masking Copyright Decisionmaking: The Meaninglessness of Substantial Similarity, 20 *U. C. Davis L. Rev.* 719(1986); Eric Rogers, Substantially Unfair: An Empirical Examination of Copyright Substantial Similarity Analysis among the Federal Circuits, 2013 *Mich. St. L. Rev.* 893(2013);梁志文:《版权法上实质性相似的判断》,载《法学家》2015 年第 6 期。

⑰ See Pamela Samuelson, Unbundling Fair Uses, 77 *Fordham L. Rev.* 2537(2008); Barton Beebe, An Empirical Study of U. S. Copyright Fair Use Opinions, 1978 - 2005, 156 *U. Pa. L. Rev.* 549(2007); Michael J. Madison, A Pattern - Oriented Approach to Fair Use, 45 *Wm. & Mary L. Rev.* 1525(2003).

的版权制度无一例外。

著作权法需要新的理论,它既能满足诸多领域创作者异质的需求,又能统一方法间的混乱。解决上述问题的关键在于明确著作权法设立的目的以及相应可衡量的标准。“文艺、科学领域的繁荣”,究竟是指作品的丰富、公众利益的满足,还是创作的增多?本文第一部分主要以著作权客体为例,区分并澄清作品、受众、作者三种标准的差异。传统的客体观将作品当作独立的事物对待,既没有带来客观的裁决,也没有解决非典型作品的保护问题,而作者标准更能协调不同领域的要求和适应社会的新变化,也更符合著作权法的初衷。第二部分尝试提出“界定相关创作领域—确定领域内一般创作者期望—排除限制因素”的三步衡量法,讨论作者标准该如何统一异质性。作者标准的主要问题是客观性,因此前两步旨在中立地了解某领域创作者的期望,“排除限制因素”则是考虑政策与社会发展的因素,以确定法律是否应当满足该期望。文章第三段则以游戏机制为例应用以上方法构建灵活的著作权制度。

如将本文和传统作品标准的区分作为重点,本文第一部分的核心可以说是:与其考虑某事物是否为作品,不如考虑某行为是否构成创作行为。第二部分则是:与其讨论何为思想、何为表达,不如判断谁、想要何种保护、政策是否反对。基于以上两点,部分传统认为不当保护的内容,本文认为应当保护,譬如游戏机制的创作。

二、著作权法中的标准

(一)三种标准

三种标准是评价事物价值的三种路径:事物本身、其结果、其产生过程。应用于著作权客体便是三种作品观:作品是一组表达元素;作品是满足需求的商品;作品是创作过程的结果。

1. 作品标准:通过作品与其他作品的比较,可以回答诸如作品的种类、作品间的异同、作品的结构这样的问题。著作权法据作品标准发展了大量的规则和案例,譬如思想表达二分法、抽象—过滤—比较的三步判断法。

2. 受众标准:作品相关受众可以分为一般受众、具有特定注意力的受众、作品针对的受众/专家。[18] 也就是说,由相关受众代替法官进行判断。典型的规则是以整体感觉和风格的侵权测试。

3. 作者标准:不是把作品当是既定的事实,而是考虑它从无到有的创作过程。典型的案例是下文将讨论的 Burrow-Giles Lithographic Co. v. Sarony(简称为王尔德案)[19]和 Pivot Point International v. Charlene Products(简称为 Pivot 案)。[20]

通常而言,作品标准更容易得到采用。一可能是因为便捷,作品标准只需要法官或者立法者个人思考,而考虑作者和受众都需要额外的工作;二可能是因为追求客观,作者和受众的想法可能因人而异,而作品是一种客观的媒介;三可能是因为著作权法规定的保护对象就是作品,[21]人们下意识受到语言习惯的影响,不再周密地思考相关事物。简而言之,作品标准的优点在于其简便和"客观"。为了获得概念的明确性,[22]它忍受着几项缺陷:(1)以法官的主观意见代替客观,不利于保护非典型作品;(2)事实上与立法者的考虑方式相悖;(3)缺乏自洽的理论核心;

(二)作品标准的缺陷

1. 以法官的主观意见代替客观,不利于保护非典型作品

作品标准的客观性十分值得怀疑。虽然 Holmes 关于法院不应当进行审美判断的论述[23]常常被引用,但其实法官总潜在地根据自己的艺术观进

---

[18] 参见梁志文:《版权法上实质性相似的判断》,载《法学家》2015 年第 6 期。

[19] See Burrow-Giles Lithographic Co. v. Sarony, 111 U. S. 53 (1884). 本案法官通过阐释摄影的创作过程表现了独创性所在。

[20] See Pivot Point Intern., Inc. v. Charlene Products, Inc., 372 F. 3d 913 (7th Cir. 2004). 本案通过设计过程中的考虑区分实用性和表达性。

[21] 如果知识财产的隐喻更加强了作品的地位。See Mark A. Lemley, Property, Intellectual Property, and Free Riding, 83 *Tex L. Rev.* 1031 (2004).

[22] See Norman Siebrasse, A Property Rights Theory of the Limits of Copyright, Vol. 51 *University of Toronto Law Journal* (2001). 文章认为比起追求效率,著作权法更多是在追求明确的权利界限。

[23] "由那些只受过法律训练的人来判断美术作品的价值是危险的。一方面,有些极具天才的绘画一开始不被人们所欣赏。另一方面,有些在法官看来缺乏美术价值和教育意义的作品却能够被一些民众所接受。不能因为这些民众的口味低就认为这幅画不受版权保护。" See Bleistein v. Donaldson Lithographing Co. 188 U. S. 239, at 251 (1903).

行价值判断,“作者”的边界、演绎作品独创性所在、功能和表达区分的标准、转换性使用的条件,这些问题中艺术判断是不可避免的,其实对待艺术任何立场都不可能客观。㉔作品无法脱离人的评价,它本身就是人与人的沟通,受到语境和对话者经历的强烈影响。㉕虽然法官选择了旁观者的角度,但是在他熟悉的领域又无法旁观,因为一旦了解到某知识就无法想象不知道此知识的“知识诅咒”。㉖ 对领域的不自觉,使法官们往往试图以同一种方式对待所有作品。

在涉及许多富有创造力的现代艺术表达时,未曾接受艺术训练的法官更倾向于传统和保守的大众观点,包括波普艺术、观念艺术、行为艺术在内的许多艺术探索都很难被认可。㉗ 现在的游戏机制、电视节目模板也遇见同样的问题。幸运的是历史上存在一个难得的反转案例——摄影。摄影作品受保护的重要因素就是摄影师对其创作过程和艺术性的说明,直到普罗大众都熟悉摄影之后,人们普遍接受了摄影的可版权性。以美国与德国为例:

在美国,前述的王尔德案通过阐述摄影的创作过程确定了摄影作品可版权的地位,“他通过把奥斯卡·王尔德按照一定姿势摆在相机前,挑选并整理服装、背景和其他照片中的道具,安置主体以呈现优雅的构图,调整光影,引导合适的表情……”㉘而德国发展得就较为曲折:先将摄影认为是手工艺不予保护,后又认为是复制自然毫无创造性的工业品。直到 1907 年立法会议中有人认为摄影和绘画本质都是表达作者想法的手段,只是技术使得摄影创作变得更容易。后来这两种观念的斗争史使德国区分了有较高创造性的摄影作品和普通照片,并分别给予著作权和邻接权的保护。㉙

㉔ See Robert kirk walker & Ben Deporter, Unavoidable Aesthetic Judgments In Copyright Law: A Community Of Practice Standard, 109 *Northuestem University Law Review*(2015).

㉕ 参见赵毅衡:《符号学:原理与推演》,南京大学出版社 2011 年版,第 180 ~ 182 页。

㉖ 维基百科:“Curse of knowledge”, 载 https://en. wikipedia. org/wiki/Curse _ of _ knowledge, 2016 年 5 月 26 日访问。

㉗ See Steven Shonack, Postmodern Piracy: How Copyright Law Constrains Contemporary Art, 14 *Loy. L. A. Ent. L. Rev*. 281(1993).

㉘ See Burrow – Giles Lithographic Co. v. Sarony, III U. S. 53(1884).

㉙ 参见喻玲:《德国摄影作品著作权保护的历史发展及其启示》,载《知识产权》2014 年第 12 期。

仅从作品——相片本身——判断独创性和实质性相似是危险的,这可能不恰当地扩大和缩小保护的范围。上述例子中不了解的法官可能会认为摄影是对自然毫无创造性的复制,将新型作品分解为已知的元素,忽视其中匠心独运之处,不恰当地缩小了非典型作品的保护范围。现代则衍生出另一个问题,人们认为作品的事实内容和表达一起受保护,[30]不恰当地扩大了保护范围。

2. 事实上与立法者的考虑方式相悖

观察著作权的立法历史,大部分作品类型都由立法机关确定。以美国为例,1865 年保护摄影作品,1912 年保护电影作品,1980 年保护计算机软件,这些新型作品全部先通过立法得到保护。而立法机关考虑的方式与法学家考虑的方式截然不同。例如计算机软件,即便有诸多法学家如 Miller、[31]Boudin[32] 强烈地质疑了著作权法保护计算机程序是否妥当,但立法者几乎不考虑类型的明晰性。1976 年美国国会报告的内容则是:[33]

(1)是否有保护的必要。报告非常明确地描述了技术和行业发展,以及通过法律保护计算机软件的经济必要性。"如果软件行业继续按照现有趋势发展,非生产商编写的程序必然会获得更多的市场份额,这不仅仅是因为编程和制造硬件是两项非常不同的技能(它们并不必须同时出现),也因为编程需要的资本投入更少。开发程序的成本远远高于复制的成本,因此软件如果想传播需要:①创作者可以通过首次销售获得合适的收入弥补成本;②创作者可以获得对每件复制品收费获得回报;③创作者的成本由其他人如政府或者基金会补偿;④创作者不关心回报。"[34]

(2)相比其他法律,是否适合用著作权法保护。报告分别比较了专利

---

[30] See Eva E. Subotnik, Originality Proxies: Toward a Theory of Copyright and Creativity, 76 *Brook. L. Rev.* 1487(2010).

[31] See Pamela Samuelson, Why Copyright Law Excludes Systems and Processes from the Scope of Its Protection, 85 *Tex. L. Rev.* 1921(2006).

[32] See Lotus Dev. Corp. v. Borland Intern., Inc., 49 F. 3d 807, 820(1st Cir. 1995). 本案主要讨论计算机的用户界面(譬如软件的菜单)是否可以受版权保护。原告开发了一个协助用户记账的表格软件 Lotus 1 - 2 - 3,其菜单包含了近 500 项命令。被告开发的记账软件为了兼容用户的使用习惯,照搬了 Lotus 1 - 2 - 3 的菜单,但没有复制任何程序代码。判决意见认为本案中的菜单不具有可版权性。

[33] H. R. Rep. No. 94 - 1476, 94th Cong., 2d Sess. 57(1976).

[34] *Ibid.*

法、商业秘密法、反不正当竞争法，认为这三者都有相当的缺点，不能为软件提供良好的保护。

可见立法者的思考方式是：这项活动是否需要保护？如需法律保护，要如何保护？常见的"作品独创性"思路会导致一类作品保护力度的不当减少。例如 Feist 案废除"额头流汗"规则后数据制作者甚至都不能获得反不正当竞争法的保护，因为版权法规定："复制汇编事实的作品，如果此复制不受联邦版权法惩罚，那么州法律也不得惩罚。"[35]而且下级法院也降低了对事实作品的保护。[36]相反，如果司法者意识到激励数据搜集的必要性不因独创性的内涵而改变，至少在判决时会考虑对其他保护途径的影响。

3. 缺乏自洽的理论核心

人们习惯于预设作品是文字作品，[37]但是在特定的情况下又使用艺术性、美感等针对视觉艺术的词汇描述独创性。著作权法例举的作品类型本身不能提示它们之间的差异，只是随着问题的累积，人们逐渐意识到作品间的异质。已经被注意的区别有：

(1) 文字作品和美术作品。美术作品有临摹的问题，而文字作品决然没有，[38]这背后是对两类作品独创性认知的显著差异。在实质性相似的判定上，视觉艺术更适合采用整体感觉与风格，[39]而文字作品能够不断抽象再比较。谷歌图书上，文字便可以显示，而图片不行(不包括处于公有领域的图片)。[40]

(2) 虚构类作品和非虚构类作品。有人将作品分为高创作性和低创作性的作品。[41]著作权法常常倾向于关注小说家、画家、作曲家，而非历史学

㉟ Copyright Act of 1976, 17 U.S.C. § 301(a).

㊱ See Leo J. Raskind, Assessing the Impact of Fiest, 17 *U. Dayton L. Rev.* 331(1991).

㊲ 参见杨明：《文字作品 v. 美术作品 对几个基本理论问题的反思》，载《中外法学》2009 年第 2 期；Rebecca Tushnet, Worth a Thousand Words: The Images of Copyright, 125 *Harv. L. Rev.* 683 (2011)。

㊳ 参见杨明：《文字作品 v. 美术作品 对几个基本理论问题的反思》，载《中外法学》2009 年第 2 期。

㊴ 参见梁志文：《版权法上实质性相似的判断》，载《法学家》2015 年第 6 期。

㊵ 参见前注㊲，Worth a Thousand Words: The Images of Copyright.

㊶ See Jane C. Ginsburg, Creation and Commercial Value: Copyright Protection of Works of Information, 90 *Columbia Law Review*(1990).

家、记者、汇编者。[42]曾经保护低创作性作品的原理是以“额头流汗”规则来补偿投资者为获取信息投入的成本(这完全符合版权的经济分析理论),直到 Feist 案无视两类作品异质性将其废除。[43]

(3)实用作品和非实用作品也是如此。工业制图、计算机软件本身并非是终端产品的作品与小说、音乐本身即由消费者购买的作品不同,实用作品的艺术性不是创作者本身艺术选择的结果,著作权法对其也没有激励作用,因此保护的必要性不同。例如现在日常网络生活中的信息,记录生活、通告信息、说明事物都是出于实用性考虑。同时,实用作品可能还有专利法保护的可能。

法院对音乐作品、[44]游戏作品[45]等作品类型更不熟悉,因而更难意识到它们与其他作品间质的差别。

作品标准没有发展出统一真正的核心,更多的是用一种统一的修辞装饰着不同类型的作品,推理显得仿佛语言或者概念的游戏。如 Goldstein 所言,“很多创造性劳动的产品介于作品的思想活动和最终的文字表达之间,而法院经常把其中的一些产品作为不受保护的思想而把另一些作为受保护的表达。因此,思想和表达不应用作语义学上的解释,而应当把它们各自作为一部作品中不受保护部分和受保护部分的隐喻”。[46]思想和表达于是成了描述法官个人判断的修辞术语。[47]对计算机界面,有人认为是思想,有人认为是表达。Lotus 1 - 2 - 3 一案[48]中,多数意见认为程序的菜单在本质上是一种操作方法,不能受到著作权的保护,而 Boudin 法官认为虽然菜单中许多选项处于公有领域,但对其排列组合的设计仍然构成表达,该案应当采用

㊷ See Robert C. Denicola, Copyright in Collections of Facts: A Theory for the Protection of Nonfiction Literary Works, 81 *Colum. L. Rev.* 516(1981).

㊸ 参见前注㊶, Creation and Commercial Value: Copyright Protection of Works of Information.

㊹ See Rick Carnes, Developing a Copyright System That Works for Songwriters, 38 *Colum. J. L. &Arts* 309(2014).

㊺ 参见崔国斌:《认真对待游戏著作权》,载《知识产权》2016 年第 2 期。

㊻ Paul Goldstein, Copyright: Principles, Law And Practice, 78 (LITTLE, BROWN AND COMPANY, 1989). 转引自熊文聪:《被误读的“思想/表达二分法”——以法律修辞学为标准的考察》,载《现代法学》2012 年第 6 期。

㊼ 参见前注⑮, Speaking to the Ghost: Idea and Expression in Copyright.

㊽ 参见前注㉜, Lotus Dev. Corp. v. Borland Intern., Inc.

合理使用判决。[49]那么到底是操作方法还是设计表达? 如果是操作方法,后续又有诸多问题。[50]

作品本身到底告诉了人们什么?

(三)著作权法核心、异质性和作者标准

1.著作权法的核心是创作

作品标准下法官总是被呈上创作好的成品,容易遗忘创作行为才是著作权法意图保护的核心。主流的两大正当性基础——激励理论或人格理论——都以创作者为中心,将其视为著作权法的核心。以创作的视角,衡量作品的要义不在于何为表达,而是何为表达行为,不在于何为独创性,而在于何为创作行为。

将视角从作品的差异转移至创作过程,很容易发现创作的核心在于包含诸多可能[51]的创作空间。不受限制的艺术性,去掉无人能够定义明白的"艺术",其实就是"不受限制"性。因此思想和表达的对立也就是唯一性与诸多可能性的对立,越偏向唯一性,著作权法就越拒绝保护,混同原则和必要场景原则都是如此。Lotus 的菜单界面、[52]胸像等实用艺术品、[53]法官的判决都体现了这点。而可能性越多,就越会受到法律的支持。

对诸多可能性的衡量,作者标准是必须的。有学者认为区别特征数量是专利法与著作权法的关键差异所在,[54]不过本文认为区别特征的数量仍然不足以衡量复杂程度,符号选择涉及两个方面:一个是符号之间的组合关系;另一个是可替换的选择关系。[55] 我、写、文章,三个就是组合关系。写、想、修改,就是选择关系。组合关系可以以数量判断,但是选择关系须大量作品,才能知道其替代选项。人们习惯于以文字作品想象著作权客体,文字

---

[49] *Ibid*, at 819.

[50] 参见崔国斌:《著作权法:原理与案例》,北京大学出版社 2014 年版,208 页。

[51] See Jeannette Rene Busek, Copyright Infringement: A Proposal for a New Standard for Substantial Similarity Based on the Degree of Possible Expressive Variation, 45 *UCLA L. Rev*. 1777 (1997).

[52] 参见前注[32], Lotus Dev. Corp. v. Borland Intern. , Inc.

[53] See Carol Barnhart Inc. v. Economy Cover Corp. , 773 F. 2d 411(1985). 本案主要讨论怎样的实用艺术品可以受到版权保护。原告制造了四种无头无四肢的人体躯干模型用来展示衣服,竞争对手也就是被告抄袭了这些设计。判决意见认为本案中的菜单不具有可版权性。

[54] 参见崔国斌:《知识产权确权模式选择理论》,载《中外法学》2014 年第 2 期。

[55] 参见赵毅衡:《符号学:原理与推演》,南京大学出版社 2011 年版,第 159 页。

作品上当然组合关系较为重要,可以用数量来衡量复杂程度。但其他作品如摄影,所有照片尺寸相差无几,更多是限定信息量下的可能选择,这里的可能性就需要作者说明了。仍以王尔德案为例,照片的创作空间须由创作过程说明。

2. 包容异质性的作者标准

作者标准不仅重视创作行为,还能解决复杂混乱的异质性问题。比较三种标准,作者标准辅以现代对创造力的学术研究,[56]便能容纳不同的社会语境和文化心理。相反,作品标准如果没有使人们忘记差异,就是制造了不必要的差异。[57] 受众标准则把作品当成满足需求的商品,人类的需求虽然也极不相同,然而此类异质性很难考察,同一样事物对不同人有不同的价值,同一人对同一事物的评价可能随时改变,因此市场更适合衡量需求。但运用市场来评价作品有三个问题:

(1)个体差异导致评价必须采用大样本统计。大众虽然是限制著作权的因素便往往以社会福利抽象、整体的形式出现,样本数量足够时受众的评价才有相当的置信度,判断成本较高。

(2)市场的快速变化导致需求的不确定。被忽视的作品突然大受欢迎,此类事件在文艺领域耳熟能详,即便是专业的投资者尚不能找到评估需求和风险的方法。在面对风险时,人们更适合关注过程而非结果。

(3)不同的受众群体对作品的感受力不同。一件摄影作品和一件绘制同样内容的逼真绘画作品,对一般受众眼中没有审美差别,[58]而专家受众对其中的艺术差别与思想更为了解。随着统计样本增大,判断将不断转向乔布斯所言"人们不知道自己真实需求"的大众。

以主流的激励理论看,真正位于激励核心的是作者的期望,不管是传统一向认可的经济激励,还是作者自发或基于其他非经济因素而生产作品,著

---

[56] 参见前注⑪,Culture,Creativity & Copyright.

[57] See I. Trotter Hardy, Not so Different:Tangible,Intangible,Digital,and Analog Works and Their Comparison for Copyright Purposes,26 *U. Dayton L. Rev*. 211,246(2000 - 2001).

[58] 也因此绘画领域深刻反思绘画的艺术性所在,并走向了抽象绘画。

作权法在激发或保护这样的期待。[59]不同领域存在不同期待,因而著作权法的激励作用也不同(可能是负面的)。此结论不仅自然,也被实证结果支持。[60]

三、三步衡量法

如要贯彻激励理论,著作权保护的正当性应当建立在创作者的需要和期望上。创作的差异要求关注有意义的区别特征,从而划分出不同的创作活动及创作者,并在此基础上决定保护的必要性和程度。由此本文发展出一套三步衡量法:界定相关创作领域,确定领域内一般创作者期望,排除限制性因素。简单来说,即是判断(1)谁;(2)想要何种保护;(3)政策是否反对。以此取代传统的:作品中何为思想,何为表达。

(一)界定相关创作领域

界定相关创作领域是在确定创作活动的基础上,界定类似的创作活动以及一群从事类似创作活动的创作者,这样一方面确定著作权法是否适用(是否构成创作),另一方面确定激励的影响范围和领域内创作者享有的共同期望。

职业或类似职业的身份是绝佳的特征,创作活动也可由此得出,如画家与绘画、摄影师与摄影。当然亦有难以命名的创作活动,往往见于个人富有创造力的活动中,如驾车由风作画。对少见的个人创作活动,创作者的创作意图便对定性至关重要。训练动物拍照,训练动物去做一件人能做的事,和以一种没人试过的方式去摄影,可区分出训练创新和摄影创新,前者或不受著作权法保护,后者或受保护。

---

[59] 著作权法禁止"盗窃",也是因为盗窃影响生产者再生产的期望,从而造成了长期的不良后果,而不在于一时对社会总财富的影响。因为单个财产从生产者流转到盗窃者上没有发生任何价值的损失,尤其是通常认为边际成本接近零的著作权。而再生产期望受到了两方面的影响:一方面它鼓励了从事"盗窃"的生产活动,损失了正常的劳动力;另一方面它增加了正常生产者的不安感和不公感,要么是放弃生产,要么是投入更多的劳动在防止盗窃上,两者都减少了社会财富。

[60] See Mark A. Lemley, Faith – Based Intellectual Property, 62 *UCLA L. Rev.* 01328(2015).

创作领域以具体为佳,商标设计师优于平面设计师,平面设计师又优于设计师。此外还有两项重要因素在细化创作领域时也应当注意:

(1)创作动机。以不同动机创作的群体可以界定为不相关的创作者。

(2)学习者和创作者。相关领域应当同时包括领域的专家和入门的新手。

1. 创作动机与著作权法的作用模式

传统的激励理论将经济利益置于著作权法的中心地位,虽然不少学者注意到了名誉等非经济因素对创作的激励作用,[61]但是为了方便假设和讨论,非经济因素一直不曾成为讨论的重点。直到信息技术(尤其是互联网)的影响几乎无处不在,共享经济的发达使人们重新重视自发的创造力。[62]此时,再以经济理性来理解激励就不能满足现实的需要了。

改进的理论中,创作动力可以分为经济利益,名誉、地位等社会利益,自我满足[63]三种。怀着不同动力的创作者们塑造了不同领域的运作模式。投资者领导的电影业、出版业几乎都由经济利益驱动;艺术家、科学家则为了更大的影响力、社会认可辛勤创作;网络平台上,大众不断表达自我。后两种动力在著作权制度诞生之前便主宰着人们的创作。为了修正传统的激励理论,心理学的因素应当成为重要的变量纳入模型之中。

最简单的修正方法是在兰德斯和波斯纳的模型[64]中加入供给不变的情况,或者将社会利益也作为创作价值的一种。但事实并非如此简单,人们不仅因为心理因素创作作品,也会因心理因素如正义观起诉他人对作品的利用,[65]即使这不仅没有伤害作品的市场反而帮助提高了品牌价值。[66]此时著作权不再是经济激励,而是防御手段,防御自己的作品受到不当利用和攻击。对专利来说也有公司仅仅是为了防止受到“专利钓鱼”公司的诉讼而

---

[61] 参见前注⑥,An Economic Analysis of Copyright Law.

[62] 参见前注⑦,IP in a World without Scarcity.

[63] Ruth Towse,*A Textbook Of Cultural Economics* 466 - 467(Cambridge University Press,2010).

[64] 参见前注⑥,An Economic Analysis of Copyright Law.

[65] See David Christopher and Fagundes Buccafusco, The Moral Psychology of Copyright Infringement, 100 *Minnesota Law Review*(2015).

[66] Scott Adams:“Is Copyright Violation Stealing?”,载 http://dilbertblog.typepad.com/the_dilbert_blog/2007/04/is_copyright_vi.html,2016年5月17日访问。

申请专利。[67]

在新背景下，著作权保护的正当性势必因领域而异。简单地从公司与个人、专业与业余的角度来看：通常而言公司是以营利为目的的组织，传统的分析依然能够继续适用。个人分为专业创作者与业余创作者，专业创作者身兼经济利益和心理因素双重的创作动力，而对业余创作者经济利益不是主要的影响因素。此时我们至少拥有了三种创作者模型：

(1)激励模型：创作者基于某种外在因素进行创作，以外在因素评估他人的利用。

(2)激励兼保护模型：创作者基于某种外在因素创作，以外在因素也以内在因素评价他人的利用。著作权法一方面激励创作者，一方面保护创作者内在期望不受伤害。

(3)保护模型：创作者基于内在因素创作，也以内在因素评价他人的利用。著作权法应当保护其内在动力不受影响。

我们应当注意到金钱的影响是线性的，越多越好，越少越糟，而道德心理的影响是质变的，道德不带来明显的效益，但不道德将引起重大损失。因而我们的收益—成本分析中创作收益应当包括社会利益，复制成本应当考虑侵权的心理影响。如支付报酬的成本不高却仍然免费使用他人的劳动果实，创作者的创作动机很难不受影响。

2. 学习者与著作权法的基本矛盾

在作者标准下，著作权法的主要矛盾不是作者与公众利益的矛盾，[68]而是创作者内部的矛盾：先创作者和后创作者即学习者之间，同时也是低表达成本和高垄断收益之间的矛盾——减少著作权保护范围和程度有助于获得更多学习与创作的素材，减少表达成本，反之有利于提高作者获得更多垄断利益。[69]这是创作者之间的矛盾，也是降低作者创作成本和提高创作收益的矛盾。

---

[67] 《英雄联盟》官网："NO INTEREST IN USING PATENTS OFFENSIVELY"，链接：http://www.riotgames.com/articles/20140206/1165/no-interest-using-patents-offensively，2016 年 5 月 17 日访问。

[68] 后文"排除限制因素"的部分将讨论在标准作者标准下著作权法应当如何衡量公共利益。

[69] *An Economic Analysis of Copyright Law* 已经提到，而本文认为这部分的比重应当大于作者利益与公共利益的分析，后者是一个普遍的商业问题，前者因为有知识的积累效益所以是一个正外部性的问题。

当然这些假设都可以质疑:

第一,更多素材降低了创作成本?

理想状况当然是大量高质量素材,但如果在大量低质量素材和少量高质量素材中选,一般创作者可能会选择后者。不但低质量素材对后续创作帮助较小,而且在信息泛滥的时代还增加了检索成本。关于创造力的研究也显示,有一定限制比完全没有限制更有利于激发创造力,[70]较高的限制也有可能激发更强的创造力,为创作者和社会带来更大利益。[71]

第二,更强保护增加了创作效益?

我们已经讨论过,作品不仅有经济效益,还有社会利益。虽然保护程度较低,但能增加作者的知名度与口碑,这对不少创作者来说可能更重要。其次传播与销售作品也需要成本,如果一定程度的模仿作品可以当作原作品的广告,那么较低的保护程度也能加强作品的经济收益。

正反双方都有充分的理由,在不同的领域结论也可能不同,所以我们将矛盾内部化,交由创作者衡量。因此相关创作领域应当包含新手和专家,从而保证矛盾的两端都被纳入衡量范围。

(二)确定领域内一般创作者期望

1.领域的行为准则

一般创作者预期首先是指创作者认为何种行为是借鉴、合理使用,何种行为是模仿、不正当传播。这类认知深受社会文化影响。"述而不作,信而好古"是中国的传统观念。"与传统的互动是中国传统文化中非常突出的一种智力与想象力的活动模式",对他人作品的再利用证明了作者对文化的理解和贡献,以至于"中国的绘画大家对于自己的作品被仿制普遍采取了宽容甚至接受的态度"。[72]在计算机软件行业,"不要重复造轮子"[73]则是程序员间的共识,他们甚至因此发明了社会影响深远的新型集体协作方

[70] Joseph P. Fishman, Creating Around Copyright, 128 *Harvard Law Review*(2015).

[71] 管理学家波特把苛刻的本国消费者当作提高国际竞争力的一种因素。

[72] [日]安守廉:《窃书为雅罪》,李琛译,法律出版社2010年版,第32~33页。

[73] See Mark A. Lemley, David W. O'Brien, Encouraging Software Reuse, 49 *Stan. L. Rev.* 255, 304(1996-1997).

式——开源协议。[74] 在科研论文中，注明引用就能消灭不劳而获的特性。而在现在发展火热的微信公众号上，很多原创者将即便注明出处的转载（尤其是商用）也视为抄袭。

群体共识的产生有其复杂的缘由，问题不在于它如何产生，而在于衡量时究竟是什么、将来可能变成什么。

2. 期待的保护方式

假如得到群体关于正当行为尺度的共识，第二点是考虑群体期待、尝试非著作权的方式解决问题。在部分行业，创作者可能不认可抄袭，但如果抄袭了也无所谓。时尚产业在缺乏著作权保护的情况下快速发展。与之类似的设计业也是如此，定位或定制化的服务降低了对复制品的需求，[75]复制品在质量上无法构成原作的替代。[76] 而复制的成本和速度也内在地影响了法律保护的必要性，[77]高价的制作材料、技术保护、先发优势是常见的复制障碍。[78] 其他的手段如行业自律、自发形成的监管组织、消费者的道德感，都有可能在事实上满足了创作者的预期。

在存在可替代手段时，著作权法不必急于伸手。但诉讼时也不必急于拒绝——如可替代手段能够提供有效保护，创作者又何必提出诉讼？当一般创作者的共识提供了行为准则，其预期就有理由受到法律保护。

3. 期待的保护程度

在著作权法尽可能不予保护的原理下，理想的衡量方式应当遵循两个原则：(1)单项权利逐个判断；(2)由保护程度、实施成本较低的权利（组合）向较高的权利（组合）提升。例如，对网络日志的创作，先衡量单项的署名权是否能满足一般创作者的期待，如果不足以，再看非商业许可是否能满

---

[74] See Josh Lerner & Jean Tirole, Some simple economics of open source, 50 *The journal of industrial economics* 197(2002).

[75] 参见前注②，The Piracy and Paradox：Innovation and Intellectual Property in Fashion Design.

[76] 参见前注⑥，An Economic Analysis of Copyright Law.

[77] 参见前注①，Policy Levers in Patent Law.

[78] 参见前注⑦③，Encouraging Software Reuse.

足,以此类推。⑦⑨ 简化的一种手段是根据前述的创作动机,为权利分成公司、专业、业余三种,适用于不同的期望。

4. 衡量的方式

(1)类型的衡量方式

衡量一类作品是否应当附着某权利时,有三种辅助方法:①行业内部讨论;②调查报告或研究论文;③可见的生产变化。第一种来自行业内部,这是对创作者的一般预期最直接的反应。第二种来自正式研究,可以采用现成的报告,也可以由立法机构发起,譬如美国1976年的立法会报告。第三种需要更深入地讨论。

如果将对某类作品的保护视为对某类职业活动的保护,生产的变化就应该也意味着保护的变化。这种变化可能有两种方向:一是产生了一种新的职业;二是现有职业生产活动的改变。因为新职业往往意味着新类型的作品,譬如摄影师、导演。这里我们再一次重审,即便摄影和绘画的欣赏都服从于同样的视觉规律,摄影师和画家工作内容和方式质的差异决定了两类作品的不同。导演职业的存在,也证明了电影不能被当成连续的摄影,但仅仅从作品形式来看,电影似乎也可以以连续的摄影作品集合作为保护。

而职业生产活动的变化往往沿着机械性劳动不断被取代、创造性劳动向更深层次发展的轨迹变化。因此,变化确实发生时,保护有必要偏向更高的抽象层次。这也有两种情况:第一种是新的抽象层次形成了可分离交易的作品,这时衡量方法就和新类型作品一样,譬如电视节目模板的策划、创意的设计师;第二种则是指同类作品数量或者创作者人数的增加,这更偏向更高抽象层次的本意,在这种情况下,因为普遍创作者技艺的娴熟,创作工作的主要部分就转向了更抽象的地步,此时作者的预期必然发生变化。

结合来看,新职业的存在(包括其酬薪)、作品数量的增加、创作者人数的增加都是值得重视的参考因素。

(2)个案的衡量方式

对具体的侵权案例,无法明确规定的界限是主要问题。著作权法发展

---

⑦⑨ 此处举的两项权利来自开源协议之一种——Creative Commons 协议,其中四项核心权利是:署名、非商业使用、禁止演绎、相同方式共享。载 http://creativecommons.net.cn/licenses/licenses_exp/,2016年5月24日访问。

了复杂的实质性相似判断法,诸多判断法不仅缺少一致性,民众也难以预测。[80]法官追求客观性采用作品标准或者“普通观察者”的受众标准,[81]此中缺点前文已述。问题不在于创作者可不可以成为标准,而在于如何以创作者构建标准。专利法判断新颖性时采用的即是发明家的标准。[82]

标准由两部分构成:(1)谁——一般创作者的挑选;(2)说什么——意见的内容。

第三方创作者可以由法院选择,或一方选择、另一方认可。如果要符合一般创作者的要求,其意见应当展示出对领域广泛的了解、对创作过程的熟悉以及对新手与大师需求的平衡。以具体创作者而言,本文认为相关领域内酬薪在中位数偏上的职业者、小有名气的业余者还有教育或培训的老师都能较好反映一般创作者的需求。如果其他机制,譬如设立专门的著作权机构(法院内部或者行政机关)能协调上述条件,也是值得信赖的方法。但无论如何,即使是最差的情况,仅仅请一位被认可的专家,也被认为有利于解决现有判断方法中的混乱情况。[83]

至于衡量的内容可以是:

(1)直接的结论。被诉的创作行为是借鉴还是模仿,是非许可使用还是合理使用。(类似于借助“普通观察者”的整体风格与感觉测试法)

(2)间接的结论。基于被告的同一构想和素材,如果再进行创作是否很难想象出与被诉作品不同的作品。

(3)创作空间的说明。说明创作过程中的核心要素所在,以协助法院比对。

前两点预设了一前提:创作者彼此能够了解群体共享的行为准则。因此任何创作者只要按照一般理性人的方式行事,就可以预见自己的行为不会侵权。但假如创作者不了解群体的行为准则,或群体的行为准则本身模

---

[80] See Pamela Samuelson, Copyright Principles Project: Directions for Reform, 25 *Berkeley Tech. L. J.* 1175(2010).

[81] See B. MacPaul Stanfield, Finding the Fact of Familiarity: Assessing Judicial Similarity Tests in Copyright Infringement Actions, 49 *Drake L. Rev.* 489(2000).

[82] 很奇怪以往的判断法中缺少“一般创作者”的存在,在侵权法中有“一般理性人”,专利法中有“一般技术人员”,只有在著作权法中不存在涉及行为者本身的标准。

[83] 参见前注[16], Substantially Unfair: An Empirical Examination of Copyright Substantial Similarity Analysis among the Federal Circuits.

棱两可,此时法院可以借鉴第三点,就如同王尔德案中法官所做的。

引入第三方创作者的必要性因法官对领域的熟悉程度不同:①法官本身比较了解所以本人可作为第三方创作者,如对多数文学作品;②通过说明法官基本了解,说明体现了第三方创作者,如对摄影;③创作过于复杂,法官难以了解,因此更适合由专家判断,如对计算机软件。

(三)排除限制性因素

限制性因素主要指社会福利政策、产业政策、媒介政策、法律政策。其存在意味着衡量始终是一个政策问题。在著作权法涉及的利益群体中,除了创作者,还有传播者和公众。与此相对应,客体附着的经济权利也分为三种:再创作权、传播权、使用权。[84]对待传播者和公众,本文认为可以类推适用前文所述的衡量方法,因为传播工作在一定情况下可以视为创作过程的一部分,而所谓公众利益,其实也是把公众看作潜在创造者,单纯的享受作品不具有外部性因而很难值得政策考虑。因此在考虑限制性因素中的媒介政策和社会福利政策时仍可以迭代使用三步衡量法。

1.产业政策:复制和模仿的价值

一项职业活动是否应当鼓励,关系到社会的产业政策。即使创作者都期望自己的劳动成果得到保护,但立法认为这无必要,法律便应该削减保护力度。对著作权法而言,产业政策的核心是复制和模仿对产业发展的影响。

著作权法将对作品的非法利用分为两种:字面侵权(简称为复制)、非字面侵权(简称为模仿)。虽然两种对作者原有市场的影响类似,但对推动创新的作用完全不同。不懂得欣赏作品的人也可以复制,而模仿至少要能够欣赏作品的核心以免模仿时破坏。譬如盗版印刷完全不需要对作品的文学性有任何了解,只需要复印的投资与生产。而仿写至少需要最低的创作水平。在美术领域,临摹和复印的差别更是一目了然。

复制的价值在于传播,模仿的价值在于学习,两者分别在内容的渠道和生产上建设产业基础。因此是否支持复制品和模仿品,可能在不同国家、不同发展阶段、不同文化氛围下会得到不同的结论。“当一国技术水平接近

---

[84] 我国的著作财产权中,再创作权包括复制权(非字面复制)、改编权、汇编权,其余皆为传播权,而使用权由合理使用制度规定。

技术前沿时,严格的知识产权保护有利于经济增长,相反则会阻碍经济增长;不同发展阶段的国家,符合本国经济利益的知识产权保护程度是不一样的。”[85]这在后发的国家都出现过,如日本、韩国、现在的中国。

不仅产业政策上如此,在公众利益层面复制和模仿的价值合理使用制度也不能概括,复制就能表达作者的想法时要求转换性使用的合理使用提高了社会的表达成本。[86]

2.媒介政策:新技术

虽然传播对著作权的意义很容易理解,[87]但很少有人意识到著作权法在传播媒介政策上的作用,直到互联网的出现以及它带来的法律问题使我们发现著作权法采用的媒介政策是“保护现有产业,遏制后进者”。[88]传媒行业中大多数利润由传播者拿走,而作者只能得到一小部分利润。[89]比起创作者对公共利益的影响,传播者和公众的利益矛盾才更为突出。

以往传播的矛盾往往被概括为创作者和公共利益的对立,提高著作权保护范围将提高创作收益,但产生垄断导致的社会净损失,相反作者难以收回固定的表达成本,却能够惠及大众。这番推理有几个缺陷:(1)如前述,激励理论不足以解释为社会利益与自我满足的创作问题;(2)信息泛滥的注意力经济下,名誉等社会利益能带来更大的经济利益;(3)著作权产业的大量收入归于传播者和投资者,[90]而非传统意义上的创作者。传播的矛盾在现代似乎已经有了不同的意义。

有文章论述,作品必须通过传播者的协助才能传播实现,这使传播者与创作者获得了一荣俱荣一损俱损的关系,传播者因其承担的风险和投资成本,而获得相应的回报,回报的多少表现了其传播工作的价值。[91]创作者与

---

[85] 王林、顾江:《发展中国家的知识产权保护与经济增长——基于跨国数据的实证分析》,载《世界经济研究》2009年第5期。

[86] See Rebecca Tushnet, Copy This Essay: How Fair Use Doctrine Harms Free Speech and How Copying Serves It, 114 *Yale L. J.* 535, 590(2004).

[87] See Molly Shaffer Van Houweling, Distributive Values in Copyright, 83 *Tex L. Rev.* 1535 (2004).

[88] See Timothy Wu, Copyright's Communications Policy, 103 *Mich. L. Rev.* 278(2004).

[89] See Jessica Litman, Real Copyright Reform, 96 *Iowa L. Rev.* 1(2010).

[90] 这当然取决于合同,但大多数创作者并未收到传播广泛的经济利益。参见前注⑦, IP in a World without Scarcity;上注 Real Copyright Reform.

[91] 参见熊琦:《著作权法中投资者视为作者的制度安排》,载《法学》2010年第9期。

传播者回报的比例,反映了其成本的差异,大量收入归于传播者的事实表明创作成本相对而言较低,而传播成本更高。但如果确实如此,降低传播成本的非法复制似乎增加了社会利益。还有一种可能是,著作权的垄断水平更多取决于传播者而非创作者,因此垄断利益由传播者获取。从事实来看,本文偏向后一种解释。以学术出版机构为例,40%的暴利却不如非盈利期刊的质量水平,[92]很难让人相信订阅费的飞涨基于其工作价值的提升。不仅如此,大型机构在立法上的影响力足以为其争取更多的垄断利益。[93]

如果垄断利益主要由传播者获取,那么传播的矛盾就应当是垄断利益的获取者——传播者——和公众的矛盾。传播者过高的地位已经受到质疑,[94]毕竟在如今的技术条件下,传播者更可能为自己的利益阻碍新技术的实现。对创作者,创作成本并不因为技术的变化而有太多变数,但传播技术的发展将大大影响传播者的地位和价值,传播者将寻求更高的著作权保护来增加传播成本。[95]

因此,传播者的期望不属于本文所谈一般创作者的期望,而是属于媒介政策。宏观上应当支持更有利于创作者的媒介,通常而言也就是新技术媒介。在传播者的利益和新技术趋势相悖时,提高著作权保护的诉求应当不予考虑。毕竟著作权法希望促进文艺、科学领域的繁荣,而传播者的利益不

---

[92] 网易新闻:《坑穷书生,比卖奢侈品还暴利》,载 http://view.163.com/special/resound/academicpublishing20160517.html,2015年5月18日访问。

[93] See Lawrence Lessig, Free Culture: How Big Media Uses Technology And The Law To Lack Down Culture And Control Creativity 173 (Penguin, 2004); William F. Patry, The Copyright Term Extension Act of 1995: Or How Publishers Managed to Steal the Bread from Authors, An Evaluation of the Copyright Extension Act of 1995, 14 *Cardozo Arts & Ent. L. J.* 661 (1996).

[94] 在2002年,德国还通过了《提高作者缔约地位法案》,旨在使作者在与投资者签订著作权合同时其权利得到更全面的保障。参与起草该法案的德国学者认为,美国关于著作权的格式合同不但剥夺了本国创作者的权利,阻挠了著作权法目标的实现,更威胁到了其他国家创作的源泉与文化水平。参见 Wilhelm Nordemann, A Revolution of Copyright in Germany, 49 J. Copyright. Soc'y U. S. 1041, 2002, 1042-1043。转引自熊琦:《著作权法中投资者视为作者的制度安排》,载《法学》2010年第9期。

[95] See Mark A. Reese Lemley, R. Anthony & Rebecca Tushnet, Reducing Digital Copyright Infringement without Restricting Innovation, 56 *Stan. L. Rev.* 1345 (2003).

能激励创作和传播时便不再有正当的理由支持。[96]只有传播者确实与创作者形成一荣俱荣一损俱损的关系时,传播工作可以当作创作活动的延续,因而也可以成为衡量创作者期望的内容。事实上,多数著作财产权都是传播权,媒介政策值得认真对待。

3. 社会福利政策:享受者与潜在的创造者

以往的理论认为知识产权的非稀缺性是因为信息边际成本为零,因此给予著作权人毫无必要的激励利润只会增加社会净损失。但本文认为,相比知识的累积效应,此外部性的损失是微不足道的。为此有必要区分出公众的两种身份:作品的享受者与潜在的创造者。

对于作品的享受者而言,文艺领域带来的享受是一种娱乐性的享受,与其他娱乐休闲活动没有差别,很难说打麻将和看电视剧两者谁带来的社会娱乐更多。一种娱乐方式不能获得时,替代性活动不可胜数。即便所有娱乐作品公众全部可以免费获得,也很难说促进了公共利益,人们不过从打篮球变成玩电子游戏而已。过多的娱乐作品并不必然增加社会福利,事实上,现代社会正遇见相反的问题,过多选择使人们无从进行有效选择。[97]

但是,对于潜在的创造者来说,大量可免费获取的创作素材极其有益,尤其是搭配现代先进的搜索技术。无论是作品中的思想还是表达,都能成为后人站立的"巨人肩膀"。本领域、跨专业都可能因为某作品发展新的内容,因而形成知识的累积效应。知识进步的速度越来越快,[98]如果遏制了知识的创造与传递,社会将遭受不可预估的损失。UGC[99]平台的增多,使作为公众的创作者身份更加明显。[100]

因此,考虑知识产权的正外部性,主要应当考虑作为潜在创造者的公众,而潜在创造者在界定相关创作领域时已经以新手的形式出现,衡量包括新手在内的创作者期望,便相当于衡量了公众利益。合理使用也可以借助

---

[96] See Wendy J. Gordon, Core of Copyright: Authors, Not Publishers, 52 *Hous. L. Rev.* 613 (2014);前注[89],Real Copyright Reform.

[97] 赵毅衡:《符号学:原理与推演》,南京大学出版社2011年版,第383页。

[98] 严成樑:《社会资本、创新与长期经济增长》,载《经济研究》2012年第11期。

[99] User Generated Content,用户生产内容,如论坛、社交网站、微博、Youtube、维基百科。

[100] See David E. Ashley, Public as Creator and Infringer: Copyright Law Applied to the Creators of User-Generated Video Content, 20 *Fordham Intell. Prop. Media & Ent. L. J.* 563 (2009).

三步衡量法确定。

4.法律政策:与其他法律

当一项客体或权利通过以上推理确定予以保护时,最后要考虑给予其著作权或是其他法律的保护。对于使用不同法律的成本和效果,律师和法学家多有论述,[101]创作者自身亦能有所了解。本段主要以作者标准重新审视两个常见的替代选项(反不正当竞争法、专利法)。

(1)与反不正当竞争法

反不正当竞争法(以下简称不正当法)经常被考虑为著作权法不予保护时的替代方案之一,也被认为是著作权法的兜底条款。[102]不正当法确实补足了激励理论的缺陷,但聚焦于经营者,前文三种模型中心理的“正当”期待最需要保护的业余创作者却与之绝缘,使著作权不予保护的客体下,企业可以任意使用个人的创作成果。而如果个人将其创作成果卖于或赠与其他经营者,作品却又能够受到保护。

由此,著作权法的客体范围仍有必要增加一定的灵活性。

(2)与专利法

著作权法涉及相当多与实用性相关的客体,如何过滤适合专利保护的部分是著作权法法律政策的核心问题。以作者标准来看,著作权的独创性来自于创作过程中接近无限的创作空间,因此独立创作出与他人类似的结果都很难。而专利发明则不同,给予限定的条件和问题,能够解决问题的方案有限。[103]因此创作过程中条件给定、结果可预知的唯一性部分可能适合专利法保护,而选项丰富、结果难以预知的诸多可能性部分成为著作权法保护客体,如Pivot案便采用“设计过程判断法”[104]来区分“可保护的图形及雕

---

[101] 在理论和实证上都提供了意见,See Christopher Burns Buccafusco, Zachary C. Fromer, Jeanne C. Sprigman, Christopher Jon, Experimental Tests of Intellectual Property Laws' Creativity Thresholds, 92 *Tex. L. Rev.* 1921(2013);崔国斌:《知识产权确权模式选择理论》,载《中外法学》2014年第2期。

[102] 参见杨明:《试论反不正当竞争法对知识产权的兜底保护》,载《法商研究》2003年第3期。

[103] 但克服的困难却可能更大,因此以更强的排他权利激励发明者解决问题。

[104] “设计过程判断法”排除设计过程中基于实用性考虑影响的部分。其他人对艺术性主观评价的批评是不理解设计过程的客观性,因为设计者往往在一些给定的需求和条件下进行设计,并且有一个明确预料的结果。这与前文所言的专利特征一致。

塑作品与不可保护的工业设计”。[105]其他的方法中，[106]不借助于受众或者作者的“主要/次要判断法”过于任意。除了“设计过程”，其他都是受众标准。受众标准可以接受，只是较“设计过程”需要更多人判断。

四、作者标准与法律实践

（一）灵活的著作权法

创作的异质性正在要求更灵活的著作权制度。美国版权改革小组建议重新建立版权注册制度，区分作者难以商业利用或放弃利用的作品与版权法原本试图激励的作品，以此促进更高效的版权保护。[107]有学者认为应当赋予创作者退出著作权保护的便捷途径，以适应不同行业、不同创作者的需求。[108]随着产业发展，我国各行业的版权意识都在逐渐加强，但与此同时利用版权的问题也在暴露：

1. 有实力的传播者（而非创作者）开始利用版权获取高额的垄断利益。学术出版机构获取高额利润的新闻中提到北京大学、武汉大学难以支付知网订阅费用。[109]

2. 媒体过多利用部分内容司法判断成本高而抄袭成本低的作品。如前文所述，因为普遍创作者技艺的娴熟，创作的主要工作就转移向了更抽象的

---

[105] “版权法在很多地方要划分界线，不过没有线比可保护的图形及雕塑作品与不可保护的工业设计之间的那道线更难划。” 前注⑳，Pivot Point Intern.，Inc. v. Charlene Products，Inc.，at 921.

[106] *Ibid*，*at* 923. 对受保护的实用艺术品，法官总结了以下方法：“主要/次要判断法”指其艺术特征是主要的，功能性特征是次要的；“可销售判断法”指其没有功能性仍然有人愿意为其艺术特征购买；“注重设计过程的判断法”指该物品的艺术设计没有受到功能性考虑的重要影响；“临时置换判断法”指作品在旁观者脑海中激发起了一个实用性的观念，此观念可暂时被艺术性的观念替代。

[107] 参见前注⑧，Copyright Principles Project：Directions for Reform.

[108] 参见前注⑦，IP in a World without Scarcity.

[109] 参见前注⑫，“坑穷书生，比卖奢侈品还暴利”。

部分。有程序员利用代码防抄袭的方式回击"洗稿"[110]行为。[111] 本文作者一方面赞叹该程序员的才华,另一方面不得不承认著作权法对创作者的请求保持沉默——即便司法程序中艰难地获得了胜利,侵权赔偿数额过小。《上海知识产权诉讼报告2014》[112]表示上海单件著作权侵权案件赔偿仅14,048.9元。

著作权法的僵化体现在两方面:一是无视领域差异采用了一致的保护力度;二是无视社会发展以原有的程度保护。司法的迟钝和不确定将会反版权社会规范的形成、自力救济的数量增加和深受利益集团的立法决策增多。[113] 本文提出作者标准以及三步衡量法,本意都在建立一种灵活的制度,能够最优化版权保护的效益。若要适用于现有的法律,有两种途径:

1. 法条中设立具有开放性的条款。不完全是兜底条款或一般条款,如客体类型可以设立一类"新型作品",对其赋予更重的举证责任:要求证明作品类型是立法后诞生的新型作品和较高的独创性。

2. 裁判方法中引用具有开放性的方法。本文建议以了解行业现实的一般创作者应对社会变化与行业差异,相关受众也同样具有开放性。

本文主要基于第二种途径进行论述。以游戏为例,新的裁判方法能得出与传统推理不同的结论。

(二)游戏

1. 传统对待游戏的方式

以往讨论游戏的重点往往在于某项游戏元素或游戏本身是否属于著作权法保护的作品类型,其中作品标准的缺陷暴露无遗。游戏系统、游戏规则,总与系统、智力规则等"思想"的语词相近,便不当保护,若换成游戏机制、游戏玩法,"思想"性便有所减弱。对创作者而言,期待著作权法保护的内容不变,但难以制造相应的概念,其劳动果实就无法被保护吗?《炉石传

---

[110] "洗稿"是指通过某种手段隐藏稿件的来源。背后更意味着传播方对利益的追求超过了著作权法对创作者的保护。

[111] 参见霍炬:《和程序员打官司是一种怎样的体验》,载 http://www.donews.com/idonews/article/8600.shtm,2016年5月28日访问。

[112] 参见智合东方:《知识产权诉讼胜率达九成》,载 http://zhihedongfang.com/article-2767/,2016年5月24日访问。

[113] See Ben Depoorter, Technology and Uncertainty: The Shaping Effect on Copyright Law, 157 *U. Pa. L. Rev.* 1831(2008).

说》著作权和反不正当竞争两案[114]中,卡牌的组合因无相应作品类型难以得到著作权保护,同一位法官在反不正当竞争案中既承认游戏机制的创造性,又承认其保护对行业的重要性。[115]但反不正当竞争法无法保护非商业的个人创造,对许多独立游戏开发者未必友好。更何况,除了落后的立法,著作权法实在没有拒绝保护游戏机制的理由。

对于游戏机制而言,问题不是游戏机制是不是思想,[116]而是游戏机制具体到什么程度可以构成表达——它的创作空间何在。这一点我们依然可以借助创作者判断。

2. 游戏的三步衡量法

(1)界定相关创作领域

游戏创作由许多不同的活动以及相应的角色组成,不仅包括美术、程序、剧本、音乐(受现有著作权法保护的作品类型),更重要的工作还有游戏策划。游戏策划既是工作也是职业,与导演在制作电影过程的角色类似。游戏策划不仅在游戏创作中担任核心,在外界也是最知名的总负责人。游戏策划负责游戏的创意到具体机制等各方面,机制可能包括谜题的设置、操作的创新、难度与数值平衡、收集与隐藏要素的设计,等等。上述元素的设计赋予游戏机制丰富的创作空间,市场上无数机制大相径庭的游戏也证明了此点。无法不承认策划的工作既重要又富有创造性。

(2)衡量一般创作者期望

游戏界内部对抄袭与借鉴的界限展开了积极讨论。例如在《抄游戏玩

---

[114] 参见 Blizzard Entertainment, lnc.(暴雪娱乐有限公司)等诉上海游易网络科技不正当竞争纠纷案,上海市第一中级人民法院民事判决书(2014)沪一中民五(知)初字第22号。Blizzard Entertainment, lnc.(暴雪娱乐有限公司)等诉上海游易网络科技有限公司著作权权属、侵权纠纷案,上海市第一中级人民法院民事判决书(2014)沪一中民五(知)初字第23号。

[115] "游戏机制尚不能获得著作权法的保护,并不表示这种智力创作成果法律不应给予保护。游戏的开发和设计要满足娱乐性并获得市场竞争的优势……需要极大的创造性劳动。同时,现代的大型网络游戏,通常需要投入大量的人力、物力、财力进行研发,如果将游戏机制作为抽象思想一概不予保护,将不利于激励创新,为游戏产业营造公平合理的竞争环境。"参见《炉石传说》反不正当竞争案,上海市第一中级人民法院民事判决书(2014)沪一中民五(知)初字第22号。

[116] See Bruce E. Boyden, Games and Other Uncopyrightable Systems, 18 *Geo. Mason L. Rev.* 439, 480(2010-2011). 文章将游戏视为系统,尤其视为状态机误解了思想和表达的关系。然而如果一种状态机有丰富的表现方式,为什么它的表现方式不能受到保护?

法,能算偷吗?》[117]一文中,作者逐层递进讨论了抄两款游戏的玩法,抄一款游戏的美术内容和另一款游戏的玩法,抄另一款游戏的玩法自己制作美术内容是否构成游戏抄袭,其中都肯定了游戏机制是游戏最重要的核心。诸多山寨游戏下玩家的评论亦可证明消费者期待真正有创造力的游戏机制。

如在个案中,法官可以询问第三方游戏设计师或其他机构的意见判断此类机制的近似或复制是否是行业不予认可的工作。

(3)排除限制因素

最后看产业政策和法律政策:近来游戏行业高速发展,我国游戏产业实际销售收入已经达到 1407 亿元人民币,[118]几乎不缺少资本也不缺少人力,但是没有任何拥有国际竞争力的大作。相反,被称为"微创新"的山寨作品却比比皆是。他们的才智用在如何更快地抄袭他人的游戏,而非自己创作和探索。只改动美工,对游戏机制尚不理解便复制,对社会而言连模仿学习的价值都不存在。山寨作品也确实影响了作者的创作动力,"那段时期连续几个晚上彻夜难眠,希望通过自己的努力,让商店下架那些所有抄袭《Threes!》的游戏"。[119]自此作者不愿公开分享游戏设计经验,也可以看出山寨作品对行业发展的阻碍。

而法律对游戏机制几乎没有反应,只是以反不正当竞争法给予兜底保护。但美国已经有案例承认游戏机制的著作权保护,说明游戏机制受著作权法保护并不必然存在法理障碍。俄罗斯方块案中法院即认可了对游戏机制的保护,原因在于:并非所有与游戏机制、功能有关的表达都不受保护,如果表现这一规则的方法有无数种,那么原告的特定选择就构成了受版权保护的表达。否则版权保护的范围就太窄了。[120] 而《Bang!》一案中也是如此,法官认为"角色扮演游戏远不像受机械活动控制的游戏(譬如掷骰子)那样受限。角色扮演游戏体验背后的驱动力来自个人判断和玩家间的互动。游

---

[117] 参见触乐网:《抄游戏玩法,能算偷吗?》,载 http://www.chuapp.com/2016/04/19/238380.html,2016 年 5 月 15 日访问。

[118] 参见人民日报:《中国游戏产业收入超 1400 亿》,载《人民日报》2016 年 1 月 7 日第 15 版。

[119] 参见触乐网:《〈Threes!〉创作者:这一次,我不会给抄袭者任何机会》,载 http://www.chuapp.com/2016/03/01/230479.html,2016 年 5 月 15 日访问。

[120] See Tetris Holding, LLC v. Xio Interactive, Inc., 863 F. Supp. 2d 394, 405(D. N. J. 2012).

戏设计师用来塑造此类体验的创造性方式是可受版权保护的表达”。[121]

3. 小结

上述讨论简言之就是,游戏策划(谁)期待游戏机制的创作受保护(怎样的保护),没有其他法律提供合适的保护而产业发展需要满足这样的期待(政策是否鼓励)。虽然文字数量较少,但上述最重要的内容也是与作品标准截然不同的部分是“游戏策划”。作品标准从未产生过以职业来判断作品类型、以职业活动来判断独创性的方法。因此作者标准下保护游戏机制是简单明了的结论,但作品标准要花很多功夫争议游戏中思想表达——两个从未说清楚的概念——的区分。毫无疑问,不必要的争论使法律应对社会变化更加滞后。

五、结语

本文努力梳理一条思路提醒法官、立法者:应当考察实际创作过程,注意其中的差异与多样。澄清并发现问题之后,如此才可能建立起有效且协调的基本原理与判断规则。这也是文章以区分三种标准开始的原因,而选择创作者为中心也是因为它更可能显示创作过程的重要和异质,而且主流的激励理论和人格理论都以创作为核心。

三步衡量法的核心在于:将问题具体化、将客体分析转为生产活动和期望的分析、将利益矛盾内部化。深入创作内部之后,解决实际问题的需要自然战胜了解决概念问题的需要。借助于创作者,我们拥有了解决问题的灵活性和一致性。著作权法存在的社会环境已经发生了翻天覆地的变化,旧有理论的偏颇与僵化难以处理新的挑战。作者标准作为一种思考方式或者能有一定启发。

---

[121] See DaVinci Editrice S. R. L. v. ZiKo Games, LLC, 2014 WL 3900139 (S. D. Tex. Aug. 8, 2014).

The Core of the Copyright LawJudgment: The Author, not the Work

Abstract: The copyright fields differ in essence. The discoveries from psychology and industry research have proved that such heterogeneity is unelectable. It may not improve the creativity to apply the mere incentive theory and the economic protection in the same degree to all fields and all authors. Significant copyright rules are all in obvious chaos facing heterogeneity such as different kinds of work. This article tends to clarify three confusable standards of author, work as well as audience and to build an author - centered three - step test based on the fundamental purpose of copyright law. Therefore, ownership and scope of rights can be determined flexibly and effectively to make each copyright area flourish.

Keywords: Copyright; Author; Heterogeneity; Judgment; Work

(潘陈雨　编辑)

专利高价的反垄断法规制研究

刘嘉纯[*]

摘要:近年来,专利垄断高价案件在国内外频繁发生。一方面,对专利产品收取许可费是专利法激励机制的基础。另一方面,反垄断法认为,不合理的高价可能会损害市场竞争和消费者福利。

现实中对专利垄断高价存在两种不同的规制态度。一种是不干预理论,认为价格干预会阻碍创新积极性,法院也不适合成为价格管制者。另一种是干预理论,认为专利权人收取过高定价的行为可能构成滥用市场支配地位。2013 年的华为诉 IDC 案和近期国务院的指南草案表明,我国主要采纳了干预态度。

本文认为,考虑到专利权的属性和确定价格的难度,我国反垄断法应保持严谨克制的态度,对专利高价以不干预为原则。法院不应当代替企业就日常经营的具体决策做出决定,而应专注于保护市场结构和市场状态。

关键词:专利高价　反垄断　价格　规制

近年来,“专利垄断高价”一词在世界各国频繁出现,

* 清华大学法学院知识产权法 2014 级硕士研究生。

尤以法院受理反垄断诉讼[①]和行政执法部门对跨国公司展开反垄断调查[②]为典型。随着我国通讯、科技行业的发展和专利竞争的加剧,国内也出现了专利垄断高价纠纷。

本文讨论的对象是拥有垄断地位的单个专利权人在专利有效期内对专利产品收取过高价格的行为。一方面,专利法对专利权的定义是:禁止未经专利权人许可为生产经营目的制造、使用和销售专利产品等的排他性权利。专利权人依自己的意愿许可和销售专利是基本权能。另一方面,反垄断法认为,专利权人对价格的设定不享有绝对的自由。专利权人收取不合理的价格,可能构成滥用市场支配地位。过高的定价会扭曲价格机制的作用,剥夺消费者福利,损害社会竞争秩序。

目前,学界对专利垄断高价的规制有两种态度。不干预理论以美国为代表,其不认为专利高价是滥用支配地位的行为,对专利高价采取不规制的宽容态度。干预理论则以欧盟为典型,其认为垄断高价可能构成排除或限制竞争行为,对垄断高价持规制态度。

这两种态度对专利权人的定价权有着截然不同的理解。支持不干预理

① 2004 年,美国加州的五个县和两个城市联合起诉微软公司,指控微软利用垄断势力拒绝加州政府在购买软件产品上的自由选择并收取高额费用。旧金山政府指控微软的策略给使用其 Windows 操作系统、Word、Excel 软件的用户造成了损失。参见"California sues Microsoft for antitrust - again",载 http://www.cnet.com/news/california-sues-microsoft-for-antitrust-again/#,2017 年 4 月 4 日访问。2004 年,旧金山一家小法律事务所在旧金山地方法院指控微软公司在 1995 年至 2001 年期间通过垄断力量,预装软件市场,哄抬产品价格。参见新浪科技:《法庭裁定微软为垄断案支付 1.125 亿美元律师费》,载 http://tech.sina.com.cn/it/2004-09-17/1011427037.shtml,2017 年 4 月 4 日访问。2014 年,中兴通讯就美国专利运营公司 Vringo 向欧盟委员会提出反垄断调查申请,认为 Vringo 在欧洲涉嫌滥用市场支配地位,在专利谈判中坚持不合理的许可费,且将大规模诉讼作为谈判筹码,干扰了中兴的正常市场经营。参见凤凰财经:《中兴通讯向欧盟提交针对 Vringo 反垄断调查申请》,载 http://finance.ifeng.com/a/20140620/12578421_0.shtml,2017 年 4 月 4 日访问。

② 2005 年,诺基亚、爱立信公司向欧盟投诉高通公司的定价问题,欧盟随后对高通专利授权定价过高的问题展开反垄断调查。2006 年,韩国对高通开展反垄断调查,内容包括对客户收费是否过高。2012 年,欧盟对摩托罗拉移动展开反垄断调查,内容包括判定摩托罗拉移动是否为向苹果公司和微软公司发放专利许可提出不合理的许可费条件。2012 年,欧盟对三星电子展开发垄断调查,内容包括调查三星是否违背其加入标准组织时做出的 FRAND 承诺(公平、合理、非歧视的许可费)。2013 年,欧盟对飞利浦和三星电子展开突击反垄断调查,内容包括调查企业是否限制了部分产品在网络上的销售,从而提高价格。2015 年,我国发改委对美国高通公司展开反垄断调查,内容涉及高通公司是否就其专利收取了不合理的高额许可费。

论的学者认为,对专利定价是企业的自由,市场本身可以调节过高定价行为。对独占者而言,威胁其独占地位的恰恰是准予其尽所能地贪婪获利的价格。③ 干预理论的学者则认为不干预理论将市场灵敏度理想化了,完全忽略了对消费者的保护。④ 对于反垄断法规制超高定价的难点,可以尝试适用经营者承诺制度。⑤ 不能因为证明垄断高价有困难就回避这一问题。⑥ 标准专利技术的所有人利用垄断地位要求被许可方支付高价,这是典型的滥用市场支配地位的行为。⑦ 孙威认为,问题的关键在于,垄断高价的负面影响究竟应当通过法律手段加以规制,还是依靠价格机制自我修正。改变相关市场的结构、消除市场支配地位,才是根本出路。⑧ 丁茂中认为,如果专利高价导致相关市场出现实质性进入壁垒或实质性被动驱离现象,且有合理证据证明专利权人主观上有动机或客观上采取了行动,则执法机构应当及时介入进行制止。⑨ 孟雁北认为,反垄断法对市场主体自主定价权的限制是为了维护竞争和消费者福利。⑩ 标准必要专利权人拥有自主定价权,但是同时受到法律的限制。⑪ 时建中认为,垄断性高价或低价是占有市场支配地位的经营者采取的较为普遍的行为方式,对消费者福利有重大影响,反垄断法应该进行规制,至于执法和司法中遇到的困难不应当成为取消规制垄断性高价或低价的理由。⑫

我国2013年的华为诉IDC案和国务院反垄断委员会公布的《关于滥

③ 参见孔祥俊:《反垄断法原理》,中国法制出版社2001年版,第560~572页。

④ 参见种明钊:《竞争法》,法律出版社2008年版,第296页。

⑤ 参见王先林:《超高定价反垄断规制的难点与经营者承诺制度的适用》,载《价格理论与实践》2014年第1期。

⑥ 参见王先林:《知识产权与反垄断法:知识产权滥用的反垄断问题研究》,法律出版社2008年版,第248页。

⑦ 参见李伯侨、梁森、祝茹:《技术贸易中的垄断高价及其法律规制——以标准化专利的许可为视角》,载《特区经济》2009年第3期。

⑧ 参见孙威:《规制垄断高价的必要性研究》,载《暨南学报》(哲学社会科学版)2011年第4期。

⑨ 参见丁茂中:《论专利高价许可的反垄断规制》,载《知识产权》2016年3期。

⑩ 参见孟雁北:《反垄断法对市场主体自主定价权的限制》,载《法学杂志》2005年第6期。

⑪ 参见孟雁北:《标准必要专利定价行为的反垄断法规制研究》,载《价格理论与实践》2015年第2期。

⑫ 参见时建中:《反垄断法——法典释评与学理探源》,中国人民大学出版社2008年版,第209页。

用知识产权的反垄断指南(征求意见稿)》表明,我国执法部门采纳的主要是干预态度。本文将首先从华为诉IDC案入手,探讨我国法院在专利垄断高价问题上的探索与尝试。

一、中国的探索:华为诉IDC案

(一)案情梳理

华为诉IDC案是我国第一起涉及专利滥用的垄断高价案件。⑬ 案件双方是华为公司和美国IDC公司。原告华为公司是世界范围内著名的无线通信设备生产商。被告IDC也是全球知名的信息科技技术服务提供商,在技术通讯领域拥有大量必要专利。华为与IDC自2008年11月起就涉案必要专利许可进行了多次谈判,均未达成协议。2011年华为向深圳市中级人民法院提出两起诉讼:一起为FRAND费率确认之诉,请求法院按照公平原则确定IDC许可费;一起为反垄断之诉,请求法院判令IDC停止滥用市场支配地位并赔偿损失。二审中广东省高级人民法院认定,IDC在中国和美国的3G无线通信技术标准的每一个必要专利许可市场,均构成一个独立的相关市场。作为唯一的供给方,IDC公司在每一个市场内具有完全份额,具有阻碍或者影响其他经营者进入相关市场的能力,具有市场支配地位。

就被控行为是否构成过高定价,本案涉及我国《反垄断法》第17条第1款第1项的适用。该条禁止具有市场支配地位的经营者"以不合理的高价销售商品"。法院综合考虑IDC给其他公司的许可费率、IDC对华为收取更高许可费的正当性,以及IDC在美国对华为的诉讼情况,认定IDC的报价构成不公平的高价。因IDC拒绝向法院披露具体许可费率,法院根据IDC年报、其他被许可人的销售收入等情况,推算出了IDC给其他被许可人的许可费率,并与IDC拟向华为收取的许可费对比。法院认为,IDC拟对华为公司收取的一次性固定费率,"均明显不合理的高于其授予苹果公司的一次性专利许可使用

⑬ 参见(2013)粤高法民三终字第305号、第306号判决书。另,鉴于在高通案中,高通公司的具体行为是打包专利许可、专利过期后保持许可费不变等,不涉及本文讨论的专利权人在权利有效期内单纯收取垄断高价的行为,因此本文对高通案不做讨论。

费”,构成滥用市场支配地位,最终酌定IDC赔偿华为公司2000万元。

在FRAND费率确认之诉中,广东省高级人民法院将合理许可费确定为0.019%。⑭ 标准必要专利固然有其性质上的特殊性,但本案对了解法院规制一般专利高价的态度和思路依然有很大的学习意义。

(二)引发争议

据IDC公司2015年向美国证券交易委员会提交的资料,IDC已于2014年4月向最高人民法院申请再审。⑮ 对于二审判决,有学者认为法院判决正确,有理有据,保护了无线通信设备市场的竞争。⑯ IDC自身则认为,法院的逻辑并不缜密。例如IDC给苹果和华为的许可费率未必具有可比性,因为IDC的专利授权范围并不同;苹果获得的是移动终端授权,三星获得的是移动终端和基础设施授权。法院计算平均许可费率时,也没有考虑IDC和苹果在签署许可协议时均没有预料到苹果手机未来巨大的市场成功。⑰ 法院也没有进一步分析价格高到何种程度才会排挤竞争对手。也有观点认为,法院对商业行为从“事后”进行判断,容易产生“事后之明”的认知偏差。⑱

本文认为,广东省高级人民法院将诉争许可费率与专利权人就相同专利(然而许可范围也不尽相同)给其他被许可人的许可费率进行比较,这一操作存在很大的模糊之处。第一,就不同授权范围的许可费率不加区别的

---

⑭ 参见(2013)粤高法民三终字第305号判决书:“根据苹果公司历史销售业绩数据并参考华为公司的保守计算……IDC公司许可给苹果公司的专利许可费率仅为0.0187%左右……按照许可费率计算,IDC公司许可三星公司的专利许可费率也应当在0.19%左右……根据以上情况,综合考虑他们之间专利许可实际情况的差别,以及华为公司如果使用IDC公司在中国之外的标准必要专利还要另行支付使用费的情况,避免专利使用费的过高堆积,在IDC公司许可给苹果公司的许可费率0.0187%的基础上,将专利许可费率确定为0.019%是适当的。”

⑮ INTERDIGITAL, INC., Form 10-Q (for the quarterly period ended March 31, 2014, Commission File Number 1 - 33579), Part II, Item 1 Legal Proceedings http://www.sec.gov/Archives/edgar/data/1405495/000140549514000017/idcc-20143312014.htm#sC9240CF5F5A753D656B388B46719C341? sukey=c5da2e84cc454106b3bcdaf7813718d6bd85d7bc9c610374b88fc6132ea26c32fdd06d4aec8f98fa363555e612ef198d(last visited April 3,2017).

⑯ 参见王晓晔:《市场支配地位的认定——对华为诉IDC一案的看法》,载《人民司法》2014年第4期。

⑰ 同前注⑮。

⑱ 参见李剑:《标准必要专利许可费确认与事后之明偏见——反思华为诉IDC案》,载《中外法学》2017年第1期。

比较是没有意义的,IDC给苹果、三星和华为的授权范围完全不同。IDC与各方达成交易的时间也不同,给苹果授权是在2007年,而与华为的谈判已经到了2013年。在瞬息万变的电信通讯行业,时间差异和不同时期的市场现状会对许可价格产生重大影响。第二,法院计算综合许可费率的方法不准确。法院在本案中遇到了典型的信息不对称问题,作为交易双方之外的第三人,无法了解IDC公司、苹果公司和三星公司内部的成本、利润等数据。除非当事人愿意配合,否则法院只能以局外人的身份依据公开市场数据估算。而法院以"苹果公司历史销售业绩"作为基数,既没有考虑到授权后巨大的市场成功给苹果公司带来的溢价,也没有准确衡量IDC授予的特定技术对苹果手机价值的贡献率,数据准确性和针对性均欠缺细致的考量。因此,法院在本案中对"不合理高价"的认定标准和操作方法有很大的不足之处。

总体而言,"可比照的许可费率"方法最早是由干预理论的代表欧盟提出和实施的。基于我国反垄断执法在专利高价领域还不够成熟,不妨通过梳理欧盟的相关判例和实践以了解干预理论的逻辑和理由。

二、干预理论

(一)欧盟的温和管制

1. 欧盟竞争法规范

欧盟竞争法将过高定价认定为滥用市场支配地位(Abuse of Dominant Position)的行为。《欧盟运行条约》第102条(前身为《罗马条约》第82条)规定:"一个或几个企业在共同体市场上或者在该市场一个重大部分滥用其市场支配地位,如将损害成员国之间的贸易,该行为与共同市场是不协调的,应予禁止。尤其是含有以下情形的滥用行为:(a)直接或间接强迫接受不公平的购买或销售价格,或者其他交易条件……"市场支配地位是指企业可以享受一种给予其独立于竞争者和最终消费者而为自己利益阻止相关市场有效竞争的经济力量的地位。[19]

---

[19] Case 27/76 United Brands Co. v. Commission, [1978] 1 C. M. L. R. 429, para 65.

过高定价(Excessive Pricing)在欧洲竞争法上包含两种情况:掠夺性(Exploitative)和排他性(Exclusionary)。掠夺性滥用是对市场力量的直接掠夺,支配企业向终端消费者或者与其无竞争关系的买方收取高价。排他性滥用通常是打击竞争对手以加强和维持支配企业地位的手段,比如在上游市场的支配企业将价格定得非常高,零售与批发之间的差价使下游市场的公司难以盈利。[20]

过高定价的受害者首先是价格的承受者,即消费者。垄断的直接效果是使消费者福利向生产者福利转移。单个主体的过高定价行为一般被认定为掠夺性滥用。另一方面,专利高价会提高后续改进发明的成本。改进发明人或需要支付许可费,或需小心翼翼地绕开专利,寻找不侵权的周边技术。从这个角度来说,专利高价也可能构成排他性滥用。

2. 欧盟竞争法判例

(1)一般高价判例

欧盟竞争法上的几个一般垄断高价案例影响深远,为专利垄断高价案提供了基本思路,其中最重要的包括 General Motors 案和 United Brands 案。

在 General Motors 案中,根据比利时高速公路的上路要求,在比利时组装和进口至比利时的汽车均需要获得相关许可。汽车获得许可后,汽车生产商或代理商应对每一辆车签发合格证书。General Motors Continental NV 公司即是负责就通用公司相关的汽车获得比利时合格证书并收取相关费用,其负责对象不仅包括通用汽车销售计划中的汽车,还包括来自私人消费者和零售商平行进口渠道的汽车。从 1973 年 8 月 1 日开始,General Motors Continental NV 公司实施了新的收费标准,对美国生产的汽车每辆收费 5300/7000/30,000 法郎,对欧洲生产的汽车每辆则收费 1250 法郎。随后,欧共体委员会认为 General Motors Continental NV 公司的行为构成滥用,对其作出了罚款的决定。General Motors Continental NV 公司不服,向欧盟法院提起上诉。欧盟法院认为,对平行进口汽车发放证书收取过高费用的行为是不公平的,占据市场支配地位的企业收取"与所提供服务的经济价值

---

[20] Massimo Motta & Alexandre de Streel, *Exploitative and Exclusionary Excessive Prices in EU Law*, available at https://www.researchgate.net/publication/251745586_Exploitative_and_Exclusionary_Excessive_Prices_in_EU_Law(last visited April 3,2017).

(economic value)相比过高价格的行为构成滥用市场支配地位”,通过价格阻碍了平行进口,导致了不公平贸易。[21]

在1978年的United Brands中,联合商标公司是当时世界香蕉市场上最大的公司。联合商标公司对其在欧洲不同成员国的经销商就相同质量的香蕉产品收取不同的费用,费用差异有时甚至达到138%,并且拒绝给一家丹麦公司Olesen提供一种品牌名称为Chiquita的香蕉。欧共体委员会启动调查程序,认为联合商标公司的行为构成滥用,随后联合商标向欧盟法院起诉。法院在本案中没有支持委员会的主张,但在判决中给出了分析垄断高价的标准。法院认为,占有支配地位的企业直接或间接收取过高购买和销售价格的行为是一种滥用。法院需要确定支配企业是否利用垄断地位带来的机会,收取了在正常和充分竞争情况下本无法获得的利润,[22]并援引了General Motors案“不合理价格”的标准。

(2)专利高价判例

欧盟目前尚缺乏直接认定专利权人索取过高价格构成滥用的典型案例。下述的Parke,Davis案和Renaullt案均是讨论专利商品价格比非专利商品价格高是否构成滥用的案例。欧盟法院一方面认为单纯的价格差不足以证明实施了滥用;另一方面在著作权和商标权案件中,又支持过高价格可能成为决定滥用的因素。

在Parke,Davis案中,权利人在荷兰拥有一件药品专利。另一功能效果相似的非专利药品从另一成员国被引进荷兰。案件的争议焦点是:专利权人以比相似的非专利产品更高的价格提供产品的行为,是否违反《欧共体条约》第85条。当时共同体内成员国关于知识产权保护的规则还没有统一,成员国间不同的知识产权法律规定可能给专利商品的自由流动和市场竞争带来阻碍。法院首先认定,在成员国层面赋予知识产权不代表该权利的行使产生了市场支配地位、滥用并影响了成员国贸易。针对价格问题,法院认为,尽管在判断是否存在滥用时,专利产品的销售价格是考量因素之一,但是专利产品比来自另一成员国的非专利产品价格更高,并不足以构成

[21] Case 26/75 General Motors Continental NV v. Commission, [1975] E. C. R. 1367, [1976] 1 C. M. L. R. 95.

[22] Case 27/76 United Brands v. Commission, [1978] E. C. R. 207, [1978] 1 C. M. L. R. 429.

滥用。[23]

在 Renault 案中，争议焦点是汽车生产商对汽车备用零件的装饰设计申请专利权的行为是否被允许，以及是否违反欧盟竞争法。法院援引了 Parke，Davis 案：“专利生产商收取比独立生产者更高的价格不一定会构成滥用，因为外观设计的权利人能够合法的要求对自己在被保护设计上的投资获得回报。”[24]

Parke，Davis 案和 Renault 案都是专利产品比相似的非专利产品价格更高的情形。判决表明，基于知识产权投资激励的原因，法院一般会认定专利产品价格更高不足以证明构成滥用。

Deutsche Grammophon 案涉及著作权的反垄断问题。本案的争议焦点是，德国唱片生产商在德国设定的售价高于原产品在法国和重新进口至德国的价格，这种行为是否构成对其发行权（Right of Distribution）的滥用。著作权人在法国和德国都享有知识产权。法院认为，在不同国家的价格差未必能够证明构成滥用，但是，如果没有其他正当的反对理由，这可能成为决定滥用的因素之一。[25] 在另一起关于商标的 Sirena 案中，法院也认为产品的价格水平，特别是当价格特别高并没有正当理由时，价格可能成为确定构成滥用的因素。[26]

在 Volvo 诉 Erik Veng 案中，欧盟法院指出，工业产权可能成为滥用市场支配地位的工具，特别是当权利人收取不公平的高价时。如果工业产权被权利人用来挡开潜在竞争者并在某种程度上加强对自己支配地位的滥用，工业产权就成为了滥用市场支配地位的工具。保护共同市场的竞争和尊重成员国内的工业产权是法律承认的两项原则，通常而言二者并无冲突。但在商品受到人为庇护免于竞争压力的情况下，协调上述两个明显冲突的目标是欧盟委员会的职责。委员会一方面要奖励创新者，另一方面要保护

---

[23] Case 24/67 Parke, Davis and Co. v. Probel, Reese, Beintema-Interpharm and Centrafarm, [1968] EUECJ R – 24/67.

[24] Case 53/87 Maxicar v. Renault, [1988] E. C. R 6039.

[25] Case 78/70 Deutsche Grammophon Gesellschaft mbH v. Metro-SB-Großmärkte GmbH & Co. KG. [1971] E. C. R. 487.

[26] Case 40/70 Sirena S. r. l. v. Eda S. r. l. and others, [1971] E. C. R 69.

消费者。[27]

(二)干预的理论基础

1. 抑制垄断价格和保护公平

垄断企业能够对市场价格施加影响,掠夺在充分竞争环境下无法获得的利润。通过控制市场价格,垄断企业挤占消费者福利,获得了更大的生产者福利,同时阻碍了行业内的其他竞争者。干预理论认为,垄断者负担着不能掠夺社会福利和造成分配无效率的潜在义务。此外,干预理论还重视小企业的机会公平:"机会公平对新的市场进入者尤其重要,因为竞争早已被垄断企业的存在所减弱了。特别是小企业,不能成为垄断行为的牺牲者。"[28]

在存在专利的市场中,高昂的许可费更可能阻碍潜在的竞争者。特别是在存在专利丛林的技术密集行业,许可费越高,新发明人从每一个专利权人那里获得授权的交易成本就越大。在这种情况下,高昂的许可费可能产生事实上的拒绝许可效果,极大地增加累积型技术的研发成本,放缓创新步伐。

2. 维护市场统一与社会秩序

欧盟对过高定价的规制与其竞争法的基本目标紧密相关。《罗马条约》第 2 条规定,指导欧盟竞争法的根本原则是促进共同体经济活动的和谐发展、社会稳定的增强、生活质量的进步以及成员国之间关系的密切。《欧盟运行条约》第 102 条也规定"损害成员国间的贸易"是认定"滥用市场支配地位"的构成要件。在维持共同体统一市场的目标推动下,欧盟竞争法有了更大的干预动力。规制价格可以减少成员国间的价格差异和价格歧视,促进经济的和谐发展。[29]

此外,欧盟竞争法还额外承担着维持社会政治秩序的使命。秩序自由

---

[27] Case 238/87 AB Volvo v. Erik Veng(UK)Ltd. ,[1988] E. C. R. 6211,[1989] 4 C. M. L. R. 122. 本案涉及外观设计权的行使。法院认为,即使第三方承诺支付合理许可费,车身板件外观设计权利人拒绝向第三方发放该部分设计产品许可的行为本身不构成《欧共体条约》第 86 条下的滥用市场支配地位。

[28] Case COMP D3/34493 – DSD,[2001] OJ L166/1.

[29] Michal S. Gal, *Monopoly Pricing as an Antitrust Offense in the U. S. and the E. C: Two Systems of Belief about Monopoly*?,49 Antitrust Bull. 343(2004).

主义的奠基人 Franz Böhm 曾说："反垄断法背后的真正动机，不是经济效率和对经济控制的有效性，而是被垄断威胁着的社会正义和民主自由。"[30]秩序自由主义下竞争法的主要目标是自由和公平的政治社会秩序。它的理论前提是相信强有力的国家是自由治理的基础所在，经济自由来自政治权威，是一种有秩序的自由。强有力的国家是保证经济自由的社会和意识形态前提。弱政府无异于一场灾难。秩序自由主义认为 20 世纪 20 年代的经济危机就是证明经济无法自我调节的最好证据。自由主义的经济给市场参与者太多空间，导致他们的贪婪毁掉了制度的基础。创业自由的促进是一种公共职责。[31] 因此，价格的稳定对社会而言非常重要。

3. 保护消费者福利

保护消费者是欧盟竞争政策的重要目标。市场必须首先也是最终服务于人的。竞争规则的执行是为了保证消费者在竞争价格水平上能够自由选择不同的产品。垄断高价给社会造成无谓损失，就会让消费者为垄断者的涨价行为买单。

微观经济学一般认为，垄断行业中消费者的境况要差于竞争性行业，而生产者境况却相对较好。垄断是帕累托低效率的，会给社会带来额外净损失。[32] 因此，消费者应当享受到低价格、高质量的商品，对商品和服务广泛的选择权以及享受创新成果。

（三）认定难点：判断合理价格

干预态度的前提是相信在具体的交易中存在某一"公平"的价格，并且欧盟委员会或欧盟法院有能力确定这一价格。欧盟法院在 General Motors 案中"与经济价值有合理联系"标准仍然是目前欧盟判断价格是否构成滥用的基本方法。法院在 United Brands 案中细化了具体的判断方法。

---

[30] Franz Böhm, *Democracy and Economic Power in Cartel and Monopoly in Modern Law*, in Daniel A Crane and Herbert Hovenkamp (eds.), The Making of Competition Policy: Legal and Economic Sources (Oxford University Press 2013) 273. Knortz (n 27) 193.

[31] Werner Bonefeld, *Freedom and the Strong State: On German Ordoliberalism*, 17 (5) New Political Economy 1 – 24 (2012).

[32] 参见［美］哈尔·R. 范里安：《微观经济学：现代观点》（第 6 版），费方域等译，上海人民出版社 2006 年版，第 342 ~ 346 页。

1. 成本分析法

欧盟法院在 United Brand 案中分析了认定垄断高价的方法。第一,将商品的销售价格与生产成本(生产成本反映边际利润)进行比较,可以客观地确定价格是否过高;如果上述回答是肯定的,那么第二,判断价格差异是其本身不公平,还是与其他竞争产品相比较不公平。㉝

成本分析法的最大困难在于生产成本的计算,特别是在涉及长期投资、潜在风险、复杂结构、多条生产线以及知识产权的情况下。企业规模、业务领域、地理位置、子公司数量等因素都会影响成本的计算。欧盟法院在 United Brands 案中就承认过计算生产成本的困难。

成本分析法的第二个困难是,即使生产者成本确定了,法院也需要衡量高于成本多大程度的价格是不被接受的。法院需要对允许生产者获得的利润设立一个基准,对基准之上的价格水平进行规制。对于该基准的确定,也存在很大的随意性。

有学者批评欧盟法院在 United Brands 案的判决表明其缺乏经济学知识,混淆了经济成本与会计成本的界限,并且认为法院愿意接受产业成本,而具有支配地位的企业的实际成本却并未确定。在企业因为效率享有低成本的情况下,使用该成本可能会使人误解。㉞

2. 比较分析法

比较分析法通过比较企业在不同地域市场对类似商品或服务收费的情况来判断是否构成过高定价。㉟ 在 Lucazeau 诉 Sacem 案中,欧盟法院认为,当一家拥有支配地位的企业持续在另一些成员国设定明显更高的收费标准时,这种差别应该被视为滥用支配地位的象征。在这种情况下,该企业有义务通过援引其他成员国国情的客观差异来证明价格差异的合理性。作为比较基准的生产成本应当是有效率的公司的成本,而不能是居于垄断地位的企业的通胀成本。㊱

㉝ 同前注㉒。

㉞ 同前注③,第 563 页。

㉟ 企业在不同市场收取不同价格的行为有时也会被认定为“歧视性定价”。比如在 United Brands 案中法院就同时考虑了歧视性定价和不合理的高价。

㊱ Joined Cases 110/88, 241/88 and 242/88 Lucazeau and others v. SACEM and others, [1989] E. C. R. 281.

在 British Leyland 案中，利兰公司是汽车生产企业，因为在欧洲大陆国家销售的左舵汽车价格比其在英国销售的价格更低，引发了市场对利兰公司左舵汽车的平行进口。同时，利兰公司拥有向进口商颁发汽车合格证书的权利，利兰公司因此将对左舵车许可证的费用提高到了150英镑（对经销商）和100英镑（对个人），而对右舵车型收费不变。法院认为，利兰公司提供的服务仅是简单的日常检查，其对左舵汽车的收费相比于右舵汽车是过高和歧视性的，公司做法的唯一结果就是降低了进口左舵汽车的吸引力。法院最终对利兰公司判处了35万欧元的罚款。[37]

比较分析法同样需要法院对垄断者的成本结构进行透彻的分析，以确定价格是由过高成本推动的，还是因为缺乏适当的市场竞争。此外，即使法院找到了相似商品的价格，也需要确定这一价格水平不是垄断价格或掠夺性价格，而不能盲目相信其他成员国的市场。

3. 其他方法

此外，干预理论还在不断探索确定合理价格水平的新方法。有学者基于经济学上的“双重权利”（Dual Entitlement）原则，提出决定价格是否公平的最好参照系是原企业在获得支配地位之前的价格。如果企业以牺牲消费者权利为代价收取了比参照系更高的价格，并且收益是由缺乏竞争带来的，那么该价格就是不公平的。[38]

在 Scandlines 案中，法院将产品的需求纳入了确定合理价格水平的公式中。法院指出：“确定商品和服务的经济价值还需要考虑其他非成本的因素，特别是商品和服务需求面的因素。”[39]但法院的判决遭到了外界的批评。实际上，考虑需求无异于在说价格反映了商品特征，商品特征决定了商品的经济价值，即商品的经济价值等于商品的价格，而价格是由供求关系决定的。将需求因素纳入价格考量在某种程度上是一种循环论证。

---

[37] Case 226/84 British Leyland Public Limited Company v. Commission of the European Communities, [1986] E. C. R. 3263.

[38] Pinar Akman & Luke Garrod, *When Are Excessive Prices Unfair*?, 7 J. Comp. L. & Econ. 403 (2011).

[39] Case COMP/A. 36. 568/D3 Scandlines Sverige AB v. Port of Helsingborg (23 July, 2004). 本案涉及对渡船公司港口服务费的认定，法院认为本案中的“非成本因素”是港口的位置。虽然港口位置未必会对公司生产成本产生影响，但是港口位置无疑对消费者和服务提供者都有重要的价值。

即使是过高价格,也是买卖双方都同意的,总会反映出购买者的需求。[40]

(四)欧盟的谨慎执法

值得注意的是,在面对具体案例时欧盟的执法部门和法院实际上保持着相当克制的态度。在上述判例中,尽管欧盟法院提出了判断过高定价的标准,但大部分情况下法院或推翻了欧盟委员会关于构成过高定价的先行裁决(Preliminary Ruling),或认为原告的举证没有达到证明责任标准,尤其是涉及专利价格的案件数量更少。这种谨慎执法一方面印证了确定过高价格的困难,另一方面反映出欧盟对干预可能扭曲市场机制、减少创新动力的担忧。

欧盟竞争总署下的竞争政策经济咨询小组在 2005 年 7 月提交的独立报告中曾建议:在大多数情况下,竞争法部门应当克制自己干预垄断定价的行为,并转而观察市场是否有更多可以开放竞争的空间。报告认为,相信竞争本身是预防非效率的最好机制是竞争法政策的基础,所以政府不应该让自己的干预代替市场运行的角色。政府部门的权力应用来被动地禁止某些行为,而不是主动地告诉市场参与主体应当怎么做。[41] 竞争总署署长 Philip Lowe 先生在 2003 年的演讲中说:"我们也意识到要衡量什么构成过高价格是极度困难的。因此,在现实中我们的大部分执法与美国类似,集中在针对排除性滥用行为。……在我看来,我们应该继续起诉那些滥用无法自我纠正的行为,即进入壁垒非常高甚至无法逾越的情形。"[42]

欧盟委员会也多次在对竞争政策的年度报告中表达出对"价格管制"的不情愿态度,强调委员会并不谴责高价本身,而是关注垄断者维持垄断地

---

[40] Mark Furse, Excessive Prices, Unfair Prices and Economic Value: the Law of Excessive Pricing under Article 82 EC and the Chapter II Prohibition, 4 *Eur. Competition J.* 59 (2008).

[41] Economic Advisory Group on Competition Policy, An Economic Approach to Article 82 (July 2005), at 11, available at http://ec. europa. eu/dgs/competition/economist/eagcp_july_21_05. pdf.

[42] Philip Lowe, Speech at the ABA 2003 Fall Meeting (16 October, 2003): How Different is EU Anti-Trust? A Route Map for Advisors -An Overview of EU Competition Law and Policy on Commercial Practice, available at http://ec. europa. eu/competition/speeches/text/sp2003_038_en. pdf.

位的行为可能阻止竞争者进入。[43] 他们无意承担价格规制者(price regulator)的角色,只会在例外情况下进行价格干预。制止滥用支配地位的措施不能演变为对价格的系统性监控。[44] 价格规制者需要对调查投入极多的资源,甚至可能需要对被规制企业进行持续、永久的监督。可能在有些情况下(比如存在知识产权时),政府的价格控制是根本不可能的。[45]

有人认为,欧盟在上述判例中的态度表明,法院含蓄地接受了发明人应当被给予收取高价的机会,以补偿其额外付出并且阻止第三人搭便车的观点。[46] 在执法效果上,干预理论和不干预理论似乎有点殊途同归。

三、不干预理论

(一)以美国的宽容态度为例

1. 美国法规解读

美国宪法第1条第8款规定,知识产权法设立的目的是,通过在有限时间内赋予作者和发明人对作品和发现的排他性权利,促进科技和艺术的进步。[47] 专利权被视为一种法律赋予的有限的合法垄断。

---

[43] European Commission, XXIVth Report on Competition Policy 1994, available at http://bookshop. europa. eu/is-bin/INTERSHOP. enfinity/WFS/EU-Bookshop-Site/en _ GB/-/EUR/ViewPublication-Start? PublicationKey = CM9095283.

[44] European Commission, Vth Report on Competition Policy 1975, available at http://ec. europa. eu/competition/publications/annual_report/ar_1975_en. pdf.

[45] KHN v. SENA, NMa decision of 27 August 2002; KHN v. SENA, NMa decision of 22 July 2005. 荷兰法院对 Horeca Nederland v. SENA 案的判决表明了价格控制在某些情形中是不可行性的。Horeca Nederland v. Sena 案涉及一个叫作 SENA 的著作权中介组织,该团体享有管理邻接权的法定权利。原告 KHN 是一家酒店、餐厅和咖啡馆联合的协会。KHN 向荷兰竞争管理局举报,称 SENA 对其收取过高费率,竞争管理局驳回了 KHN 的请求。该案上诉到荷兰鹿特丹区法院,被法院判决重审。2005 年,竞争管理局重新作出决定,依然拒绝了 KHN 的要求。竞争管理局认为,根据成本判断价格的方法在本案中并不合适,因为 SENA 除了组织成本外,没有产生任何与许可费率水平有关的重大成本。随后竞争管理局比较了 SENA 收取的费率与比利时、丹麦、德国和英国类似许可的费率,认为其没有设定过高费率。

[46] Luc Gyselen, Abuse of Monopoly Power within the Meaning of Article 86 of the EEC Treaty: Recent Developments, in 1989 FORDHAM CORP. L. INST. 597 (Barry Hawk ed., 1990).

[47] U. S. CONST. art. I, § 8.

美国《谢尔曼法》第1条和第2条规定了法律禁止的垄断行为。第1条禁止多个行为主体的合约、联合和共谋行为,不属于本文讨论的范围。第2条规制单个主体的垄断和试图垄断行为。[48] 本文讨论的行为一般落入第2条。第2条规定:“任何人垄断或企图垄断,或与任何其他人结合、共谋以垄断洲际或国际的任何部分的商业或者贸易,将被视为触犯严重犯罪并接受处罚:将被处以不超过100万美元的罚款(如是公司),或者不超过35万美元的罚款或者不超过3年的监禁(若是自然人),法院可以酌情并罚。”

20世纪70年代,美国司法部制定出九条禁止的专利许可事项(“九不准”条款),其中第9条是“禁止特定或最低的销售价格”。但“九不准”条款很快因为缺乏灵活性遭到了大量批评。1995年,美国司法部和联邦贸易委员会联合出台了《知识产权许可反托拉斯指南》,2017年1月公布了更新后的该指南。该指南认为,知识产权法和反垄断法有着共同的价值目标——促进创新和提高消费者福利。知识产权法通过为创新者提供财产权利为创新及其传播和商业化提供激励。缺乏知识产权制度,模仿者将快速消耗创新者和投资人的付出,侵蚀其商业价值。反垄断法通过禁止妨害竞争的行为促进创新和消费者福利。《反托拉斯指南》认可三个普遍原则:(1)基于反垄断分析目的,行政机关对涉及知识产权的行为采取与对其他形式的财产权利相同的分析方式,并考虑具体财产权的特殊属性;(2)行政机关不假定知识产权在反垄断语境下创造市场力量;(3)行政机关认可,知识产权许可允许企业联合互补生产资源,并且一般而言是有利竞争的。[49] 但是对垄断高价问题,《反托拉斯指南》没有明确规定。

2.反托拉斯法判例

美国反托拉斯法不认为专利高价是一种违法行为,法院对专利高价行为并不进行规制。专利权的权能包括给产品定价的权利。法院认为专利权人有权设定自己认为值得获得的回报水平的许可费。“作为惯例,专利权人可以对其专利产品和许可收取任何市场可以接受的价格。”[50]专利授权所

---

[48] 15 U.S.C. §1, §2(1988).

[49] United States Department of Justice & Federal Trade Commission, Antitrust Guidelines for the Licensing of Intellectual Property Law(January 12, 2017), available at https://www.justice.gov/atr/IPguidelines/download.

[50] Stearns v. Tinker & Rasor, 252 F.2d 589, 605(9th Cir. 1957).

有权人利用垄断力量收取他能够协商到的最高额许可费。[51] 专利权人可以在其有权获得专利回报的范围内以任何费率和履行条件发放许可。专利权作为排他性权利最重要的要素就是获得利润回报的权能。[52]

法院在 Verizon Communication v. Law Offices of Curtis V. Trinko 中指出:"仅仅占有垄断势力并随之收取了垄断价格,不仅不违法,还是自由市场系统的一个重要要素。收取垄断价格的机会,或至少在一个短期内收取,是最先吸引商人敏感神经的东西。除非存在其他反竞争性的行为,为了维持创新激励,拥有垄断势力并不违法。"[53]法院在 Berkey Photo v. Eastman Kodak 中认为:"设定高价可能是一种对垄断势力的使用,但本身并不是反竞争的……对价格政策的司法监视会把法院放在一个类似公共监管委员会的角色中。"只要垄断高价不是通过限制竞争手段获得的,它本身就不违法。如果一家公司没有采取行为破坏竞争,剥夺它设定利润最大化价格的机会就可能是不公平的。[54]

(二)不干预的理论基础

1. 阻碍研发创新积极性

不干预理论认为,允许专利高价是为了保护对企业创新的激励。价格激励是自由市场经济的一个重要机制。如上所述,收取垄断价格的机会,是最先吸引商人敏感神经的东西。自主定价是专利权的内在权能,是其激励功能发挥作用的基础。对过高定价的禁止将降低公司研发和投资的积极性。垄断者有权像一个普通竞争性市场中的企业那样竞争,无论是与垄断市场中的竞争性外围企业还是与潜在竞争者,只要他不从事界定的排他行为。[55]

2. 对竞争和市场的信任

不干预理论充分相信市场力量和自由竞争,认为市场存在自我纠正机

---

[51] Brulotte v. Thys Co. ,379 U. S. 29(1964);Carter-Wallace, Inc. v. United States, 449 F. 2d 1374(Ct. Cl. 1971).

[52] United States v. Gen. Elec. Co. ,272 U. S. 476(1926).

[53] Verizon Communications Inc. v. Law Offices of Curtis V. Trinko, LLP, 540 U. S. 398 (2004).

[54] Berkey Photo, Inc. v. Eastman Kodak Co. ,603 F. 2d 263(2d Cir. 1979).

[55] 参见[美]理查德 · A. 波斯纳:《反托拉斯法》(第 2 版),孙秋宁译,中国政法大学出版社 2003 年版,第 295 页。

制。高价格会吸引新的生产者进入市场,自动矫正这些支配企业的行为。如果一个人接受这种市场运行的观点,就应该接受市场在合理期限内会自我纠正,而竞争部门的干预将扭曲这个过程。[56] 强迫生产者在由司法机关确定的所谓"竞争性"价格水平上定价会阻碍市场进入。[57]

从《谢尔曼法》制定前美国国会的辩论记录中就可以看出制定者对市场力量的信赖:"国会相信竞争。作为一项最基本的原则,商业活动在不被干涉时发展的最好。政府在自由私人企业竞争系统中发挥的角色就像监督高速公路的巡逻警察。机会对所有愿意碰碰运气的人开放。对公平机会的阻碍应该被消除。政府干预应当整理与消除对商业自由流通的障碍,而不是自己成为一个多余的障碍。"[58]反垄断法相信不同竞争力量不受限制的互动会使经济资源达到最优分配,同时创造一个有益于保护民主的环境。

3. 法院职责不匹配

不干预理论认为法院的职能与确定价格的任务是不匹配的。美国法院在 Chi. Prof'l Sports Ltd. P'ship v. NBA 中指出:"《反托拉斯法》并没有使巡回区法官成为一个监管机构。"[59]对价格政策的司法监督会将法院置于一个类似公共监管委员会的角色上。这个任务更适合的执行者应该是对各个市场进行监督的具体监管机关。如果法院为了阻止垄断高价而判决较低的价格,就是在要求其行使公共事务委员会的职能。[60] 因此,法院的干预可能对市场造成更糟糕的后果,甚至演变成对价格的永久性监控。《谢尔曼法》不应该负担持续性监督经济表现的责任,特别是对公司的日常价格决策。这样的职能定位与反垄断法的理念背道而驰。

此外,即便法院有能力作出了价格管制的判决,企业应该如何执行判决仍是一个问题。判决的有效期限长短、法院是否需要实时监控、公司是否需要定期汇报,都是法院若承担价格管制角色需要面对的问题。

---

[56] Richard Whish, Competition Law, 688 – 689 (LexisNexis, 5th ed. 2003).

[57] Phillip E. Areeda & Herbert Hovenkamp, Antitrust Law, 720b (Aspen Publisher, 2nd ed. 2001).

[58] United States v. American Can Co., 230 F. 859, 901 – 902 (D. Md. 1916), appeal dismissed, 256 U. S. 706 (1921).

[59] Chi. Prof'l Sports Ltd. P'ship v. NBA, 95 F. 3d 593 (7th Cir. 1996).

[60] Donald Turner, *The Scope of Antitrust and Other Economic Regulatory Policies*, 82 Harv. L. REV. 1207 (1969).

4. 确定合理价格的困难

不干预理论对由政府或法院来确定合理价格的能力持严重的怀疑态度。第一,市场的成本、需求和科技每时每刻都在变化,对某一水平价格的禁止是无法操作的。第二,是对市场私人主体以外的主体定价能力的担忧。价格管制就像政府和企业之间的博弈,企业希望利润最大化,政府希望社会福利最大化。二者之间存在极大的信息不对称。法院被隔离在市场之外,获得和评估信息的能力都非常有限。反垄断法不是直接管制价格和产出的,而应着眼于保护市场,让市场的力量限制价格,促进最优产出。[61] 对价格做出的指导决定需要对经济结构做出全面的调查。法院对价格的管制在现实中难以执行。

四、专利高价规制的思路选择

价格是反垄断法中最充满争议的领域之一。罗纳德·H. 科斯曾说:“我被反垄断法烦透了。因为假如价格涨了,法官们就说是垄断性定价;价格跌了,他们就说是掠夺性定价;价格不变,他们就说是合谋定价。”[62]

结合干预理论和不干预理论在执法上的相似性,以及我国法院在华为诉 IDC 案中的尝试,本文认为,对专利垄断高价,我国反垄断法应坚持本身合法原则,以不干预态度为原则,法院和执法部门应当保持严谨克制的态度。在规制主体上充分发挥行业组织的作用,避免法院的直接定价。

(一)专利权的本质

通过经济回报鼓励发明创造,是专利法的制度基础。知识产权是一种市场利益分配机制,专利法赋予发明人财产权以促进创作成果的市场化利用。在这一价值取向的指导下,知识产权法应该承认,市场主体独立发掘的利益归该主体所有,他人原则上不得分享。人们传统上将知识产权作为非法垄断的例外而称其为“合法的垄断”,现在这一传统已经发生了转变,因为知识产权

---

[61] Fox E. M., Monopolization and Dominance in the United States and the European Community: Efficiency, Opportunity, and Fairness, 61 *Notre Dame L. Rev.* 981 – 1020 (1986).

[62] 转引自前注⑤。

排他的垄断性已成为常态,而被剥夺或与他人分享则成为了例外。[63]

干预专利权人的定价无疑将对其获得投资回报的机会产生负面影响,降低发明人的创造积极性。实证研究显示,政府价格干预对企业的投资研发动机有明显的抑制作用。以药品价格为例,美国商务部在2004年发布的《OECD国家的药品价格管制》报告中指出,美国制药业发达的一个重要原因就是政府对药品价格的宽容。报告研究了11个OECD成员国的药品价格管制制度,发现限制药价对企业的收入和研发投入有直接影响。报告研究的国家对药品价格均实施了限制性政策,包括设置参考价、限制配药和处方、延迟许可手续等方式,阻止企业对药品收取市场价格。价格限制的直接后果是药企收入的降低、研发投入的减少。报告估算,因为价格管制,每年这些OECD国家药企减少的收益在180亿美元到270亿美元之间,每年因此减少的研发收入为50亿~80亿美元,代表着全世界私人研发的11%~16%。[64]

专利药品高价是一个具有代表性的专利高价现象。虽然专利不是推高药品价格的唯一原因,但毫无疑问给药企设定高价提供了最强有力的理由。制药企业将专利视为企业发展的保障。药企在研发阶段需要投入大量的资金、经历长期的实验室与临床试验,所以药品的研发成本高昂,期限长。[65]研发阶段的沉没成本占据了药品全部成本的一大部分,药品成功上市后的实际生产成本往往很低,是典型的平均成本下降的产品。除非有政府补贴,否则制药企业永远都不能以边际成本来定价,他们必须考虑将前期的固定成本分配到药价中去。

因此,长期来看,专利垄断的正当性在于专利能够增加社会的整体福利。对专利效益的考量不应当在一个静止的时间点上,而需要在一段时期内长期进行。公司的利润甚至需要持续观察几年才能确定。[66] 基于投资、

---

[63] 参见李琛:《知识产权法基本功能之重解》,载《知识产权》2014年第7期。

[64] U. S. Department of Commerce, International Trade Administration, Pharmaceutical Price Controls in OECD Countries -Implications for U. S. Consumers, Pricing, Research and Development, and Innovation, available at http://trade. gov/td/health/DrugPricingStudy. pdf.

[65] 研发一种药的平均时间超过十年,平均成本大约要26亿美元。2014年,美国医药研究与制造商协会成员的研发费用投入大约512亿美元。参见PhRMA,2015 Pharmaceutical Industry Profile, available at http://www. phrma. org/profiles-reports。

[66] Claudio Calcagno & Mike Walker, *Excessive Pricing: Towards Clarify and Economic Coherence*, 6 J. Comp. L. & Econ. 891(2010).

创新获得支配地位的企业收取高价,从长期来看未必是不公平的,因为现在的收益是对过去机会成本的补偿。通过设置新颖性、创造性和实用性的门槛,甄别出具备原创才华的专利权人,发明人将给社会带来新的创造。发明越多,社会福利就越好。专利授权的门槛设计让社会默认专利权是值得保护的,是有效益的。公司研发承担先期投入,然后政府需要按照专利法兑现承诺。剥夺权利人的定价权与拿走其财产无异。[67] 在现时中国的市场经济中,为了培育积极主动的市场力量,我们更需要专利的价格激励机制发挥作用。

(二)"合理价格"难以确定

1. 我国反垄断法没有"确认价格"的救济

在华为诉 IDC 案中,华为提起了两起诉讼,其中反垄断之诉的请求为停止滥用和损害赔偿。我国《反垄断法》第 47 条对经营者滥用市场支配地位规定的法律责任包括停止违法行为、没收违法所得以及罚款。第 50 条规定,经营者实施垄断行为给他人造成损失的,应当依法承担民事责任。最高人民法院《关于审理因垄断行为引发的民事纠纷案件应用法律若干问题的规定》第 14 条第 1 款规定,被告实施垄断行为,给原告造成损失的,根据原告的诉讼请求和查明的事实,人民法院可以依法判令被告承担停止侵害、赔偿损失等民事责任。因此,在反垄断诉讼中,被告承担的主要是停止侵权和赔偿损失的责任,法院在反垄断法下并不能够直接给予司法裁量确定专利许可费的救济。[68]

在第二起许可费确认之诉中,华为援引的是《民法通则》和《合同法》,未涉及《反垄断法》。法院依据的是类似强制许可的理论,认为华为如果不寻求司法救济,就只能被迫接受 IDC 公司的价格,由此得出法院有权裁定许可费,没有给予《反垄断法》上的救济。在我国反垄断法下,当法院判断专利权人是否已停止滥用行为时,可能会涉及判断专利权人提出的新价格是否仍然过高的问题,但目前尚不能明确得出法院能够直接裁定被告应当收取的合理许可费水平。因此,在法院无法直接裁定价格的情况下,依据《反垄断法》对专利高价行为进行规制存在一定理论依据上的不足。

---

[67] Richard A. Epstein,Justified Monopolies:Regulating Pharmaceuticals and Telecommunications,56 *Case W. Res. L. Rev.* 103(2005).

[68] 参见马海生:《标准必要专利许可费司法定价之惑》,载《知识产权》2016 年第 12 期。

2. 客观的"合理价格"无法确定

我国《反垄断法》和相关指南对专利高价的考虑因素,明显借鉴了干预理论中欧盟的经验。

《反价格垄断规定》第 11 条规定:"具有市场支配地位的经营者不得以不公平的高价销售商品或者以不公平的低价购买商品。认定'不公平的高价/低价'应当考虑下列因素:(一)销售价格或者购买价格是否明显高于或者低于其他经营者销售或者购买同种商品的价格;(二)在成本基本稳定的情况下,是否超过正常幅度提高销售价格或者降低购买价格;(三)销售商品的提价幅度是否明显高于成本增长幅度,或者购买商品的降价幅度是否明显高于交易相对人成本降低幅度;(四)需要考虑的其他相关因素。"2017 年 3 月 23 日,国务院反垄断委员公布的《关于滥用知识产权的反垄断指南(征求意见稿)》第 14 条"以不公平的高价许可知识产权"规定,具有市场支配地位的经营者,可能滥用其市场支配地位,以不公平的高价许可知识产权,排除限制竞争。[69] 分析其是否构成滥用市场支配地位时,主要考虑知识产权的价格贡献、经营者承诺、历史或可比照的许可费、许可条件以及专利期限等因素。[70]

笔者认为,在实践中要确定专利产品的"合理价格"几乎是不可能的。如要客观,该方法必须明确以下三点:(1)能够确定价格和利润的计算方法;(2)能够确定一个可行的比较对象;(3)能够定义比较的标准。并且上述因素必须都在事前确定。[71] 通过前文梳理可以看出,无论是欧盟委员会还是欧盟法院,都没有提出确定过高价格的清晰可行的方法。

首先,以标准必要专利的价格和利润为例,存在成本法、现行市价法和实物期权法等各种方法。方法众多,但没有被行业普遍接受的方法。其中

---

[69] 中华人民共和国商务部反垄断局:《公开征求〈关于滥用知识产权的反垄断指南(征求意见稿)〉的意见》,载 http://fldj.mofcom.gov.cn/article/zcfb/201703/20170302539418.shtml,2017 年 4 月 4 日访问。

[70] 第 14 条规定,判断是否以不公平的高价许可知识产权的考虑因素包括:(一)许可费的计算方法,及知识产权对相关商品价值的贡献;(二)经营者对知识产权许可作出的承诺;(三)知识产权的许可历史或者可比照的许可费标准;(四)导致不公平高价的许可条件,包括限制许可的地域或者商品范围等;(五)在一揽子许可时是否就过期或者无效的知识产权收取许可费。

[71] David S. Evans & A. Jorge Padilla, Excessive Prices: Using Economics to Define Administrable Legal Rules, 1 *J. Comp. L. & Econ.* 97(2005).

有的方法测算复杂,有的方法需要获得比较完全的交易信息和数据。因为法院的信息不对称和后见之明,存在计算误差和认知偏差的情形不可避免。关于比较对象,由于专利市场的特征是产品的极端差异化,可以比较的参照系也非常缺乏,毕竟获得专利的前提即是新颖性与创造性。对于何为合理的利润水平,考虑到不同行业和企业的发展阶段,更缺乏相应的评价标准。

专利成本计算的复杂性,也增加了确定合理利润的难度。如前所述,专利会将产品的销售价格与边际成本剥离开来。专利的未来收益也存在不确定性,巨大的前期成本投入在后期能否收回无法保证。在这种情况下,高风险更需要定价权的保障。强行要求法院设定一个最高价格有悖于经济规律。

3. 价格干预的不可预见性

在承认了"合理价格"是无法确定的这个客观现实之后,法院若仍对专利高价进行干预,将极大地增加专利权的不确定性,增加商业投资的寒蝉效应,对市场稳定和消费者福利产生实质性影响。对过高定价的干预可能导致两类错误——错判和漏判:⑫将没有损害竞争和福利的行为认定为违法;将损害竞争和福利的行为认定为没有违法。漏判会影响个案中受波及的市场和消费者,错判将给整个社会和市场的竞争积极性带来打击。与协商定价相比,司法裁判定价具有一定的导向性,当司法导向给专利的激励机制蒙上阴影时,潜在发明人只会对研发创新活动进一步犹豫。

此外,反垄断民事诉讼还可能成为竞争者借助公权力打压对手的武器。1999 年,美国 240 位经济学家在给时任总统克林顿的公开信中就强烈要求政府在反垄断政策上采取严谨克制的态度,认为政府无视市场上产品增加、价格下降的事实,将反垄断法变成了竞争者用来打压对手的武器,早已远离了保护消费者福利的原本目的。⑬

另一方面,管制在经济学上具有内生性。一旦被引入,就会呈现自我强化的趋势。⑭ 价格管制本身也会带来非效率的后果。以药品领域的政府补

---

⑫ Liyang Hou, Excessive Prices Within EU Competition Law, ECJ. Vol. 7, No. 1, 2011.

⑬ An Open Letter to President Clinton from 240 Economists on Antitrust Protectionism, available at http://www.independent.org/pdf/open_letters/antitrust.pdf (last visited April 4, 2017).

⑭ 参见朱恒鹏:《管制的内生性及其后果——以医药价格管制为例》,载《世界经济》2011 年第 7 期。

贴为例,将补贴作为专利药的回报以政府支出的形式补偿给药企会带来副作用,产生以下不利后果:(1)税收扭曲。政府必须对民众征税以获得补贴的资金支持,由此产生与垄断高价类似的扭曲效果,并且该税负是无差别地被施加在所有民众身上,没有考虑不同消费者对药品的不同需求和支付意愿。(2)政府决策缺乏信息。除非政府有良好的信息,否则补贴会导致资源浪费。(3)补贴导致收入的重新分配和企业的"寻租"行为。愿意支付高昂价格的消费者和普通的消费者承担了一样的税负。[75] 因此,部分价格管制行为虽然能够在短期内减少消费者福利的损失,但长期来看,企业的自主研发积极性将受到很大影响,消费者也可能仍然需要承担相应的成本。

(三)对不干预理论一些质疑的思考

1. 专利权是法定壁垒?

欧盟及其成员国的执法机关非常重视市场进入壁垒的影响,将其作为决定政府干预必要性的重要考量因素。市场自我纠正的前提是不存在进入壁垒,这一前提在有专利权的情况下需要更加细致的分析。专利是一种法定的进入壁垒,是一种制度性优势。这一短期的进入壁垒也可能吸引新资源的进入。专利的高价会促使潜在竞争者研发新的替代性技术。专利市场内部虽然缺乏竞争,但在相关产品市场上的竞争可能更加激烈。专利制度促成了一种价格运动,通过垄断企业提升价格,从其他行业诱导和吸引大量资源到可专利发明的研发领域中来。[76] 从这个角度来说,专利作为壁垒的阻碍作用并不明显,相反可能增加在相关产品市场上竞争者的进入。

2. 市场无法自我矫正?

对不干预理论质疑的一大理由是对市场机制的怀疑,认为市场并非是自我矫正的。Ariel Ezrachi 和 David Gilo 教授就反对高价可以吸引竞争者进入市场。他们认为,潜在竞争者在做决定时,考虑的是进入市场后的预期商品价格,而非进入前现有的市场价格。如果竞争者事前知道垄断者比自己的生产效率低,无论价格多高,他都很有可能选择进入市场。如果竞争者

---

[75] John F Duffy, The Marginal Cost Controversy in Intellectual Property, U. Chi. L. Rev. Vol. 71, No. 1, 2004.

[76] Arnold Plant, The Economic Theory Concerning Patents for Inventions, 1 *Economica* 30 – 51 (1934).

事前不知道垄断者的生产效率,会通过现有价格进行判断,然而非效率垄断者会通过降低价格、牺牲短期利润来阻碍市场进入。无论进入前市场价格多高,竞争者进入后价格也可能非常低。[77]

但是,即使市场不能自我纠正,也并不意味着价格管制是必然的解决方法,更不意味着法院适合承担价格管制的角色。微观经济学认为价格管制会产生的后果包括管制规避和黑市。当价格管制没有反映出真实的价格水平时,公开市场外就可能出现黑市,在黑市上的生产者和消费者能够以双方都接受的价格成交。同理,如果法院的判决无法反映出市场上专利的正确价格,当事双方势必也将采取措施进行规避。如前所述,欧盟委员会已经在多个场合表达过法院不适合成为价格规制者的看法。笔者认为,在对价格产生争议的情况下,应当鼓励当事人通过仲裁、行业协会调解等途径积极地寻求协商解决,避免通过法院和行政部门裁判确定。

五、结语

通过本文梳理可以发现,不干预政策和干预政策虽然在规范层面对专利垄断高价问题采取了不同的态度,但在实质执法效果层面上却非常相似。这反映出法院和执法部门面对理论上的模糊和实践中的困难,偏向于采取一种谨慎的态度。干预理论在实践中并没有积极认定高价构成滥用市场支配地位,更未插手公司的日常价格决策,提供的更多的是一种定性的方向而非定量的标准。在司法实践中,可能是受到保护主义心态的影响,广东省高级人民法院在华为诉 IDC 案中的态度比上述美国和欧盟都更为积极。

本文认为,考虑到专利制度的属性,反垄断法对专利垄断高价问题应当以不干预为原则。虽然专利具有排他性,但总体来看是有效率的。在单纯收取高价的案件中,反垄断执法部门不应该直接干预企业的价格、产量和其他具体决策,应该专注于保护市场结构和市场状态,利用市场力量限制价格

---

[77] Ariel Ezrachi & David Gilo, Are Excessive Prices Really Self-Correcting?, 5 *J. Comp. L. & Econ.* 249(2009). 作者在文中并没有表示支持干预策略,只是单纯对“市场的自我纠正”提出了怀疑,认为执法机关的不干预应该更多地基于激励投资创新和衡量合理价格的实际困难这两个理由。

和增加产量。[78] 法院和执法部门需要始终保持谨慎和克制的态度,避免成为企业具体经营决策的规制者和长期的市场价格监督者。

Study on the Regulation of High Price of Patent Anti Monopoly Law

Abstract: The past few years have seen the frequent occurrence of disputes and investigations related to patent excessive pricing. On one hand, setting royalties at a sufficient level acts as the basis for the incentive function of patent law. On the other hand, charging an unreasonably high price may constitute abuse of dominant position under antitrust law.

There are two attitudes towards the regulation of patent excessive price. The first is the non-intervention attitude, which believes that price regulation will hinder innovation, and it's inappropriate for the court to act as price regulator. The second is the intervention attitude, who believes that patent holder has enjoyed a profit which results in harm to consumer welfare. In China, the Huawei v. IDC case in 2013 and the recent guidance draft by the State Council indicate that the Chinese antitrust law has mainly adopted the intervention attitude.

It is argued in this article that the Chinese antitrust authorities shall adopt the non-intervention attitude. The court and competition authorities shall refrain from being proactive in intervening price and other specific decisions of the daily operation of any companies. The competition authorities shall focus on the protection of market structure instead.

Keywords: Patent Excessive Price; Antitrust; Price; Regulation

(赵　日　编辑)

[78] Barry E. Hawk, The American (Anti-trust) Revolution: Lessons for the EEC?, 9 *ECLR* 53 - 87 (1988).

网络法专论

视频网站“广告过滤”问题研究

石　丹*

摘要:近些年,网络领域发生多起视频网站广告屏蔽类案件,法院适用《反不正当竞争法》一般条款认定过滤视频网站广告行为构成不正当竞争。但本文认为此类案件不能一概而论,需从“广告过滤”形式和内容进行深入剖析。本文从经营者、消费者利益衡量和最小社会成本入手,认为当前存在的浏览器、视频软件等过滤模式存在不正当性,但第三方插件式的过滤模式则具有合理性。在广告类型上,本文认为弹出广告和页面广告可以过滤,超过相对时长的贴片广告应当被过滤。

关键词:反不正当竞争法　广告过滤　最小社会成本　利益衡量

引言

近年来,互联网企业之间不正当竞争案件频发,而视频网站“广告过滤”问题则一直是其中的热点问题。在该类型案件中,一些浏览器、视频软件迎合消费者需求推出拦截广告的功能,但该种“广告过滤”的行为对视频网站“免费视频 + 广告”的商业模式造成了巨大的

---

* 北京大学法学院知识产权法 2016 级法学博士研究生。

冲击。爱奇艺、优酷等视频网站纷纷以不正当竞争为由向法院起诉,这也让"广告过滤"这一行为法律性质认定成为焦点。在当前判例中,我国法院一致认定视频网站"广告过滤"的行为构成不正当竞争。例如在优酷诉猎豹浏览器不正当竞争案①中,优酷诉称猎豹浏览器恶意针对视频内容播放前的贴片广告加以拦截,法院认定优酷视频"免费视频+广告"的商业模式值得法律保护,猎豹浏览器的过滤行为构成不正当竞争。在优酷诉UC浏览器②一案中,优酷诉称UC浏览器诱导用户修改视频设置,跳过视频网站的贴片广告。一审法院认定UC浏览器用技术修改优酷网视频点播服务的行为侵犯优酷网的合法利益,构成不正当竞争。

但是这些判决和国外判例大相径庭。在德国电视精灵③一案中,德国联邦最高法院最终认定被告的广告过滤行为不构成妨害竞争,被告的广告屏蔽软件虽然给电视台的经营造成一定负担,但并未危及电视台生存。在Eyeo一案④中,德国汉堡法院判定屏蔽广告的行为合法,认为用户有权在浏览网站时控制计算机显示屏中呈现的内容。而在美国,广告过滤现象一直存在,但是目前针对广告屏蔽合法性的诉讼案件却非常少。⑤

对于此类竞争行为,我国《反不正当竞争法》缺乏明晰的规制边界,司法实务中法官往往适用第2条⑥中的"公认的商业道德"和"诚实信用"标准。而新出台《反不正当竞争法(修订草案送审稿)》(以下简称送审稿)虽然开始规制"干扰行为",⑦但是怎样的过滤行为应当被认定为"干扰行为"

---

① 贝壳网际(北京)安全技术有限公司等与合一信息技术(北京)有限公司等不正当竞争纠纷案,(2014)一中民终字第3283号。

② 合一信息技术(北京)有限公司诉优视科技有限公司等不正当竞争纠纷案,(2013)海民初字第24365号。

③ BGH,Urteilv. 24. 06. 2004,Az,IZR26/02.

④ OLG,Hamburg 312 O341/13.

⑤ Robinson Meyer,Blocking Advertisement Blocking:The War Over Internet Advertising And The Effect On Intellectual Property,*Intellectual Property & Technology Law Journal*,11(2011).

⑥ 《反不正当竞争法》第2条规定,"经营者在市场交易中,应当遵循自愿、平等、公平、诚实信用的原则,遵守公认的商业道德。本法所称的不正当竞争,是指经营者违反本法规定,损害其他经营者合法权益,扰乱社会经济秩序的行为"。

⑦ 《反不正当竞争法(修订草案送审稿)》第13条:经营者不得利用网络技术或者应用服务实施下列影响用户选择、干扰其他经营者正常经营的行为:……(四)未经许可或者授权,干扰或者破坏他人合法提供的网络应用服务的正常运行。但是法院在具体哪些竞争类型中适用该条还有待检验。

事实上仍需要法院结合第2条加以判断。《反不正当竞争法》在互联网领域的运用一直争议不断，“公认的商业道德”“诚实信用”的标准在“广告过滤”问题中的理解也引起广泛的学术讨论。有学者认为被告向消费者推广具有过滤视频广告功能的浏览器的行为可能直接破坏原经营者“免费视频+广告”的商业模式，违反《反不正当竞争法》一般条款中的诚实信用原则，构成不正当竞争。[⑧] 也有学者认为企业在市场竞争环境下，经营者没有义务尊重他人的商业模式或保护他人商业成果，这是市场经济下自由竞争原则的体现，浏览器屏蔽互联网广告不应被界定为不正当竞争行为。[⑨] 但对比国内外案例，本文认为对不同类型的过滤不能一概而论。故而，本文将从上述问题入手，结合消费者利益、经营者利益、市场秩序等角度，对不同类型过滤行为以及不同广告形式进行分类研究，力图通过本文的研究探寻互联网竞争的边界，促进互联网行业健康发展。

一、反不正当竞争法一般条款适用

新型网络不正当竞争案件中，部分行为可以归入《反不正当竞争法》第三章中列举的11条具体化条款中。如域名抢注属于仿冒行为在互联网领域的延伸，容易导致消费者混淆，可以按照仿冒行为予以认定。然而，“广告过滤”类案件却无法找到对应条款，司法实践中往往适用《反不正当竞争法》第2条。当前学术界主流意见将该条款作为《反不正当竞争法》的一般条款。[⑩] 一般条款不能作为行政机构的执法依据，但是在司法实践可以作为判案依据，适用时应格外谨慎。[⑪] 最高人民法院“海带配额”案中对一般条款的适用提出了严格的前提条件，具体如下：一是法律对该竞争行为未作

---

⑧ 参见张钦坤、刘娜：《浅析屏蔽视频网站广告行为的违法性》，载《中国版权》2015年第4期。

⑨ 参见张广良：《具有广告过滤功能浏览器开发者的竞争法责任解析》，载《知识产权》2014年第1期。

⑩ 参见种明钊：《竞争法》，法律出版社2008年版，第112页；孔祥俊：《反不正当竞争法原理》，知识产权出版社2005年版，第84页。

⑪ 参见孔祥俊：《反不正当竞争法的创新性适用》，中国法制出版社2014年版，第98页。

出特别规定;二是其他经营者的合法权益确因该竞争行为而受到了实际损害;三是该种竞争行为确属违反诚实信用原则和公认的商业道德而具有不正当性或者说可责性。⑫

在当前的法律框架内,在“广告过滤”案件中使用一般条款存在现实需求。在本案中,视频网站的利益遭受损害,⑬视频网站和过滤软件提供商之间存在竞争关系这两点基本得到学界认可,⑭本文不再评述。故而,本文将重点讨论该行为是否具有不正当性。而“不正当性”的判断标准基于一般条款主要有以下几种观点,下文将逐一展开。

(一)诚信原则与公认商业道德

最高人民法院在“海带配额”案中指出:“对于竞争行为的正当性,应该以该行为是否违反了诚实信用原则和公认的商业道德作为基本判断标准,在反不正当竞争法意义上,诚实信用原则更多的是以公认的商业道德的形式体现出来的。”⑮而在何谓“公认的商业道德”问题上,最高人民法院继而认为公认的商业道德应当是交易参与者共同和普遍认可的行为标准。但是在新型互联网竞争领域,缺乏市场参与者形成的普遍共识,没有公认的商业道德可以遵循,法院该如何应对?

针对这个问题,可以参考百度诉 360 违反爬虫协议案。⑯ 在该案中,法院认定 360 违反 Robots 协议的行为构成不正当竞争,明确将互联网行业惯例通过法律予以保障。这事实上将互联网行业自律公约视为“公认的商业道德”,违反公约的行为被认定为不正当竞争行为。但是笔者认为从行业的自律公约中无法准确界定“公认商业道德”,竞争行为的道德性评价已经无法适应互联网企业层出不穷的竞争模式,这主要有以下几个方面原因:

⑫ 山东省食品进出口公司、山东山孚集团有限公司、山东山孚日水有限公司与马达庆、青岛圣克达诚贸有限公司不正当竞争纠纷案,(2009)民申字第 1065 号。

⑬ 在优酷诉 UC 浏览器一案,爱奇艺诉极路由屏蔽广告一案中,原告方都主张其受到损害,并提出损失的相关证据,法院对此予以认可。

⑭ 主流司法意见认为在网络环境下,不正当竞争关系广义化理解,只要有损人利己可能性就可以认定双方存在竞争关系。参见王永强:《网络商业环境中竞争关系的司法界定——基于网络不正当竞争案件的考察》,载《法学》2013 年第 11 期。芮松艳:《浏览器针对视频网站使用广告过滤功能构成不正当竞争》,载《人民司法》2015 年第 16 期。

⑮ 同前注⑬。

⑯ 北京百度网讯科技有限公司等诉北京奇虎科技有限公司反不正当竞争纠纷案,(2013)一中民初字第 2668 号。

首先，法官运用道德标准往往在判决中不自觉带入“主观目的”或是引用“劳动自然权学说”，[17]忽略了竞争行为的客观效果，扩充了反不正当竞争法的权能，破坏了市场利益平衡机制。[18]《反不正当竞争法》中“公认的商业道德”标准可能让法官形成直觉上的判断，破坏其探求竞争正当性的动力，无法对竞争行为展开深入分析。

其次，当“商业道德”作为标准时，其本身存在多样性和不确定性问题，传统的道德判定在互联网领域容易遇到障碍。[19] 事实上，“商业道德”到“公认的商业道德”往往需要经过长时间的积累沉淀，而在互联网互联互通的时代，企业间的“自律公约和行业规范”难以形成“公认的商业道德”。一些传统的商业道德观念放在互联网上是否还具有价值都需要重新评估。比如：甲的场馆中在举办收费演出，而乙却在甲旁边搭梯子让观众免费观看，当然乙的行为可能违反传统的商业道德，但类比到广告过滤是否违反公认的商业道德却较难回答。尽管纷繁多样的互联网行业惯例、自律公约，诸如：《互联网行业自律公约》《互联网新闻信息服务自律公约》《中国互联网网络版权自律公约》《抵制恶意软件自律公约》《博客服务自律公约》等等给法官裁判提供了一定借鉴意义，但不断增多的公约也使得裁判者在具体适用中甄别与判断的难度增加。比如在百度诉360违反爬虫协议一案中，原被告双方都援引《互联网搜索引擎服务自律公约》的相关规定认为对方行为不当，但事实上两种行为在行业中都是行业惯例，没有专业背景的法官无法认定究竟哪种惯例属于“公认的商业道德”。

---

[17] ［英］洛克：《政府论》（下篇），叶启芳、瞿菊农译，商务印书馆1964年版，第6、77、53页。洛克认为“土地和一切低等动物为一切人所共有，但是每人对他自己的人身享有一种所有权，除他之外任何人都没有这种权利。他的身体所从事的劳动和他的双手所进行的工作，我们可以说，是正当地属于他的。所以只要他使任何东西脱离自然所提供的和那个东西所处的状态，他就已经掺进他的劳动，在这上面参加他自己所有的某些东西，因而使它成为他的财产。既然是由他来使这件东西脱离自然所安排给他的一般状态，那么在这上面就由他的劳动加上了一些东西，从而排斥了其他人的共同权利。因为，既然劳动是劳动者的无可争议的所有物，那么对于这一有所增益的东西，除他之外就没有人能够享有权利，至少在还留有足够的同样好的东西给其他人所共有的情况下，事情就是如此。”

[18] 参见崔国斌：《知识产权法官造法批判》，载《中国法学》2006年第1期。

[19] 参见蒋舸：《〈反不正当竞争法〉一般条款在互联网领域的适用》，载《电子知识产权》2014年第10期。

此外,由互联网行业协会制定的行业准则,事实上往往由大企业牵头,[20]反映了行业通行的实践,并不一定符合消费者利益乃至最小社会成本原则。这些惯例公约往往是占据市场支配地位的企业为了维护自身在市场竞争中的优势,保障其持续长久的垄断发展。[21] 对于试图打破现有市场格局的经营者,用已有的行业惯例来评判其竞争行为,反而有可能限制其突破创新。事实上,互联网企业面对激烈竞争,就是在模仿中不断创新发展。

(二) 非公益必要不干扰原则

非公益必要不干扰原则[22]是互联网竞争背景下在司法实务中出现的新规则。简而言之,该原则认为无论该竞争行为是否出于恶意,除非是公共利益必要,不得干扰其他经营者互联网产品或服务的正常运行。该观点其实是"诚实信用"原则在不正当竞争中的体现。该原则提出之后引发了学界和司法界关于干扰边界的讨论。陶鑫良教授认为该原则建立了《反不正当竞争法》第 2 条原则条款与互联网新型不正当竞争行为的桥梁,是互联网公平竞争、诚实信用等基本原则的具体体现。[23] 而薛军教授则认为该标准可能导致司法过程中的价值判断和利益衡量出现偏差,产生司法抑制竞争的客观效果,故不应当作为互联网不正当竞争行为的认定标准。[24]

---

[20] 如由百度、即刻搜索、搜狗等 12 家搜索引擎企业发起的《互联网搜索引擎服务自律公约》以及由腾讯、360 等发起的《互联网终端软件服务行业自律公约》等。这些签署的企业往往其本身从事相关业务,并在相关市场中占据主导地位。

[21] 行业的价值准则只反映了统治阶级的利益,文化分裂的群里内很难形成自主的公约。参见 Lears, T. J. Jackson, The Concept of Cultural Hegemony: Problems and Possibilities, *The American Historical Review* 90,3(1985)。

[22] 百度在线网络技术(北京)有限公司等与北京奇虎科技有限公司等不正当竞争纠纷上诉案,(2013)高民终字第 2352 号。北京高级人民法院在二审判决书中认为,对于互联网产品或服务的竞争,应当确定以下基本竞争规则:互联网产品或服务应当和平共处,自由竞争,是否使用某种互联网产品或者服务,应当取决于网络用户的自愿选择。互联网产品或服务之间原则上不得相互干扰。确实出于保护网络用户等社会公众的利益的需要,网络服务经营者在特定情况下不经网络用户知情并主动选择,以及其他互联网产品或服务提供者同意,也可干扰他人互联网产品或服务的运行,但是,应当确保并证明干扰手段的必要性和合理性。否则,应当认定其违反了自愿、平等、公平、诚实信用原则,违反了互联网产品或服务竞争应当遵守的基本商业道德,应当承担相应侵权责任或不正当竞争责任。前述规则可以简称为互联网产品或服务竞争的非公益必要不干扰原则。

[23] 参见陶鑫良:《非公益必要不干扰原则与反不正当竞争法一般条款适用》,载《电子知识产权》2015 年第 3 期。

[24] 参见薛军:《质疑"非公益必要不干扰原则"》,载《电子知识产权》2015 年第 1 期。

本文认为,“非公益必要不干扰原则”是法院的大胆尝试,但是并非一个可以对网络新型不正当竞争行为反复使用的规则。原则规则化的思考值得肯定,但是需要格外的慎重,应当考虑利益平衡,着眼于社会商业的整体发展。我们不能否认采用该标准在个别案件中能得出合理的结论,比如在修改搜索框提示词以及搜索引擎插标案等,其他经营者的干扰行为对消费者造成混淆,影响消费者正常上网,具有不正当性。但是,将“公共利益”加入商业竞争正当性中本身就存在争议。特别“微信案”[25]后,很多学者都对知识产权案件中的公共利益泛化提出了担忧。[26] 要使用该规则,首先需要清楚《反不正当竞争法》的保护法益中是否包含公共利益?

本文认为,《反不正当竞争法》的保护法益主要是经营者利益和消费者利益。首先,经营者利益即确保经营者在市场中不受到不正当侵害。这主要是一种纯粹的私人利益保护,不涉及公共利益。其次,是消费者利益。不可否认,这种不特定的消费者利益很多时候都和公共利益混合在一起,这也是“非公益必要不干扰原则”得以切入竞争法的主要原因,这也可以解释前文为何该规则可以在部分领域裁判使用。然而,当消费者利益自身界定也较为模糊时,公共利益必要性判断就变得非常困难,比如在本案中视频网站“广告过滤”的情形中很难界定说允许过滤或者禁止过滤是出于公共利益。[27] 另外,《反不正当竞争法》全文都没有提到公共利益,这也看出立法者最初并不希望在竞争法中加入公共利益判断。

当然,本文不否认知识产权的个别案件中的确需要考虑产业利益、政策保护等公共利益要素,但这些从根本上不是竞争行为定性的核心。故而,公益必要性的标准不适合放入《反不正当竞争法》一般条款的适用框架中。

㉕ 创博亚太科技(山东)有限公司与国家工商行政管理总局商标评审委员会商标异议复审行政纠纷上诉案,(2015)高行知终字第1538号。

㉖ 参见张雪琴等:《公共利益的泛化的法律思考》,载《法制与社会》2016年第24期。张韬略:《〈商标法〉维护公共利益的路径选择——兼谈禁止“具有不良影响”标志注册条款的适用》,载《知识产权》2015年第4期。上述学者都对公共利益的法律适用范围提出了思考,主张严格公共利益的判断门槛。

㉗ 参见冯晓青:《知识产权法利益平衡理论》,中国政法大学出版社2006年版,第66页。认为社会多数大众的偏好不等于公共利益。很难说消费者讨厌广告,然后去除广告就是保护消费者利益,乃至保护公共利益。此外,在优酷土豆公司诉猎豹浏览器不正当竞争案中,被告一方主张通过过滤广告一般的消费者可以因此省去看广告的时间,其功能服务于公共利益,该论点并没有被法院接受。

(三)利益衡量和市场秩序

本文认为"不正当性"的判断标准应当从《反不正当竞争法》立法目的入手。《反不正当竞争法》第 1 条明确:"为保障社会主义市场经济健康发展,鼓励和保护公平竞争,制止不正当竞争行为,保护经营者和消费者的合法权益,制定本法。"从条文层面可以理解,前半句是在维持市场秩序,而后半句是在强调"经营者和消费者"利益保护,两个层面确立反不正当竞争法的立法根基。这点也体现在该法第 2 条第 2 款"本法所称的不正当竞争,是指经营者违反本法规定,损害其他经营者合法权益,扰乱社会经济秩序的行为"。因此,本文认为对于不正当性的界定应当从经营者和消费者利益衡量和市场秩序两个角度对竞争行为客观效果进行分析。

从国外的经验来看,德国在反不正当竞争法修订之后,已经逐步用不正当性分析代替道德评价。《德国反不正当竞争法》在 2004 年修改后的第 3 条规定:"禁止损害竞争者、消费者或其他市场参与者,且严重妨碍市场竞争的不正当竞争行为。"该条规定废止了旧法中的"善良风俗"原则。㉘ 新法认为,"善良风俗"的标准可能将"主观判断"带入正当性判定,容易对竞争者做出直觉上的道德判定,而结论可能违背竞争法本质。而在美国,1980 年后,巡回法院就开始强化竞争法中理性原则的适用,具体而言就是一项竞争行为最终是否被裁定为违法,不仅取决于当事人是否实施该行为,还得取决于该行为的后果。㉙

1. 利益衡量分析

《反不正当竞争法》保护经营者和消费者的合法利益。这主要是因为侵犯经营者利益的行为多数情况下同时侵害了消费者福利,破坏市场竞争秩序,如典型"混淆""商业诋毁"等行为。但是随着市场竞争行为的多样化,经营者和消费者之间发生冲突的可能性随之增加。因而,对消费者利益的界定需要准确,当消费者权益保护达到一定水平之后,继续加强消费者权益给社会公众带来的边际收益可能会小于社会为其支付的边际成本。因此,如何确定"消费者"利益保护强度成为司法实践中的难点。

㉘ 参见郑友德:《德国反不正当竞争法的发展与创新》,载《法商研究》2007 年第 1 期。

㉙ R. A. Posner, *Antitrust Law: An Economic Perspective* 70 (University of Chicago Press, 2001).

比如在广告过滤案件中，消费者追求安全、快捷上网体验，希望能够控制自己网站页面内容，但另一方面广告收入是视频网站的主要收入来源。如果保护消费者利益就有可能会损害一部分经营者利益，两项利益冲突时该如何衡量？本文认为可以参考《法学方法论》的观点：法益衡量首先取决于依基本法的“价值秩序”，即一种法益较他种法益是否有明显的价值优越性。在涉及位阶相同的权利冲突或者涉及的权利根本无从作抽象的比较时，一方面取决于应受保护法益被影响的程度，另一方面取决于假使某种利益须让步时，其受害程度如何。最后尚须适用比例原则、最轻微侵害手段或尽可能微小限制的原则。[30] 具体到《反不正当竞争法》中，德国学者曾指出反不正当竞争法保护法益多元化必然会引发不同利益之间冲突，习惯上应先确定利益损害程度，再对处于利益冲突下的剩余利益加以平衡解决。[31]

在《反不正当竞争法》的语境下，对于经营者利益和消费者利益很难进行抽象的位阶比较，不存在经营者利益相对于消费者利益具有的明显价值位阶性。因此，对竞争行为正当性的分析，应当先对比该竞争行为给经营者和消费者带来的影响，如果某行为给经营者带来的损害会超过消费者福利，又或者对消费者带来的损害超过经营者福利，则可能具有不正当性。

2. 市场秩序

对竞争行为的市场秩序分析，本文认为可以借鉴“法经济学”思路，从最小社会成本理论着手。稳定的市场秩序一般具有较低的社会成本、较高的市场效率。因此，需要对竞争行为可能带来的市场效果进行分析，判断该行为是否可以有效地降低社会成本。

参考科斯《社会成本问题》中提出的科斯定理，[32]如果在没有社会成本的环境下，法院初始授权分配不会影响市场正常运行，无论法定授权如何分配，在市场均衡的最终结果都是有效率的，实现资源配置的帕雷托最优。以“广告过滤”的案例为例，如果法院判决广告过滤违法，那么受广告影响较

---

[30] 参见［德］卡尔拉伦茨：《法学方法论》，陈爱娥译，商务印书馆2003年版，第285页。

[31] 参见［德］沃尔夫冈·黑费梅尔：《通过裁判和学理使〈反不正当竞争法〉一般条款具体化》，郑友德译，中国方正出版社2000年版，第318页。

[32] Ronald Coase, The Problem of Social Cost, The Journal of Law and Economics, 56, 4 (1960).

大的或是极度讨厌广告的消费者可能会为了能够过滤广告而支付合理对价;而如果法院判决过滤广告合法,那么受过滤广告影响较大的经营者可能会寻求支付一定对价,避免自身的广告被过滤。在实际案例中,谷歌、微软等公司就是采取这样的手段。㉝ 对谷歌而言,如果支付"白名单"广告费少于其从广告商中获得的潜在收入,其可能会选择支付一定费用避免广告被过滤。

当然,现实情况下交易成本无处不在,不当的初始分配可能会直接影响后续的市场交易。但并非说科斯定理没有意义,其主要目的应当是让我们注意到权利分配、产权交易中的成本问题。㉞ 因此,在"广告过滤"案件中,就需要对初始分配可能产生的后果进行充分思考,如何能够使视频网站、消费者、广告公司等单位之间形成有效的交易,在司法层面选择一条社会成本最小的路径。

本文承认随着法官素质的提升以及对不正当竞争法条文的熟悉,在绝大多数案件中,用道德分析和市场分析的结论没有差异。但是面对互联网不正当竞争案件,面对模糊的竞争规则,采用"诚信原则与公认商业道德的方法"或是"非公益必要不干扰原则"可能无法得到清晰的结论,而采用利益衡量和市场秩序的分析方法可以对新型案件特别是广告过滤类案件裁判提供新的思考。

二、"广告过滤"案件分析

在互联网不正当竞争案件中,"经营者之间不得互相干扰"是基本共

㉝ Page Fair& Adobe《2015 广告屏蔽插件报告》,载 https://pagefair. com/blog/2015/ad-blocking-report/,2016 年 12 月 4 日访问。该报告显示:2015 年,Ad-blockPlus 插件导致谷歌公司在潜在广告收入方面损失 13.97 亿美元,约等于其当年广告总收入的 3%。对此,谷歌调整经营策略,通过付费给 Ad-blockPlus 的方式,将其公司的部分广告列入"广告白名单",不能被过滤软件屏蔽。

㉞ 当代,部分学者对科斯定律在知识产权领域中提出了质疑。如有学者提出禀赋效应会影响产权交易[参见 Buccafusco, Christopher J and C. J. Sprigman, Valuing Intellectual Property: An Experiment, *Cornell Law Review*, 96, 1(2010)]、产权分配应当具有正当性[Robert P Merges, Of Property Rules, Coase, and Intellectual Property, *Columbia Law Review* 94, 8(1994)]等问题。

识,但在具体适用中如何界定干扰界限往往成为司法难点。简单地说“广告过滤”一律违法没有意义,本文试图通过利益衡量和市场秩序的分析方法,结合过滤形式和广告类型来确定“干扰”标准。

(一)过滤方式

结合现有的案例,当前广告过滤模式如下:(1)网站浏览器;[35](2)电视视频软件;[36](3)第三方插件。[37] 具体而言:前两种虽然通过的渠道不同,但是该类设备本质上都是通过修改视频服务参数进行“广告屏蔽”,并以该功能作为设备的卖点;第三种则是由用户主动安装“过滤广告”插件,并开启该过滤功能。从表面上看三种模式都可以过滤广告,但实际上不同模式对经营者利益、消费者利益、市场秩序等影响并不相同。

首先,从促进双方交易角度,本文认为法院在初始权利分配中授予视频网站禁止屏蔽广告的初始法益可以有效地降低交易成本。其次,如果法院肯定禁止广告屏蔽法益,认定广告过滤行为违法,那么市场中对广告较为敏感的消费者可能会选择视频网站的会员服务来规避广告,这就会促进视频网站转型升级,提升服务质量;也有可能选择偷偷下载过滤插件,其实小幅度的广告被过滤反而有可能帮助视频网站了解消费者意愿,提升广告质量,由于平台经济的存在,双方之间达成交易非常容易。但是,如果法院否定了禁止广告屏蔽的法益,认定广告过滤合法,那么那些对广告依赖度较大的视频网站可能会选择技术手段来应对。比如,视频网站会依据其他经营者的过滤策略,通过改变广告地址、广告加密等技术对抗措施迫使此类过滤手段失效;随后广告过滤浏览器的经营者会更新插件应对技术对抗措施。但是,此类的攻防行为没有带来社会价值,反而增加无用社会运行成本,降低经济

---

[35] 浏览器通过技术措施向终端用户提供“广告过滤”功能,当用户打开该功能后访问视频网站时,其他公司在视频中投放的广告会被过滤。参见贝壳网际(北京)安全技术有限公司等与合一信息技术(北京)有限公司等不正当竞争纠纷案、合一信息技术(北京)有限公司与北京金山网络科技有限公司等不正当纠正纠纷上诉案。

[36] 该种模式主要指的是:网民可以通过该软件,并可将该软件安装在电视机、各类智能机顶盒以及手机中。安装完成后,用户可以通过该软件访问视频网站内容并予以播放。在播放视频过程中,该软件可以屏蔽来自视频网站视频内容的片前广告。参见北京爱奇艺科技有限公司与上海真彩多媒体有限公司其他不正当竞争纠纷案,北京爱奇艺科技有限公司与上海千杉网络技术发展有限公司、悦观网络技术(上海)有限公司不正当竞争纠纷案等。

[37] 该种模式主要指的是用户选择下载浏览器中广告的插件,在视频播放期间开启广告屏蔽。目前司法案例不多,但是商业实践中存在。

运行的效率。[38] 当然,极度依赖广告的网站也有可能选择向开发广告过滤插件的公司妥协,交纳一部分费用保障自身的广告不被屏蔽。这当然只有在网站经营者确认其可得广告收入大于其所支付免过滤保护费,网站才可能选择进入"付费白名单"。但这种模式带来了极高的社会成本,还使得广告插件的开发者获得"寻租"的机会。这种"租"并非是一种自然形成资源,而是产权不合理分配导致的市场障碍,严重增加了交易成本。[39]

其次,从利益衡量角度,本文认为前两种模式"广告过滤"给经营者带来的损失很大程度上会超过消费者福利,具有不正当性。"广告过滤"本身对消费者的影响主要体现在上网体验上升和消除潜在网络安全问题,但是对经营者来说则是商业模式的颠覆。[40] 如果允许这些浏览器、视频软件肆意地屏蔽广告,依赖广告为生的视频网站将被迫提高市场准入门槛,增加收费视频内容,最终导致消费者无法免费享受到高质量的视频内容。事实上,尽管消费者可能提出隐私权、个人信息控制权等等理由支持广告过滤,但消费者讨厌广告的部分原因在于多数消费者认为互联网上的节目应当是免费共享的。[41] 对于经营者而言,消费者需要为节目内容支付一定成本,不论是金钱成本或者时间成本。这一点可以类比网络搜索中立,大多数网络用户(消费者)会希望得到客观的搜索结果而坚持搜索中立,但是从经营者角度一定程度的筛选保证其商业模式开展,纯粹的网络搜索中立并不可行。[42] 在广告过滤案件中,当不存在一种更好的商业模式时,过滤视频网站的广告业务等于剥夺了其竞争优势,这和《反不正当竞争法》的立法目的相违背。

然而,第三方插件的模式则具有一定的合理性。本文认为第三方插件的模式从效果上类似于"人工过滤"模式在互联网领域的延伸,属于一种对经营者伤害最小的方式,既能保障消费者的选择权,也不至于对经营者利益

---

[38] 关于视频网站与广告屏蔽的技术交锋。参见曹丽萍:"技术运用与商业模式竞争的边界——评析浏览器过滤视频广告行为的不正当竞争性质",载《电子知识产权》2015年第5期。

[39] 关于"租"的概念,参见薛兆丰:《商业无边界:反垄断法的经济学革命》,法律出版社2008年版,第18~23页。

[40] J. Vallade, Ad-block Plus and The Legal Implications Of Online Commercial-Skipping, *Rutgers Law Rev*, 261, 3(2009).

[41] 同上注。

[42] 关于网络中立,可以参见 Christopher Yoo: *The Dynamic Internet: How Technology, Users, and Businesses are Transforming the Network*, (AEI Press, 2012)。

造成严重损失。利益衡量的最终目的在于完善法律,使法律更契合社会、伦理、经济的发展与变迁。[43] 如果法律全面禁止“广告过滤”一方面可能不符合当代社会需求,会对社会造成负面影响。另一方面该插件需要用户自行安装并且手动操作,需要耗费一定的时间成本,通常用户并不会主动寻找过滤插件和开启过滤功能,只有在视频网站广告令其忍无可忍时,才可能会选择安装该插件。从美国统计的数据来看,每月活跃使用过滤插件的用户占据总上网用户的16%,而在中国这个比例更低,使用人数并不多。[44] 从经营者角度,一定幅度的广告被过滤对于网站经营者可能是可以忍受的,或者说视频网站本身也不可能实现100%广告覆盖,那么10%至20%的广告被过滤是在接受范围内,如果强行地提高覆盖标准,可能会造成边际收益递减。换句话说,存在一部分人对广告极其敏感,无论法律怎么规定其都会选择过滤,对这群人规制的成本可能远高于收益。另外,从国内外的案例来看,国内的争议案件中被告方普遍采用的是前两种模式。然而在第三种模式中,国内事实上并没有针对IE浏览器第三方广告插件的诉讼案例。[45]

因此,前文提到的三种过滤模式中,前两种模式合法化所带来的交易成本太高,对经营者利益损害过大,“事先禁止”可能是一种更理想的手段。而第三方插件相对而言的侵权风险较小,消费者本身也需要付出一定成本,对经营者利益影响略小。作为一个制度设计的窗口,可以满足那些迫切需要过滤广告的消费者,并且不至于造成极高的社会成本。

(二)广告类型

当前视频网站的广告形式多种多样,那么第三方插件模式或者说在用户自主选择的情况下是否可以过滤视频网站的所有广告?本文认为并非如此,需从广告类型上在进行细分。针对不同广告类型来看,《互联网终端软件服务行业自律公约》第19条规定,除恶意广告外,不得针对特定信息服

---

[43] 参见梁上上:《利益衡量论》,法律出版社2013年版,第153页。

[44] Page Fair & Adobe:《2015广告屏蔽插件报告》,载 https://pagefair.com/blog/2015/ad-blocking-report/,2016年12月4日访问。

[45] 在优酷诉金山不正当竞争纠纷案中,优酷对比IE浏览器与UC浏览器的广告屏蔽功能,指出UC浏览器恶意修改优酷网返回的数值参数,直接过滤视频贴片广告,认可IE浏览器等第三方广告插件的模式,但是无法接受浏览器直接过滤。案例相对较少可能是由于该行为的诉讼成本高以及对经营者损害程度较小,对其的规制建议见下文。

务提供商拦截、屏蔽其合法信息内容及页面,恶意广告包括频繁弹出的对用户造成干扰的广告类信息以及不提供关闭方式的漂浮广告、弹窗广告、视窗广告等。上述条文在具体判定何为“恶意广告”时并不清晰。例如,金山公司认为视频播放前的贴片广告属于视窗广告而主张其浏览器过滤的是恶意广告,而优酷公司并不认同该观点。㊻ 据此,本文认为上述公约中对广告的定义过于笼统,应当针对视频网站的特点,在对广告形式上进行更精细的划分。㊼

上文指出利益衡量分析的关键在于对比经营者利益保护的减损与消费者利益的增加。广告过滤行为不能打着消费者保护的大旗,对经营者造成过大的损害。当前,视频网站存在页面广告、贴片广告、弹出广告等广告类型,这些广告是否都可以被过滤？这一点的判定很难从市场角度得出结论,需要对竞争行为的后果进行客观效果评估,逐步分析此类行为可能对经营者利益和消费者利益的影响。具体标准如下:

1. 对经营者利益的减损:广告过滤的行为可能会损害经营者利益,但是屏蔽不同的广告带来的损害并不相同。

2. 对消费者福利的增加:屏蔽广告体现了消费者自由意志的程度。过滤广告增加的消费者福利主要体现在对网络内容的控制以及个人信息保护。本文在前面指出在公共利益和消费者利益存在混同,本文主张将公共利益纳入消费者利益保护。互联网环境下的消费者并非传统理念中购买产品服务的人群,而是指与诉争行为有关的、数量不确定的网络用户。不同广告类型对于消费者有不同偏好,由此产生不同的消费者福利。这里的消费者不仅仅是指点击广告或者浏览网页的用户,还需要考虑潜在的网络用户。

3. 消费者福利增加是否远超过经营者损失:考虑到“免费视频 + 广告”

㊻ 同前注②。

㊼ 划分标准参考 2016 年优酷、土豆视频内广告刊例。广告刊例中将广告分为视频内广告、页面广告、重点营销产品广告。爱奇艺则还包括弹出广告。但版权产品广告、开机产品等以海报形式未引发较大争议,与本文讨论的视频广告无关,故不在本文讨论的范围内。此外,本文针对广告形式、内容的分析基于应当被过滤的广告都符合《广告法》过滤。按照新《广告法》第 44 条的规定,“利用互联网发布、发送广告,不得影响用户正常使用网络。在互联网页面以弹出等形式发布的广告,应当显著标明关闭标志,确保一键关闭”。因此,不断弹出或是无法关闭等广告已经违反了《广告法》的规定。互联网平台本身不应当允许此类广告播放,是否需要过滤不在下文讨论中。

的商业模式在互联网中利益衡量以及市场运行成本。本文认为只有当过滤该类型广告带来较高的消费者利益，同时对经营者纯粹利益损失不至于过大时，此类干扰才可能具有正当性。

将上述标准应用到下列广告类型中，我们可以发现：

1. 页面广告。

页面广告主要以横幅型、Flash、文字链接型等出现视频页面中。在视频网站中，通常位于视频内容的边框、视频页面的四周。

经营者利益：在视频网站的报价单中，该广告的售价较高，种类也较多。[48] 但实际对经营者的经济利益影响很难定量评估。笔者注意到在优酷、爱奇艺等大型视频网站，此类广告已不多见，反而是一些小型视频网站此类广告比较多。

消费者利益：因为在视频网站中一般页面广告的内容主要浮动在网页界面，可能会影响消费者视频播放，从消费者角度，容易引起消费者不满，并不是合适的广告类型。

综上所述，页面广告对综合型视频网站经营者利益影响不大，过滤也不会干扰其正常运营。当然以上结论仅针对视频网站。对于门户网站或者个别以此作为主要盈利渠道的视频网站是否可以过滤还需要结合具体事实个案分析。

2. 弹出广告。

该类广告主要在等待视频播放的空档期间或者点开视频的同时，以浏览视窗的形式出现。一般而言，这种广告会直接影响用户浏览网页，还可能遮挡网页内容，用户必须在弹出的新页面中关闭广告窗口，对用户上网造成不便。

经营者利益：对大型视频网站而言，此类广告并非主要类型。[49] 这说明该类型广告不常见，并非视频网站所依赖的收入来源。

消费者利益：这类网站容易引发消费者反感，严重影响消费者上网体

---

[48] 同上注。

[49] 笔者在对以下视频网站：爱奇艺、优酷视频、搜狐视频、腾讯视频、乐视网、暴风影音、PPTV、芒果视频的网站、PC 软件、APP 进行调查时，仅发现暴风影音在 PC 软件端存在弹出广告。

验,而且广告内容一般为网页游戏或者购物广告,和视频内容并不相关。

综上所述,过滤弹出广告带来的消费者福利会超过可能造成的消费者利益减损,此类过滤具有一定的正当性。

3. 贴片广告。

该类广告主要指企业广告与影片一同拷贝,在视频内容放映前或者放映中播出。事实上,随着前两种广告形式在实际使用中的淡化,贴片广告能否过滤成为当前《反不正当竞争法》讨论的焦点。

经营者利益:该种形式是视频网站的主要收入来源,[50]全部的视频网站广告报价单中均明确标有“贴片广告”。当广告和视频内容绑定时,才能真正吸引消费者的注意。

消费者利益:在“贴片广告”过滤问题上,本文认为对消费者利益的判断主要需要考虑消费者对广告的容忍度。一些学者曾尝试对贴片广告进行实证研究,15 秒的广告相对于 20 秒的广告的完成可能性增加 12.9%,相对于 30 秒的广告完成可能性增加 23.9%。[51]也有学者提出广告相对视频的时长与用户广告容忍度呈负相关,即广告相对视频的时长越长,用户越会感觉难以容忍。[52] 这些数据可以给我们理解贴片广告过滤一定的参考。本文认为,随着视频广告逐步融入人们的生活,当前网络用户在一定程度上认同视频前的贴片广告。另一方面,考虑到广告商会基于用户兴趣和偏好推出更有针对性的广告,消费者对视频广告的厌恶程度可能会降低,[53]故在合理范围内贴片广告很难说对消费者的利益造成非常大的影响。

综上所述,本文认为贴片广告是否需要过滤的判断需要结合广告相对时长。在消费者认定的合理容忍范围内,经营者利益应当得到合理保护,贴片广告即使是在第三方插件模式下也可能被认为是干扰。而超过了合理容

---

[50] 爱奇艺、优酷在案件中均有相关论述。参见:北京爱奇艺科技有限公司与上海真彩多媒体有限公司其他不正当竞争纠纷一审民事判决书、合一信息技术(北京)有限公司与北京金山网络科技有限公司等不正当纠正纠纷上诉案。

[51] Krishnan Sitaraman, *Understanding the effectiveness of video ads: a measurement study*, Conference on Internet Measurement Conference(2014).

[52] 参见黄茜等:《网络视频贴片广告用户容忍度实证分析研究》,载《科技视界》2015 年第 31 期。

[53] 参见贺钊等:《用户对网络视频贴片广告的态度探究——一项关于大学生对网络视频贴片广告接受程度的调查分析》,载《新闻知识》2015 年第 5 期。

忍范围,考虑消费者福利,过滤贴片广告的行为不应当被视为干扰。而关于广告相对时长的容忍范围需要互联网行业协会针对消费者进行广告相对时长的调研,形成合理的标准。

三、结论

当前,互联网企业之间的不正当竞争纠纷层出不穷,《反不正当竞争法》一般条款的适用俨然成为竞争的焦点。本文的研究就是这方面的一种尝试,试图分析一般条款的适用框架,并运用该方式对广告过滤的行为进行研究。

本文首先针对一般条款在新型网络不正当竞争案件适用提出分析思路。笔者认为公认商业道德无法应对新型的不正当竞争案件。首先,道德评价可能会影响法官对于市场竞争的正当性分析。其次,新型互联网竞争领域很难形成公认的商业道德,已有的行业的自律公约反而可能会阻碍创新。而“非公益必要不干扰原则”是法院的大胆尝试,但是并非一个可以反复使用的方式,将公共利益加入竞争行为正当性的判定富有争议,法院从原则到规则的推导需格外谨慎。最后,本人主张从《反不正当竞争法》立法目的入手,一方面通过对经营者、消费者利益衡量分析,评估竞争行为对两者的影响;另一方面,在市场秩序的判定中寻找成本最小的方式。

在对“广告过滤”行为的正当性认定,本文主张从过滤方式和广告类型两方面入手。明确当前视频网站中怎样的广告过滤形式可以被接受,怎样的广告可以被过滤。经过本文深入分析,结论如表1所示:

表1　广告过滤行为的规制规则

过滤方式/广告类型	页面广告	弹出广告	贴片广告
浏览器过滤	不可以	不可以	不可以
视频软件过滤	不可以	不可以	不可以
第三方插件过滤	可以过滤	可以过滤	过长可以过滤

在广告过滤的方式上。首先,市场秩序角度,通过对科斯定和交易成本

解析,本文认为在初始权利分配中授予视频网站禁止屏蔽广告的初始法益可以有效地降低交易成本,使视频网站、消费者、广告公司等单位之间形成有效的交易。其次,从利益衡量角度,浏览器以及视频软件等形式的过滤无限扩张消费者利益保护的内涵,对经营者利益影响过大。上述两种方式,会直接颠覆经营者的商业模式,给经营者带来的损失很大程度上会超过消费者福利,具有不正当性。然而,第三方插件"广告过滤"保障了消费者一定的选择权的同时对经营者影响相对较小,存在一定的合理性。因此,从广告过滤方式的角度,前两种方式不应当被允许过滤任何种类的广告,然而第三方插件则可以适当过滤。

当然,在第三方插件过滤模式下,本文认为并非所有的广告均可以过滤,页面广告和弹出广告并非当前视频网站的主流商业模式,过滤该类型广告带来较高的消费者利益,同时对经营者利益损失不至于过大,此类过滤行为具有一定的正当性。然而贴片广告作为视频网站主要收入来源,需要结合"相对广告时长",实现消费者利益与经营者利益的平衡。本文认为超出"相对广告时长"的广告可以过滤,对未超出"相对广告时长"的广告过滤可以被认为是干扰。

综上,本文认为广告过滤行为不是"一刀切"的行为,需要结合《反不正当竞争法》一般条款的适用分析,对实践中出现的诸多过滤行为、过滤方式加以定性。

Study on the Ad-Blocking Programs Used By Video Websites

Abstract:The use of ad-blocking programs has recently received considerable attention in the media. Several courts in China has come to a decision, and ruled that Ad-block is entirely illegal. As to the Ad-block plug-in, my research shows that it should be analyzed on different situation, not simply as a whole. Based on the ultimate goal of Anti-Unfair competition law to safeguard the legal rights of consumers and interests of managers and to reduce the social cost, the thesis provide a mechanism whereby a consumer can indicate its preference to skip commercial ads but the web browse cannot remove all the ads automatically. With respect to different kinds of ads, we consider that the page ads and pop-up ads can be skipped, but the attached advertisement which is playing a major role in subsidizing the delivery of programming and content cannot be skipped by consumers.

Keywords: Anti-Unfair Competition Law; Aad-blocking; Social Cost

（赵　日　编辑）

网络预约出租车本地牌照和户籍限制的审查与规制

殷守革*

摘要:个人对其所有的私家车执行“收益”权能,符合物权法基本原则中“发挥物效用”的规定,私家车入市营运成为可能。网约车运营服务具有极强的社会关联性,一定的监管和规则成为必要。网约车本地牌照和户籍限制的措施,是对个人财产所有权中“收益”权能的减损,需要审查其合法性与正当性。对网约车本地牌照和户籍限制,违反了许可法中有关许可事项与权限的规定,也对劳动法和就业促进法中“平等就业和选择职业”条款提出挑战,是对法律优先原则的冒犯。治理城市病不构成限制网约车外地牌照和户籍的正当根据,违反法律保留原则。在安全有关的各式变量中,本地牌照和户籍并不是一项重要内容,本地牌照和户籍限制网约车司机属于考虑了与安全不相关的因素,违反了公平和公正原则。比例原则审查方面,本地牌照和户籍限制网约车手段并不能达到“规范网络预约出租汽车经营服务行为”与“保障运营安全和乘客合法权益”的目的,并且在多种监管手段中还存在其他对网约车造成限制更小的手段,

---

* 中国人民大学法学院行政法 2015 级博士研究生,中国人民大学宪政与行政法治研究中心研究助理。基金项目:国家社科基金 2014 年重点项目(第三批)《行政民主进程中的法治政府建设理论与实践创新研究》(项目号:14AZD141)。

网约车司机本地牌照和户籍限制的措施存在不当之虞。

关键词：网约车　户籍限制　不相关的因素　法律优先　法律保留　比例原则

一、问题的提出

随着移动互联网技术的快速发展，使用手机等移动终端启用特定软件(APP)即可启动操作网约车服务平台，通过平台复杂的程序设置，可以为预约乘客提供一对一客运专享服务。因其便利快捷而受到消费者和服务提供方广泛欢迎，但是，也引发了激烈的法律争议问题，诸如乘客安全、保险，信息隐私保护、政府监管不到位等问题也接踵而至。面对网约车的问题，需要通过立法进行依法监管。

被称为史上最严的各地网约车①新政相继出台，②都对网约车平台的运营车辆和人员进行了严格规定，包括必须是本地户籍和牌照，同时还对网约车的性能标准进行了严格具体的规定。③ "限制了自由，就必须增加公平。政府行使的权力越多，公众舆论对任何类型的滥用职权或不公正就越敏感。"④对网约车本地牌照和户籍限制不仅涉及政治问题(重大行政决策的科学性与正确性等)，而且还关联到法律问题(公权力与私权利关系等)。"一个持续的危险是……法规是由政府部门根据他们自己的利益起草的。"⑤如何保证其合法性与正当性，就是要通过各种手段和方式对其进行审查。作为法律人，从法律视角对网约车本地牌照和户籍限制进行分析，以期获得些许思考、争鸣与结论。

---

① 网约车是网络预约出租汽车的简称。根据《网络预约出租汽车经营服务管理暂行办法》，我国的出租车将分为巡游出租车汽车和网络预约出租汽车(简称"专车")。

② 10月8日、9日，北京、上海、深圳、广州、兰州等地相继发布网约车管理细则征求意见稿，各地政策细则大同小异。

③ 运营车辆轴距不小于2700毫米，5座三厢小客车排气量不小于2.0L或1.8T；新能源车轴距不小于2650毫米；7座乘用车排气量不小于2.0L、轴距不小于3000毫米、车长大于5100毫米。

④ [英]韦德：《行政法》，徐炳等译，中国大百科全书出版社1997年版，第7页。

⑤ 同上注。

二、"发挥物的效用"和"收益"条款构成私家车从事客运的规范依据

(一)"发挥物的效用"是物权法的一项基本原则

《物权法》第 1 条规定了基本原则,其中,"发挥物的效用"是物权法基本原则中的一项重要内容。"发挥物的效用",取"物尽其用"之意。中国社会科学院语言研究所编《现代汉语词典》之"效",有三种解释:(1)效果、功用;(2)仿效;(3)为别人或集团献出(力量或生命)。此处之"效",显然有一、三种解释中的含义。而"效用"一词,被直接解释为"效力和作用"。[⑥]那么,充分发挥物的"效力与作用",不仅包括所有权人发挥占有、使用、收益和处分之权能以尽"物力",而且包括设置他物权以充分发挥物的使用价值和交换价值,也包括维护与发挥物本身的功能与价值。同时,"物的效用"应该不单指发挥物的经济效益,也应该包括发挥物所具有的社会作用。例如,关于土地承包经营权对农民的社会保障功能、自然资源对生态环境与人类生存的基础性作用,意味着权利客体——物之中所承载的社会意义,要求物权法对相应的权利设置及行使提供便利。[⑦]

《关于深化改革推进出租汽车行业健康发展的指导意见》(以下简称《指导意见》)和《网络预约出租汽车经营管理暂行办法》(以下简称《暂行办法》)对网约车进行了初步规范。《指导意见》精神在于"努力构建多样化、差异化出行服务体系,促进出租汽车行业持续健康发展,更好地满足人民群众出行需求。"[⑧]《暂行办法》的立法目的在于"更好地满足社会公众多样化出行需求,促进出租汽车行业和互联网融合发展,规范网络预约出租汽

---

⑥　中国社会科学院语言研究所词典编辑室:《现代汉语词典》,商务印书馆,1983 年版,第 1271～1272 页。

⑦　参见易继明:《中国物权法草案的修改意见、总体结构与制定目的》,载《河北法学》2005 年第 8 期。

⑧　国办发〔2016〕58 号,《国务院办公厅关于深化改革推进出租汽车行业健康发展的指导意见》,发布日期:2016 年 7 月 28 日。

车经营服务行为,保障运营安全和乘客合法权益”。[9]《指导意见》和《暂行办法》都肯定了网约车可以为市场提供客运服务,符合一定条件[10]的私家车可以转成网约车,符合《物权法》中“发挥物的效用”条款的立法目的和精神。

(二)“收益”作为财产所有权的一项基本权能

所有权的权能,包括积极的权能和消极的权能。[11] 王利明教授认为,所有权的权能包含两层含义。第一,所有权作为客观的权利。它是权能的集合体,是具有完整的权能的权利,从这个意义上说,所有权的权能是由所有人享有的、构成所有权内容的权利。第二,所有权作为主观权利,往往并不是权能的集合体,在所有人实际享有并行使所有权的过程中,它又是作为所有权的某种或某几种作用体现出来的。从这个意义上说,所有权的权能又是所有权的作用的体现。[12] 根据《物权法》第39条的规定,所有权人对自己的不动产或者动产,依法享有占有、使用、收益和处分的权利。收益权是指利用财产并获取一定的经济利益的权利。

收益权是所有权的一项重要的权能。人们拥有某物,都是为了在物之上获取某种经济利益以满足自己的需要,只有当这种经济利益得到实现后,所有权才是现实的。如果享有所有权对所有权人毫无利益,所有权人等于一无所有。[13] 收益权的概念,是中世纪注释法学派在解释罗马法时提出的。[14] 许多学者认为,现代所有权的观念,就是由绝对所有权向收益权的转

---

⑨ 《网络预约出租汽车经营管理暂行办法》是由交通运输部、工业和信息化部、公安部、商务部、工商总局、质检总局、国家网信办于2016年7月27日颁布的法规,自2016年11月1日起实施。

⑩ 《网络预约出租汽车经营管理暂行办法》第三章规定了网约车车辆和驾驶员的要求,拟从事网约车经营的车辆,应当符合以下条件:7座及以下乘用车;安装具有行驶记录功能的车辆卫星定位装置、应急报警装置;车辆技术性能符合运营安全相关标准要求。从事网约车服务的驾驶员,应当符合以下条件:取得相应准驾车型机动车驾驶证并具有3年以上驾驶经历;无交通肇事犯罪、危险驾驶犯罪记录,无吸毒记录,无饮酒后驾驶记录,最近连续3个记分周期内没有记满12分记录;无暴力犯罪记录等。

⑪ 参见 MünchKomm/Säcke,5. Auflage2009, §903,Rn7ff.

⑫ 参见王利明:《物权法研究》,中国人民大学出版社2013年版,第400页。

⑬ 同上注。

⑭ 据学者考证,中世纪初注释法学派代表人巴托鲁在解释罗马法的所有(dominium)一词时,认为该概念中包含了对物权(iusinre),其中尤其是用益权。此后,用益权被表述为一种广义上的特别所有权或为部分所有权(parsdominium)。具体参见米健:《用益权的实质及其现实思考》,载《政法论坛》1999年第4期。

化,认为所有权均为收益权。[15] 进入到现代社会,物权法发展的一个重要趋势是所有权从抽象的支配到具体的利用转变。物权的权利人支配其物,并不在于抽象地支配,而在于通过对物的支配而获得一定的经济利益。当代物权法通过加强对利用权能(即使用和收益权能)的保护,以"利用"或"利用的必要性"来代替"支配性",使物资利用权(用益权)优于所有权,同时"社会性的利用"优于"私人性的利用"[16],从而充分鼓励和督促权利人对物的利用,以发挥物的效用,促进经济的发展。物权法保护车主对私家车所有权的"收益"权能。车主对私家车享有所有权,依法可以行使占有、使用、收益和处分的权能。"收益"作为车主使用车辆发挥所有权的一项内容,具有重大而深刻的意义,其目的在于"发挥物的效用",充分发挥物尽其用的原则,这符合市场经济条件下"理性经济人"的特征与规律。

三、网约车运营服务体现极强的社会关联性

(一)私人使用性抑或社会关联性

按照私有财产使用影响波及的范围进行分类,可以将私有财产的使用分为纯私人性使用和社会关联性使用。有些私人财产属于主要体现"私使用性"、纯粹关涉个人生存、个人"形成自我负担的生活"的财产,如自家电视机、电冰箱和健身器材的使用,往往不会对他人权利的行使造成干扰。而有些财产则是具有更多社会关联性、关系到他人的生存和生活的财产。又如上路行驶的私家车、摩托车、电动车、自行车等,社会关联性使用财产极容易对他人的权利或利益造成干扰和波及。相应的,宪法、法律对两种财产的保护程度也会有所差别。德国联邦宪法法院基于德国基本法中的"社会国原则",有过这样的论证:"如果财产的使用更多体现的是个人自由地形成自我负责的生活的层面,则宪法对其的保护就更强;与此相对,如果财产有着更多的社会关联,承担着更多的社会功能,则通过法律对其进行的限制就

[15] 参见李国强:《所有权的观念性》,载《现代法学》2009 年第 4 期。

[16] 参见林刚:《物权理论:从所有向利用的转变》,载司法部法学教育司编:《优秀法学论文选》,法律出版社 1996 年版,第 215 页。

应该更强”。[17] 出于财产的社会关联性的考虑,那些与公共福利有着密切联系的私有财产,就不能拘泥于私人经济利益最大化的思维,而是要使其承担更多社会义务,并且对其必要的监督和管理就成为必然。

(二)网约车监管和规制的必然性

私家车主使用其所拥有的车辆进行“形成自我负担的生活”,法律对其监督和管理保持在道路交通安全法等相关的法领域。此时的车辆主要体现“私使用性”,往往不会直接对他人的权利产生实质的影响,但是会间接影响其他道路通行者的权益。网约车则不同,当网约车从事市场运营,为乘客提供客运服务的时候,网约车和司机的服务直接对乘客的安全和利益产生联系,并且会影响道路交通安全和市场客运秩序。从这个角度而言,加强对网约车的监督和管理就成为必然趋势。除了依然受到道路交通安全法的规制外,还会受到工商管理法、客运法以及消费者权益保护法等法律法规的约束和规范。网约车作为新兴事物,由于法律规范存在滞后性,对网约车的规范和治理往往存在立法漏洞的情形。《网络预约出租汽车经营管理暂行办法》的出台,就是适应这一新兴事物的出现而制定的部门规章,在肯定网约车的同时,对网约车的运营从多个方面进行了规范,以保障网约车的健康发展和维护乘客合法权益。与此同时,该规章还保留给地方政府一定的网约车管理权限,各地地方政府可以从本地实际出发,制定符合本地特点和现状的网约车管理规范。

正是在这个意义上,北京、上海、深圳等城市相继制定了规范网约车运营的征求意见稿,有些意见稿对网约车平台的运营车辆和人员进行了严格规定,包括必须是本地户籍和牌照。网约车本地牌照和户籍限制的措施对车主“收益”权能造成减损,需要从法律视角审查其合法性与合理性。

四、网约车本地牌照和户籍限制的合法性审查

对网约车本地牌照和户籍限制的合法性与合理性审查是法治的基本要

---

[17] BVerfGE50. 192(315f). 转引自张翔:《机动车限行、财产权限制与比例原则》,载《法学》2015 年第 2 期。

求,合法性审查是形式法治的内容,合理性审查是实质法治的要求。合法性审查的标准有二,即法律优先原则和法律保留原则,合理性审查的标准中主要有公平和公正、考虑相关因素和比例原则。

(一)法律优先原则

法律优先原则是合法性原则的首要内容,被誉为“法治的精髓和灵魂”。⑱ 法律优先是作为消极意义上的依法行政而存在的。

1.有法必守——法有规定不可违

德国奥托·迈耶指出,法律优先是“以法律形式出现的国家意志依法优先于所有以其他形式表达的国家意志,法律只能以法律形式才能废止,而法律却能废止所有与之相冲突的意志表达,或使之根本不起作用。这就是我们所说的法律优先”。⑲ 申言之,“此项原则一方面涵盖规范位阶之意义,即行政命令及行政处分等各类行政行为,在规范位阶上皆低于法律,换言之,法律之效力高于此等行政行为;另一方面法律优越原则并不要求一切行政活动必须有法律之明文依据,只须消极的不违背法律之规定即可,故称之为消极的依法行政原则。”⑳德国哈特穆特·毛雷尔认为,“法律优先原则是指行政应当受现行的法律的拘束,不得采取任何违反法律的措施”。㉑ 日本南博方指出,“法律的优先,即一切行政行为都不得违反法律,且行政措施不得在事实上废止、变更法律。这一原理适用于权力性行为、非权力性行为,侵益行为、授益行为。以及事实行为等一切行政活动”。㉒ 我国台湾地区法律优先原则的基本含义是行政活动必须遵守而不得违反法律。㉓ 韩国行政法认为,法律的优位是指:“通过法律形式表现的国家意思比执行法律的所有国家作用(行政、司法)处于更加优越的上位。特别是,不允许行政

⑱ 黄锦堂:《依法行政原则》,载台湾行政法学会主编:《行政法争议问题研究》,台湾五南图书出版公司 2000 年版,第 39 页。

⑲ [德]奥托·迈耶:《德国行政法》,刘飞译,商务印书馆 2002 年版,第 70 页。

⑳ 吴庚:《行政法之理论与实用》,中国人民大学出版社 2005 年版,第 52 页。

㉑ [德]哈特穆特·毛雷尔:《行政法学总论》,高家伟译,法律出版社 2000 年版,第 103 页。

㉒ [日]南博方:《日本行政法》,杨建顺等译,中国人民大学出版社 1988 年版,第 10 页。

㉓ 参见陈新民:《行政法总论》,台湾三民书局 1997 年版,第 52 页;苏嘉宏、洪荣彬:《行政法概要》,台湾永然文化出版有限公司 1999 年版,第 36 页;翁岳生:《法治国家之行政与司法》,台湾月旦出版公司 1997 年版,第 7 页。

具有抵触法律的意思。”[24]由此观之,法律优先原则也就是法有规定者不可违,即有法律行政主体应当遵守,不能违反,违反即违法。

2. 网约车本地牌照和户籍限制,违反许可法中有关许可设定事项的规定

要求网约车驾驶员必须具备本地户籍明显违反了《行政许可法》。根据《行政许可法》第15条第2款的规定,“地方性法规和省、自治区、直辖市人民政府规章,其设定的行政许可,不得限制其他地区的个人或者企业到本地区从事生产经营和提供服务,不得限制其他地区的商品进入本地区市场”。要求网约车驾驶员必须具备本地户籍,显然属于“限制其他地区的个人或者企业到本地区从事生产经营和提供服务”的情形。因此直接违反《行政许可法》第15条的规定。

《行政许可法》第16条规定,行政法规可以在法律设定的行政许可事项范围内,对实施该行政许可作出具体规定。地方性法规可以在法律、行政法规设定的行政许可事项范围内,对实施该行政许可作出具体规定。规章可以在上位法设定的行政许可事项范围内,对实施该行政许可作出具体规定。法规、规章对实施上位法设定的行政许可作出的具体规定,不得增设行政许可;对行政许可条件作出的具体规定,不得增设违反上位法的其他条件。地方网约车新规对网约车车辆附加新的条件,并不符合《行政许可法》第16条。在《行政许可法》的语境中,“具体规定”与“新增规定”是不一样的。《全面推进依法行政实施纲要》(国发〔2004〕10号),明确规定,没有法律、法规、规章的规定,行政机关不得作出影响公民、法人和其他组织合法权益或者增加公民、法人和其他组织义务的决定。党的十八届四中全会通过的《关于全面推进依法治国若干重大问题的决定》也明确要求,没有法律法规依据不得作出减损公民、法人和其他组织合法权益或者增加其义务的决定。

国家行政学院张效羽认为,必须正确认识《行政许可法》设定的法律秩序,《行政许可法》本身设定的法律秩序很清楚,即上位法对行政许可的规定,应当是最严格的设定和规定。下位法对于行政许可的设定和规定,只能是对上位法相关条文的具体解释,不能增设行政许可和行政许可条件,不能

---

[24] [韩]金东熙:《行政法Ⅰ》,赵峰译,中国人民大学出版社2008年版,第24页。

比上位法对公民、法人和其他组织的权利限制得更严。比如《行政许可法》第 14 条第 1 款规定,“法律可以设定行政许可。尚未制定法律的,行政法规可以设定行政许可”。换句话说,如果对一个事项法律有规定但没有设定行政许可,行政法规就不能设定行政许可。法律没有设定行政许可,意味着法律禁止设定行政许可,行政法规不能自以为是替法律“补漏”设定行政许可。最高人民法院《关于审理行政案件适用法律规范问题的座谈会纪要》(法〔2004〕第 96 号)也明确指出,“下位法缩小上位法规定的权利主体范围,或者违反上位法立法目的扩大上位法规定的权利主体范围;下位法限制或者剥夺上位法规定的权利,或者违反上位法立法目的扩大上位法规定的权利范围”,就是“下位法不符合上位法”,“下位法的规定不符合上位法的,人民法院原则上应当适用上位法”。㉕

《国务院关于严格控制新设行政许可的通知》(国发〔2013〕39 号)中明确规定,“国务院法制办要加强对国务院部门规章的备案审查,对设定行政许可、增设行政许可条件,以备案、登记、年检、监制、认定、认证、审定等形式变相设定行政许可,以非行政许可审批名义变相设定行政许可或违法设定行政许可收费的,要按照规定的程序严格处理、坚决纠正。对违法设定行政许可、增设行政许可条件,违法实施行政许可,以及不依法履行监督职责或监督不力、造成严重后果的,有关机关要依照行政监察法、行政机关公务员处分条例等法律、行政法规的规定严格追究责任”。

3.《劳动法》和《就业促进法》中“平等就业和选择职业”和“城乡劳动者平等就业”条款

《劳动法》第 3 条规定,劳动者享有平等就业和选择职业的权利。第 12 条规定,劳动者就业,不因民族、种族、性别、宗教信仰不同而受歧视。我国现有法律中,虽然没有将户籍歧视列入其中,但在司法实践中已有相关案例,而且户籍歧视也涉嫌违反法律所赋予的公民劳动权。网约车新规中,以司机户籍和车辆标准限制网约车,一方面对从事网约车的司机而言,是不公平的地域歧视,另一方面对建立劳动关系的网约车司机而言,该地方规定也明显妨碍了劳动者依据《劳动法》平等就业和选择职业的权利。

㉕ 张效羽:明显违反《行政许可法》的网约车地方立法,载 http://www.edu1488.com/article/2016-10/10154542.shtml,2016 年 10 月 27 日访问。

《就业促进法》第20条规定,国家发实行城乡统筹的就业政策,建立健全城乡劳动者平等就业的制度,引导农业富余劳动力有序转移就业。县级以上地方人民政府推进小城镇建设和加快县域经济发展,引导农业富余劳动力就地就近转移就业;在制定小城镇规划时,将本地区农业富余劳动力转移就业作为重要内容。县级以上地方人民政府引导农业富余劳动力有序向城市异地转移就业;劳动力输出地和输入地人民政府应当互相配合,改善农村劳动者进城就业的环境和条件。

网约车新政对司机户籍的限制,不符合《就业促进法》中政府对外地户籍司机的保障与服务价值,其目的不是引导富余劳动力有序向城市异地转移就业,而是一种禁止和限制流动的制度设计。

(二)法律保留原则

"法律的保留构成了法治主义的中心。"㉖法律保留原则是合法原则的重要内容,是作为积极意义上的依法行政而存在的。

1. 无法不为——法未授权不可为

德国奥托·迈耶指出,在特定范围内对行政自行作用的排除称为法律保留。㉗"这就是德国经典意义的无法律即无行政的依法行政原则。"㉘所谓法律保留原则,亦即积极意义之依法行政原则,系指行政权之行动,仅于法律有授权之情形,始得为之。换言之,行政欲为特定之行动,必须有法律之授权依据。故在法律并无明文规定之领域,由于行政活动并未抵触法律,故不违反法律优越原则;惟因欠缺法律之授权,故依其情形,得发生违反法律保留原则之问题。法律优先是依法行政原则的重要内容之一,要求行政主体不得违反法律的规定,这是行政法治的必然要求,但是在民法等其他领域也必然要求一切主体遵守法律,与其说法律优先原则是行政法治的特有原则,倒不如说法律优先原则是法治原则的应有之义。真正体现行政法治特有原则的是法律保留原则。因为法律保留原则不仅仅要求行政主体消极的不违反法律,同时还要求行政主体作出影响相对人的行为必须有法律根据,这才是对行政主体特有的行政法治原则要求。正如韩国行政法学者金

㉖ 参见前注④,奥托·迈耶书,第72页。

㉗ 参见于安:《德国行政法》,清华大学出版社1999年版,第25页。

㉘ 参见前注㉔,金东熙书,第24页。

东熙所言,“法律的保留即在行政权的发动中有法律依据(法律的授权)。这一原则的内容是,任何一个行政作用即使不违背现存的法律,在行使过程时,也需要法律的积极授权。可以说法律的优位原理表现了法治行政原则消极的一面,法律的保留原则表现了法治行政原则积极的一面”。㉙ 一言以蔽之,法律保留原则意味着“……政府对其所做的一切应有法律依据”。㉚

2. 治理城市病不构成限制网约车外地牌照和户籍的正当根据

大城市超常规发展,人口急速膨胀,交通拥堵、空气污染、房价高企、水资源短缺、能源紧张、治安恶化、贫富差距扩大等负面效应频现,城市病再度成为政府部门、学术界和社会公众关注的焦点。国内学者通常认为,城市病是指伴随着城市发展或城市化进程,在城市内部产生的一系列经济、社会和环境问题,主要有城市环境质量的恶化、住宅和交通的拥挤、城市贫民区的出现和犯罪率上升等。城市病的实质是城市负荷量超过了以城市基础为主要标志的城市负荷能力,使城市呈现出不同程度的“超载状态”,城市病的病情与超载程度呈正比。换言之,城市病的本质是城市资源和环境的承载力与城市化发展规模的匹配度失衡,是城市经济、社会、文化、生态发展失调的反映。㉛

城市病是一个综合概念,城市病的生成不是单一因素作用的结果,是各种综合要素不规则累积的必然结果。试图通过单一方式解决城市病是不现实,也是不理性的。城市病的治理需要在总体上进行顶层设计、统筹规划和把握,不可能通过单一要素的整合来治理包含各种不规则要素的城市病。部分市政府及其部门的发言人在谈到为何对网约车进行本地牌照和司机户籍进行限制时,就是从治理城市病的角度来进行阐发的。要求网约车是本地牌照和户籍是从该城市功能定位、人口控制和功能疏解等方面进行考虑的。一个显而易见的问题便是,造成城市病的原因是复杂多样的,不可能仅仅对网约车本地牌照和司机户籍限制就能实现城市病的治理。并且城市病是一个不规范的法律概念,难以在法律上确定一个明确的范围和界限,其内

㉙ 参见前注④,韦德书,第5页。

㉚ 王学辉:《行政法学》,法律出版社2008年版,第133页。

㉛ 参见石忆邵:《中国“城市病”的测度指标体系及其实证分析》,载《经济地理》2014年第10期。

涵和外延存在严重的不确定性和不周延性,无法为网约车本地牌照和户籍限制提供正当性根据。因此,城市病的治理不能构成限制网约车外地牌照和户籍的正当根据。

五、合理性审查

网约车本地牌照和户籍限制,不仅涉及合法性问题,还关联到合理性问题。《全面推进依法行政实施纲要》明确规定,行政机关实施行政管理,应当遵循公平、公正的原则。要平等对待行政管理相对人,不偏私、不歧视(公平与公正);行使自由裁量权应当符合法律目的,排除不相关因素的干扰(考虑相关因素);所采取的措施和手段应当必要、适当;行政机关实施行政管理可以采用多种方式实现行政目的的,应当避免采用损害当事人权益的方式。(比例原则)

(一)公平、公正与考虑相关因素

公平与公正原则是合理原则的重要内容,是对合理原则的发展和完善。公平与公正原则要求对同样的事一视同仁,同等对待,要平等地对待行政相对人,不偏私、更不能歧视,遇到具体的情况需要作出差别对待是应给予合理的解释和理由,只能够使用那些适合于实现该法目的的方法,而且必须根据客观标准,不是按照行政主体的主观判断来决定某种措施的适当性。其实,行政机关作为拥有公权力的行政主体,除了其具有的法律规定的特权外,其公权力的公正性也是极其重要的,其公权力的公平运用关系到政府的形象以及人们对法律公正性的信赖。

行政机关及其工作人员在行使自由裁量权时,要依法公正办事,平等对待当事人。在执法实践中,平等对待应当包括两种情形:一是行政机关在同时面对多个情况基本相同的相对人时,应当同等对待;二是行政机关在不同时间阶段先后面对多个情况基本相同的行政管理相对人时,应当与以往保持基本一致,除非法律政策已经改变,即保持执法工作的连续性和一致性。一言以蔽之,就是行政机关要坚持同等情况同等对待,不同情况考虑不同因素区别对待不同的相对人,不考虑与实现行政目的不相关的因素。

政府治理网约车应当秉持一视同仁的原则。本地牌照的车辆和外地的车辆应当同等对待,针对外地户籍司机与本地户籍司机不应当存在歧视。政府要做的应当是尽力提供一个公平竞争的市场和平台,而不是直接用一纸户籍的规定去明确区分外地车辆和本地车辆、外地户籍司机和本地户籍司机。从另外一个角度而言,政府还应当加大对外地车辆和户籍司机的扶持力度,因为在同本地车辆和司机的竞争者,外地车辆和司机存在弱势的地位,也即在不同的情境下,应当考虑外地司机的特殊性。政府治理网约车的目的是“规范网络预约出租汽车经营服务行为”与“保障运营安全和乘客合法权益。”政府在治理过程中选择的手段和措施应当是考虑实现以上目的的手段,而不能去考虑与实现行政目的不相关的措施。对网约车本地牌照和户籍限制的措施,不符合实现治理网约车实现的目的,属于考虑了不相关的因素。

(二)比例原则

比例原则是行政法上的“帝王条款”。㉜ 法律优先、法律保留原则体现的是形式意义上的法治,而“比例原则是现代法治国家原则的内容和要素之一,是实质意义上的法治原则的体现。”实质意义上的法治原则要求国家机关的活动不仅要符合法律规定,而且其行为要符合公平、正义和善政的理念、尊重与保障人的尊严。比例原则的基本含义是“行政机关实施行政行为应兼顾行政目标的实现和保护相对人的权益,如为实现行政目标可能对相对人权益造成某种不利影响时,应使这种不利影响限制在尽可能小的范围和限度内,保持二者处于适度的比例”。㉝ 比例原则也被称为禁止过度原则、适度原则、均衡原则和禁止过分原则。比例原则是对公权力行为的手段、目的和效果之间的考量,也就是在所欲实现的目的、效果与所造成的损害之间进行衡量,是否存在为了某个目的和效果而付出过分的、不合比例的代价,抑或付出的代价明显低于实现的利益。比例原则依审查顺序包括妥当性审查(目的的正当性、手段的合目的性)、手段的必要性和衡量性的审查。具体分析如下。

1. 妥当性审查

妥当性原则,也被称为合目的性原则、适当性原则,其基本含义是行政机关实施的行政行为所采取的手段是能够符合、达到行政法上的目的的,也

㉜ 参见王学辉:《行政法学》,法律出版社 2008 年版,第 133 页。

㉝ 姜明安:《行政法与行政诉讼法》,北京大学出版社高等教育出版社 1999 年版,第 71 页。

就是行政手段必须能够达到法律目的。如果行政机关实施一项行政行为所采取的行政手段是不符合行政法上的目的的,那么,行政机关所采取的这个执法手段和方式将是不会被法律所承认和认可的。用中国传统的谚语来表达就是,不能抱薪救火、不能南辕北辙。“妥当性原则是针对目的和手段之间的关系的,行政机关所采取的措施或手段必须是为了实现该目的之需要。”[34]在行政管理中,如果行政机关选择了与法定目的无关的行为方式,使法定目的不能实现,就是违背法治原则,其行为即为不妥当或不适当。比例原则要求:“行政措施的采行必须能够实现目的或至少有助于目的的达成,并且为正确的手段,在目的—手段关系上,必须是适当的。”[35]由此可见,妥当性原则要求“目的和手段之间要有一个合理的联结关系,且这种联结是正当的、合理的”。[36]

首先从目的正当性上来看,试图通过限制外地车辆和外地户籍司机来达到治理城市病以及网约车的乱序,符合行政法上的目的,手段和方式符合法律目的。所以,网约车本地车辆和户籍的限制措施,符合法律目的。但是随之而来的问题便是,网约车本地车辆和户籍限制措施是无法实现“规范网络预约出租汽车经营服务行为”与“保障运营安全和乘客合法权益”的目的。在与安全相关的有关变量中,本地牌照和户籍不是一个重要的内容。实现运营安全要考虑的是司机驾驶技能、车辆性能等因素。实现乘客合法权益的保障不是因为外地和本地车辆、司机不同所导致的,其关联到政府监管、市场竞争和保险等因素的综合作用,也即网约车本地牌照和户籍限制并不能实现网约车治理的现代化,不符合比例原则中的妥当性审查标准。

2. 必要性考量

必要性原则也被称为最小伤害原则、最温和方式原则,其基本含义是行政机关在有多个手段符合行政法目的的前提下,行政机关选择一个对相对人的人身权、财产权、尊严和人权侵害最小的手段来作出具体行政行为,只有在这种情况下才是符合必要性原则的。也就是说,所采取的行政措施是绝对必要的,而且应当是对当事人的法律地位的负面影响最小的行政措施,

---

[34] 王学辉:《行政法学》,法律出版社2008年版,第133页。
[35] 姜昕:《比例原则研究》,法律出版社2008年版,第33页。
[36] 姜昕:《比例原则研究》,法律出版社2008年版,第34页。

尽量避免不损害当事人权益的行为方式。用中国传统的谚语来表达就是,不能杀鸡用牛刀、不能大炮打蚊子。

政府治理和规制网约车的失序是政府职责的应有之义。但是政府有一种天然的"惰性"思维,就是不去主动调研更为有效且对相对人造成更小伤害的手段来治理网约车。通过户籍的区分功能,针对外地户籍一禁了之,明显是"懒政"。禁止外地户籍司机从事网约车客运服务,是一种对外地户籍司机剥夺从业资格的措施,对网约车司机造成了严重的权利侵害,并且在多种治理措施中还存在更优的手段来规制网约车。诸如合理引导与培训、提供指导与帮助、积分居住证制度等措施也是治理网约车失序的优良手段,明显比户籍区分、一禁了之取得更好的效果。

六、结论与讨论

网约车的治理水平和能力是国家治理现代化的一个微观缩影。在中国户籍制度改革日益提上议事日程的时代背景下,依然试图通过户籍制度来进行限制网约车司机的治理措施日益受到民众的质疑。户籍制度早已丧失其原本人口信息统计的功能,如今依然成为政府"一刀切"治理的"万能药",其实质是懒政思维的作祟。政府治理必须跳出"懒政"的思维模式,积极主动地去调查和研究符合网约车发展的本质规律的治理措施,而不是去用一纸户籍去禁止外地网约车。在户籍制度捆绑权利和福利日益成为民众声讨对象的背景下,应当是逐步剥离户籍捆绑权利与福利的恶性状态,而不是去重新强化原本不属于户籍制度的功能。

Review andRegulation of Local License and Household Registration Restrictions for Online Car – hailing Service

Abstracts: It is possible for private cars to operate on the basis of the "benefit" of all their private cars, and in accordance with "exerting the utility of things" in the Law of Real Right. The Operation service of the network car has a strong social relevance, certain regulation and rules become necessary. The local license and household registration is a derogation from the power of "income" in the ownership of personal property, which needs to be examined for its legality and legitimacy. The restrictions on local licenses and household registration of online car-hailing service are in violation of the licensing items and authority in the Licensing Law, and it also challenges the "equal employment and choice of occupations" clause in the Labor and Employment Promotion Act, it is an offense against the principle of legal priority. Governance of urban disease is not a legitimate basis for restricting the license and household registration of online car-hailing service, and it violates the principle of legal reservation.

In the various variables related to security, Local licenses and household registration are not an important element, therefore, the use of local licenses and household registration to restrict the driver of online car-hailing service is considered a safety-related factor. In terms of review of the proportionality principle, Local licensing and household registration restrictions cannot meet the purpose of "standardizing the behavior of online car-hailing service" and "ensuring the safety of operation and passenger rights and interests", cannot achieve the purpose of "standardizing the operation and operation of the taxi service" and "safeguarding the operation and the legitimate rights and interests of passengers". And there are less restrictive means among a variety of regulatory means. So, there is something wrong of local license and household registration restrictions.

Keywords: Online Car-hailing Service; Household Registration Restrictions; Unrelated Factors; Legal Reservations; Principle of Proportionality

（连　冠　编辑）

大数据时代信息集合上的财产性权利之赋权基础*

——以数据和信息在大数据生命周期中的“关系化”为出发点

苏 今**

摘要:大数据时代下,对数据、信息的概念及其相互之间关系的明确具有重要的法学研究价值。这种价值不仅仅是在概念的明晰上,更重要的是通过对数据、信息在大数据时代的再认识,结合数据、信息本身在大数据周期中“关系化”的过程,来探讨在数据信息资源之上赋予财产性权利的正当性问题。数据在大数据生命周期中转化为信息,信息在新一轮的大数据生命周期中作为数据进行转化,成为新的信息。数据不断的“关系化”为信息的过程,是数据使用价值提升的过程,而提升数据的使用价值,是大数据时代价值流转的根本原因。促进数据开放的同时,对能够提升数据使用价值的市场主体赋予一定的财产性补偿,是大数据时代平衡个体利

* 国家社科基金重大项目“信息服务与信息交易法律制度研究”(项目批准号:13&ZD178)阶段性成果。2014 年度司法部中青年项目“大数据时代用户数据利益的法律保护——以信息财产理论为视角”(项目批准号:14SFB30026)结项成果。感谢华东政法大学2015 年博士研究生海外调研资助项目对本研究的资助。

** 华东政法大学民商法2013 年博士研究生,华东政法大学电子商务法研究所助理研究员,香港大学访问学者,美国威斯康辛大学麦迪逊分校 LLM。

益与公共利益的唯一路径。

关键词：数据　信息　信息集合　大数据生命周期　财产性权利

人类社会在经历了农业革命、工业革命，并自20世纪50年代后期通过信息革命，进入到信息社会以来，①以体能和机械为主导的传统产业时代已经逐渐演变为以信息类无形产业为主导的智能时代。经过半个多世纪的网络社会活动，数据、信息资源已经具有足够庞大的规模，移动互联网、移动终端和数据感应器的出现，使得这些资源成几何倍数的增长，②而以“云技术”为代表的托管技术的出现，给量变的数据、信息资源带来了使用价值上的质变。自2001年，“大数据”（Big Data）的雏形在Gartner的研究报告③中出现以来，经过10多年的变化发展至2012年，大数据的概念逐渐进入了人们的视野。④ 大数据，是用来描述和定义信息爆炸时代的海量数据、信息资源，并以其命名与之相关的技术和创新手段。随着这些大数据相关技术的出现，大数据时代⑤悄然来临。联合国也在当年发布了大数据政务白皮书，⑥明确了大数据对于联合国和世界各国政府来说是一个历史性的机遇，人们可以使用丰富的数据、信息资源，来对社会各项活动进行前所未有的分析，使得大数据的产业逐渐崭露头角，大数据资源的交易与日频繁，以此更好地服务于社会。我国政府从2006年就开始就对信息化战略和发展做出了重要的安排

---

① 美国著名未来学家阿尔温·托夫勒曾在其巨著《第三次浪潮》中，将人类目前的社会的发展阶段分为三段：农业社会、工业社会和正在进行的信息社会。详见[美]阿尔温·托夫勒：《第三次浪潮》，三联书店1983年版。

② 据统计，2013年全球产生的数据达到3.5ZB，到2020年产生的数量将增至44ZB，超出存储空间6ZB（1ZB相当于343.6亿部32GB智能手机的存储容量）。详见于《2015中国大数据交易白皮书》，贵阳大数据交易所，2015年5月26日发布。

③ Laney, Douglas: “3D Data Management: Controlling Data Volume, Velocity and Variety”, Gartner, 6 February 2001.

④ Beyer, Mark: “Gartner Says Solving ‘Big Data’ Challenge Involves More Than Just Managing Volumes of Data”, Gartner, 10 July 2011.

⑤ 最早提出“大数据”时代到来的是全球知名咨询公司麦肯锡（McKinsey & Company），See McKinsey & Company Report: “Big Data: The Next Frontier for Innovation, Competition, and Productivity”, Fujitsu North America Technology Forum, January 25, 2012.

⑥ UN Global Pulse: “Big Data for Development: Challenges & Opportunities.” May, 2012.

和要求,也前瞻性地为大数据时代的到来进行了较为稳健的部署。⑦

然而,大数据环境下,在数据、信息资源的流通和使用过程中出现了很多法律问题。究其根本原因,是由于这些资源流通和使用中的相关关系人(包括数据、信息资源的生产者、控制者和使用者),并不清楚自身对相关数据、信息资源是否享有权利,以及享有什么样的权利,而这些资源实然地具有经济价值,并可以通过流转使市场主体获取经济利益。加之,大数据概念的兴起,新的数据类型和种类的增多,人们对于数据、信息以及大数据相关概念的模糊使用,使本来就较为复杂的法律关系变得更加难以界定。

本文以信息管理传统理论中数据、信息及相关概念为基础,以数据和信息在信息生命周期中的区别与联系为出发点,结合大数据的特殊环境,对由数据转化为信息所产生的信息集合的特征进行分析,并讨论在信息集合上赋予财产性权利的正当性问题。本文不涉及数据、信息资源的产生者、使用者以及控制者对数据、信息资源享有什么样的具体财产性权利,以及具体权利的实现程度问题。

一、大数据时代信息集合上的基本组成单位——数据和信息

(一)"DIKW体系"之下的数据和信息

人类对客观事物的认识组成了人类思想的内容。这个认识过程是一个从低级到高级不断发展的过程。目前,一些学者将人类思想的表达内容分为了三类,即数据、信息和知识,也有一些学者将其分为了四类(数据、信息、知识和智慧)或者五类(数据、信息、知识、理解和智慧)。⑧ 而支持"四

---

⑦ 中共中央办公厅国务院办公厅关于印发《2006~2020年国家信息化发展战略》的通知中办发〔2006〕11号。

⑧ 支持"四分法"的学者是Gene Bellinger, Durval Castro和Anthony Mills, See Gene Bellinger, Durval Castro, Anthony Mills:"Data, Information, Knowledge and Wisdom",载http://www.systemsthinking.org/dikw/dikw.html,2015年10月20日访问;我国学者王德禄也支持"四分法",参见王德禄:《知识管理的IT实现——朴素的知识管理》,电子工业出版社2003年版,第3页。"五分法"是系统理论和组织变革专家罗素·艾柯夫(Russell Ackoff)的分类,他认为理解应当作为一种过程,是一种增加和随机的过程,也是一种认知和分析的过程。这种过程使得人们能够将旧知识转化为新知识,理解与知识的区别在于"学习"和"记忆"之间的差异。而支持"四分法"的学者认为,"理解"并不是一个独立的层次,而是渗透到数据、信息、知识和智慧转化过程的每一个阶段。

分法"的较为普遍,四分法源自于 DIKW 体系。

DIKW 体系(Data-Information-Knowledge-Wisdom)是描述关于数据、信息、知识及智慧的递进式体系。这个体系最初可以追溯到 Thomas Stearns Eliot 所写的诗。⑨ 1982 年 12 月,美国教育家 Harlan Cleveland 引用 Eliot 的诗句在其出版的《未来主义者》一书提出了"信息即资源"(Information as a Resource)的主张。⑩ 其后,教育家 Milan Zeleny、管理思想家 Russell Ackoff 进一步对此理论发扬光大,前者在 1987 年撰写了《管理支援系统:迈向整合知识管理》,⑪后者在 1989 年撰写了《从数据到智慧》,⑫Milan Zeleny 又在其后的著作中提出了四个 Know 来比喻 DIKW 体系中的每一个元素。(详见图 1)⑬

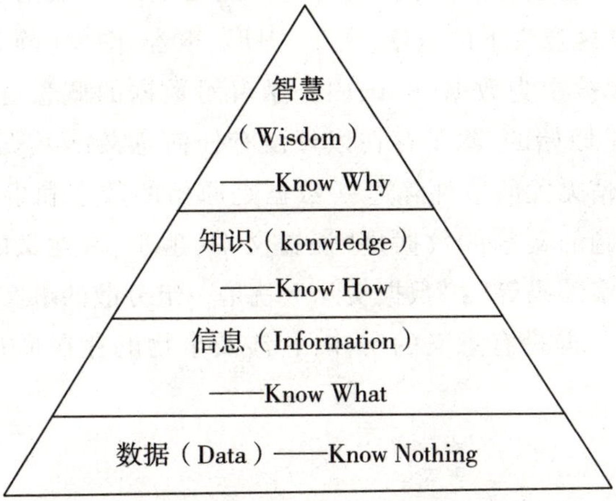

图 1 DIKW 体系及 Zeleny 的 4Know 比喻

---

⑨ 《岩石(The Rock)》(1934)。首段道:"我们在哪里丢失了知识中的智慧?又在哪里丢失了信息中的知识?"("Where is the wisdom we have lost in knowledge? Where is the knowledge we have lost in information?")载 https://en.wikipedia.org/wiki/DIKW_Pyramid#cite_note-Rowley-1, 2015 年 10 月 20 日访问。

⑩ Cleveland, Harlan: "Information as a Resource". The Futurist, December 1982, pp. 34 - 39.

⑪ Milan Zeleny: "Management Support Systems: Towards Integrated Knowledge Management", Human Systems Management, 1987, 7(1), pp. 59 - 70.

⑫ Russell Ackoff: "From Data to Wisdom". Journal of Applied Systems Analysis 16, 1989, pp. 3 - 9.

⑬ Milan Zeleny: "From knowledge to wisdom: On being informed and knowledgeable, becoming wise and ethical." International Journal of information technology & decision making 5. 04 (2006), pp. 751 - 762.

根据 DIKW 体系,数据、信息、知识和智慧的关系是一个四层结构,智慧在顶层,数据在底层。通过原始观察及量度可获得数据,经过处理、建立相互关系后形成信息;对信息归纳演绎和集成提炼得到知识;而智慧是源于又超越知识的一个创新性思维或行动。这四者中,前者是后者的基础与前提,后者是前者的发展并对前者的获取具有一定的影响。[14]

国内外相关领域的学者对数据、信息都分别进行了特征明确的定义,究其本质特征,差异不是很大:

1. 数据

国际标准化组织(ISO)对数据所下的定义是:“数据是对事实、概念或指令的一种特殊表达形式,这种特殊表达形式可以用人工的方式或者用自动化的装置进行通信,翻译转换或者进行加工处理。”根据这个定义,就人类活动而言,常规意义下的数字、文字、图形、声音、图像(静态和活动图像)等,经编码后都被视为数据。[15] 国内外学者对数据的概念也都有较为近似的定义:数据是原始的,除了存在以外没有任何意义;[16]数据是一个事实或一个与其他事情无关的事件陈述;[17]数据是原始的数字和事实;[18]数据是没有回答特定问题的文本;[19]数据是“涵盖文本、事实、有意义的图像,以及未经过解释的数字编码等”;[20]数据实际上就是一组分散的事实;[21]我国信息工程学者认为,“数据是有意义的实体,它涉及事物的存在形式,是人们通过

---

⑭ 参见荆宁宁、程俊瑜:《数据、信息、知识与智慧》,载《情报科学》2005 年第 12 期。

⑮ 参见唐多强:《信息技术处理员教程》,清华大学出版社 2005 年版,第 2 页。

⑯ Maryam Alavi, Dorothy E. Leidner: “Knowledge management systems: issues, challenges, and benefits”, Communications of the AIS, Volume 1, Feb. 1999. 另见[新西兰]斯图尔特·巴恩斯:《知识管理系统:理论与实务》,阎达五、徐鹿等译,机械工业出版社 2003 年版,第 1 页。

⑰ See: Gene Bellinger, Durval Castro, Anthony Mills: “Data, Information, Knowledge and Wisdom”, http://www.systemsthinking.org/dikw/dikw.html, 2014 年 10 月 20 日访问。

⑱ 参见[新西兰]斯图尔特·巴恩斯:《知识管理系统:理论与实务》,阎达五、徐鹿等译,机械工业出版社 2003 年版,第 1 页。

⑲ Edward J. Quigley, Anthony Debons: “Interrogative theory of information and knowledge”, Conference on Computer Personnel Research, New Orleans, Louisiana, USA, April 8 - 10, 1999.

⑳ [美]迈克尔·J. 马奎特:《创建学习型组织 5 要素》,邱昭良译,机械工业出版社 2003 年版,第 123 页。

㉑ 参见[法]查尔斯·德普雷、丹尼尔·肖维尔:《知识管理的现在与未来》,刘庆林译,人民邮电出版社 2004 年版,第 1 ~2 页。

观察、实验或计算得到的结果”。㉒

通过以上学者对数据的描述,可以将数据间共有的、已被认知的特征,作为对其本身的基本描述。笔者认为,所谓数据,是指反映客观事物状态的、原始的、未解释的符号的记录,其本身并没有回答特定的问题。

2. 信息

现代管理学之父 Peter Drucker 将信息定义为:“信息是被赋予相关性和目的性的数据。”㉓有学者认为,信息是由一系列描述特定情境、环境、挑战或机会的有组织的事实和数据所组成;㉔信息是经过处理可以利用的数据,来回答“谁”“什么”“哪里”和“什么时候”的问题;㉕信息是包含某种类型可能地因果关系的理解;㉖信息是一定形式组织起来的数据,即是能够被存储、分析、展示,可以通过语言、图表或数字交流的一组数据;㉗信息是试图改变接受者认识的消息;㉘信息是经过解释能够成为一种结构含义丰富的数据;信息是经过处理的数据;㉙信息是回答“when, where, what, who”问题的文本;㉚信息是有

㉒ 贲德、张弓、谭晓阳、刘彦东、黄志球:《信号、数据和信息的历史及展望——纪念〈数据采集与处理〉创刊30周年》,载《数据采集与处理》2015年第2期。

㉓ 万希:《论企业的数据、信息、知识和智力之间的关系》,载《内蒙古社会科学》(汉文版)2005年第3期。

㉔ See Karl M. Wiig: Karl M. Knowledge Management Foundations: Thinking about Thinking-How People and Organizations Create, Represent, and Use Knowledge, Arlington, TX: Scheme Press, 1993:256 – 263. & Karl M. Wiig: Knowledge Management: An Emerging Discipline Rooted in a Long History, http://www.krii.com, 2014年10月20日访问。

㉕ Maryam Alavi, Dorothy E. Leidner: “Knowledge management systems: issues, challenges, and benefits”, Communications of the AIS, Volume 1, Feb. 1999. 另见[新西兰]斯图尔特·巴恩斯:《知识管理系统:理论与实务》,阎达五、徐鹿等译,机械工业出版社2003年版,第1页。

㉖ See: Gene Bellinger, Durval Castro, Anthony Mills: “Data, Information, Knowledge and Wisdom”, http://www.systemsthinking.org/dikw/dikw.html, 2014年10月20日访问。

㉗ See Nancy M. Dixon: “Common Knowledge: How Companies Thrive by Sharing What They Know”, Harvard Business School Press (1 edition), March 2000, p. 16. 另见[美]南希·M. 狄克逊:《共有知识:企业知识共享的方法与案例》,王书贵、沈群红译,人民邮电出版社2002年版,第15页。

㉘ 参见[法]查尔斯·德普雷、丹尼尔·肖维尔:《知识管理的现在与未来》,刘庆林 译,人民邮电出版社2004年版,第1~2页。

㉙ [新西兰]斯图尔特·巴恩斯:《知识管理系统:理论与实务》,阎达五、徐鹿等译,机械工业出版社2003年版,第1页。

㉚ Edward J. Quigley, Anthony Debons: “Interrogative theory of information and knowledge”, Conference on Computer Personnel Research, New Orleans, Louisiana, USA, April 8 – 10, 1999.

上下文联系,有意义的数据。[31]

根据学者们对信息的特征的描述,总结其特征共性,笔者认为,所谓信息,是数据“关系化”的表现,是通过一定的模式对数据进行加工后的结果,其本身可以回答特定的问题,解决特定的事务。

3. 数据、信息、知识与智慧的关系

为了对数据和信息更好的认知,以及对本文第三部分的财产性权利赋权问题提供有效的理论支持,笔者这里将 DIKW 体系下的两个高级阶段进行简要总结。

通过图 1 可以较为直接地发现,在数据通过一定的方式转化为信息之后,信息又会进而通过人们的“更高层次的劳动”(如创造性劳动)进行更高层次、更高价值的转化,形成知识和智慧。

国内外学者也对知识有大同小异的界定:知识是数据和信息的应用,回答“如何”的问题;[32]知识是这样一种模式,当它在此被描述或被发现时,通常要为它提供一种可预测的更高的层次;[33]知识是特殊背景下,人们在头脑中,将信息与信息在行动中的应用之间建立的有意义的联系;[34]也有学者认为,知识是人或者其他智慧生物所拥有的真理和信念、视角和概念、判断和预期、方法论和技能等;[35]知识是一种由经验、价值、情境化信息、专家意见等构成的流动的混合物,它们可以为评价并整合新经验、新信息提供一个框架;[36]知识是经过证实并被认为具有真实性的信息;[37]知识是回答“how, why”问题

---

[31] 参见[美]迈克尔·J. 马奎特:《创建学习型组织 5 要素》,邱昭良译,机械工业出版社 2003 年版,第 123 页。

[32] 参见[新西兰]斯图尔特·巴恩斯:《知识管理系统理论与实务》,阎达五,徐鹿 等译,机械工业出版社 2004 年版,第 1 页。

[33] See Gene Bellinger, Durval Castro, Anthony Mills: “Data, Information, Knowledge and Wisdom”, http://www.systemsthinking.org/dikw/dikw.html,2014 年 10 月 20 日访问。

[34] See Nancy M. Dixon: “Common Knowledge: How Companies Thrive by Sharing What They Know”, Harvard Business School Press (1 edition), March 2000, p. 16. 另见[美]南希·M. 狄克逊:《共有知识:企业知识共享的方法与案例》,王书贵、沈群红译,人民邮电出版社 2002 年版,第 15 页。

[35] See Karl M. Wiig: Knowledge Management: An Emerging Discipline Rooted in a Long History, http://www.krii.com,2014 年 10 月 20 日访问。

[36] 参见[法]查尔斯·德普雷、丹尼尔·肖维尔:《知识管理的现在与未来》,刘庆林译,人民邮电出版社 2004 年版,第 1 ~ 2 页。

[37] 参见[新西兰]斯图尔特·巴恩斯:《知识管理系统理论与实务》,阎达五、徐鹿等译,机械工业出版社 2004 年版,第 1 页。

的文本。[38]“知识体现了信息的本质、原则和经验,它能够积极地指导任务的执行和管理,进行决策和解决问题。”[39]

在数据、信息和知识之间,没有绝对的界限;从数据转化为信息,再从信息转化到知识的过程,是数据通过被采集、被处理而变得有序、可验证,并最终揭示事实之中所存在的固有逻辑规律的过程。[40] 有学者认为,只有通过将数据、信息、知识三者的统一认识对象——事实,将三者联系起来,才能够将三者的概念进行统一理解。[41]

所谓智慧,是对更多的基本原理的理解,这种原理包含在知识中,而这种智慧本质上是“知识是什么”的基础;[42]智慧“包括组织能高效地创造产品、服务和流程的才能和专门知识”,[43]是一种推测的、非准确定性的和非随机的过程。[44]

从获取途径来说,数据可通过最基本的、最原始的观察获取,数据可以共享;信息是客观世界的直接间接描述,使人们活动交换的内容,信息可以流通;知识源于数据、信息任一层次,是对它们的归纳演绎和集成提炼,知识可以传播;智慧是知识的外在表现,源于又超越信息和只是的创新性思维,智慧可以垄断。[45] 数据、信息、知识和智慧的特征可以用四个英文介词进行表达:数据——where,即原始记录的数据存在何处;信息——what,即数据

---

[38] Edward J. Quigley, Anthony Debons:“Interrogative theory of information and knowledge”, Conference on Computer Personnel Research, New Orleans, Louisiana, USA, April 8 - 10, 1999.

[39] [美]迈克尔·J. 马奎特:《创建学习型组织5要素》,邱昭良译,机械工业出版社2003年版,第123页。

[40] “事实”一词来自维特根斯坦的《逻辑哲学论》,“事实”与“事物”有着严格的逻辑上的区别,“事物”由于发生了某种变化而成为了一种“事实”或者“事实”的一个组成部分,而组成该“事实”的“事物”之间有其固定不变的逻辑结构。详见[奥]路德维希·维特根斯坦(Ludwig Wittgenstein):《逻辑哲学论》(英汉对照版),九州出版社2007年版,第42~59页,第88~89页。

[41] 参见上官景昌、陈思:《知识管理研究中数据、信息、知识概念辨析》,载《情报科学》2009年第8期。

[42] See Gene Bellinger, Durval Castro, Anthony Mills:“Data, Information, Knowledge and Wisdom”, http://www.systemsthinking.org/dikw/dikw.html, 2013年10月20日访问。

[43] [美]迈克尔·J. 马奎特:《创建学习型组织5要素》,邱昭良译,机械工业出版社2003年版,第123页。

[44] 参见[新西兰]斯图尔特·巴恩斯:《知识管理系统:理论与实务》,阎达五、徐鹿等译,机械工业出版社2003年版,第1页。

[45] 参见万希:《论企业的数据、信息、知识和智力之间的关系》,载《内蒙古社会科学》(汉文版)2005年第3期。

的本身的意思和关系是什么？知识——how,即知识结构的概念、原理如何掌握;智慧——when,即利用知识生产智慧的机会在何时。㊻ 有的学者也对数据、信息、知识和智慧进行了较为形象的递进式举例。㊼ 高质量的管理应当收集原始数据以便于再利用,通过信息找回与当前兴趣有关的数据,通过检查以前的成功的方案以使用当前的环境生成知识,而智慧是对照当前的经济形势,检验过去实践活动的有效性。㊽ 我国知识管理领域咨询专家王德禄认为:"数据是反映事物运动状态的原始数字和事实;信息是已经排列成有意义的形式的数据;知识是经过加工提炼,将很多信息材料内在联系进行综合分析,从而得出的系统结论;而智慧是激活了的知识,主要表现为收集、加工、应用、传播信息和知识的能力,以及对事物发展的前瞻性看法。"㊾

此处需要对一些概念进行研究展开前的明确。在情报学中,有类似的四个基本概念,即"数据""信息""知识"和"情报"(intelligence)。钱学森于 1983 年在国防科技情报工作会议上提出"情报是为了解决一个特定的问题所需要的、具有及时性和针对性的知识,情报是激活了、活化了的知识"。㊿ 从数据到信息、从信息到情报都需要知识的支撑,而知识贯穿于整个转化过程。51 从大量的数据中搜集、研究与事件相关的数据时,数据就转化为信息,利用知识对信息进行分析,信息转化为情报。可见,情报学将"知识"作为数据向信息转化的媒介,而不认为其是数据进化分类的一个较高级的阶段。"情报"一词来源于日语中的汉字"情报",52日语中"情报"一词普遍被

㊻ 参见[美]G. 贝林杰、D. 卡斯特罗、A. 米尔斯:《数据、信息、知识、智慧》,载《国外社会科学》2007 年第 6 期。

㊼ "数据,例如日期、云、雾、空气等。信息是数据的关系。如明日大雾、今夏有洪水等。知识是信息的理解。如雾大少驾、吸烟有害、水火无情等。智慧是知识的运用。如无欲则刚、水清无鱼、难得糊涂等。"参见王莉:《语义网、社会网络计算与 Web 资源共享》,电子工业出版社 2011 年版。

㊽ H. J. Bajaria: "Knowledge creation and management: inseparable twins", Total Quality Management, 2000. 11(4), pp. 562 - 573.

㊾ 王德禄:《知识管理的 IT 实现——朴素的知识管理》,电子工业出版社 2003 年版,第 3 页。

㊿ 钱学森:《科技情报工作的科学技术》,载《情报理论与实践》1983 年第 6 期。转引自郑彦宁、化柏林:《数据、信息、知识与情报转化关系的探讨》,载《情报理论与实践》2011 年第 7 期。

51 参见郑彦宁、化柏林:《数据、信息、知识与情报转化关系的探讨》,载《情报理论与实践》2011 年第 7 期。

52 参见刘正埮、高名开:《汉语外来词词典》,上海辞书出版社 1984 年版,第 288 页。

认为是从德语"Nachricht"一词转化而来,[53]而德语中"Nachricht"一词多有"信息""情报""消息"以及"新闻报道"的含义。[54] 而且,由于英文中"intelligence"实际可以翻译为"智慧"和"情报"。所以本文认为,"情报"一词由于经过多重语义移植,不具有较为确定的范畴,因而不应当作为法学研究的具体对象,加之在情报学中,针对数据和信息之间的关系的表述并不异于 DIKW 体系,所以本文依旧以 DIKW 体系下的"数据、信息、知识、智慧"为基础进行法学研究。

通过以上学者对 DIKW 体系下的数据、信息、知识和智慧进行的总结不难发现,数据和信息之间最重要的联系——信息是形成"关系化"的数据。知识和智慧是数据、信息发展的高级阶段,不如数据和信息可具象,但是在价值上更为突出,这也就是为什么对于某些可以控制的知识和智慧,需要通过特殊的法律进行保护的原因,如知识产权法等。

(二)大数据时代对数据和信息的"再定义"

"再定义"并不是重新定义,而是在新环境下,对既有定义进行合理的发展。

在日常生活中,人们对"数据"和"信息"的使用多有交叉,加之"大数据时代"的出现,一些新的以"数据"为内容的概念跃然于人们的生活之中,"数据"与"信息"的界定就变得更为模糊,但区分"数据"和"信息"有重要的作用,因为,"如果没有准确定义数据,信息生产者将不知道要创造什么价值的数据,以及不知所引用的数据的意义"。[55]

根据信息技术专业的学者观点,任何数据和信息的概念都有一定的适用范围和应用背景,离开这种背景,概念模糊难以避免。这也就是为什么在

---

[53] 日本留德学者森鸥外(もり おうがい)于 1884~1888 年留德期间翻译普鲁士军事家、战略家冯·克劳塞维茨(Carl Von Clausewitz)的《战争论》时,将"Nahricht im Kriege"翻译成"战争の情报"。摘自上田修一ほガ:《情报の发生と传达》,東京:劲草书屋 1992 年版,第 1~7 页,转引自郑彦宁、化柏林:《数据、信息、知识与情报转化关系的探讨》,载《情报理论与实践》2011 年第 7 期。

[54] 《杜登德语大词典》(Duden),西德文献目录出版社 2013 年版。

[55] Larry P. English:"Total Information quality management:A complete Methodology for IQ management",*Dm Review*,2003(9),pp. 1-7.

日常生活和工作中,人们对于数据和信息的概念难以界定的原因。[56]

不同于小数据时代,[57]大数据时代是分享经济和数据整合利用的时代——信息共享的时代。所谓信息共享,是指"在一定程度开放条件下,同一信息资源为不同用户共同使用的服务方式"。[58] 信息共享离不开共享信息源、信息使用者、信息共享过程三个要素。正是存在对以上三个要素的认识不一,导致人们对数据和信息概念的难以界定。[59] 在信息共享研究领域,学者们对数据的界定[60]和信息的界定[61]虽然有些差异,但是都阐述出了数据和信息联系和区别上的共性。数据和信息相互联系,可以从"纵向"和"横向"概念关系来看:"纵向"概念关系上,数据与信息在层次上有差别,存在递进关系,数据是信息的基础与前提,信息是数据的整合与提炼;"横向"关

[56] 参见宋立荣、张薇、杨晶:《基于信息共享背景下的数据和信息之概念辨析》,载《情报杂志》2012 年第 1 期。

[57] 本文中所述的"小数据时代",只是为了便于表达,与"大数据时代"进行对应,描述的是"大数据时代"之前的信息化时代。对于小数据,安迅公司(Actuate)创新副总裁 Allen Bonde 给出的定义为:"小数据与人们适时的、有意义的洞见有关,一般具有可视化,且经过编辑和组织,易于接触、理解和进行日常任务",详见 https://en. wikipedia. org/wiki/Small_data,2015 年 10 月 20 日访问。

[58] 孙鸿烈主编:《中国资源学科百科全书》,石油大学出版社、中国大百科全书出版社 2000 年版。

[59] 宋立荣、张薇、杨晶:《基于信息共享背景下的数据和信息之概念辨析》,载《情报杂志》2012 年第 1 期。

[60] 温浩宇、任志纯、靳雅静:《数据的概念及质量要素》,载《情报科学》2001 年第 19 期;马费成、胡翠华、陈亮:《信息管理学基础》,武汉大学出版社 2002 年版;黄鼎成、郭增艳:《科学数据共享管理研究》,中国科学技术出版社 2002 年版;李红:《数据库原理与应用》,高等教育出版社 2003 年版;孙九林:《科学数据资源与共享》,载《中国科学基础—中国科学数据共享学术讨论会专辑》2003 年;熊霞:《数据仓库中数据质量控制问题研究》,武汉大学 2004 年硕士学位论文;严冬梅、尚翔:《论科技创新的基石—科学数据共享》,载《科学管理研究》2005 年第 1 期;宋峻峰、张维明、肖卫东、李国辉:《基于元数据的同领域异构数据管理研究》,载《计算机工程与应用》2005 年第 14 期;薛化成:《管理信息系统》,清华大学出版社 2007 年版;杨丛科:《中国农业科学数据资源建设研究》,中国农业科学院研究生院 2007 年学位论文;傅小锋、李俊、黎建辉:《国际科学数据发展与共享》,载《中国基础科学》2007 年第 2 期, 2007 年《中国科学院科学数据库资源整合与持续发展研究报告》。

[61] 参见孟智明、隋敏:《试论文献信息的本质》,载《图书馆学刊》1999 年第 5 期;黄鼎成、郭增艳:《科学数据共享管理研究》,中国科学技术出版社 2002 年版;孙九林:《科学数据资源与共享》,载《中国科学基础—中国科学数据共享学术讨论会专辑》2003 年;贾善刚:《中国农业研究信息系统网络化发展战略研究》,中国农业科学技术出版社 2004 年版;严冬梅、尚翔:《论科技创新的基石—科学数据共享》,载《科学管理研究》2005 年第 1 期,2007 年《中国科学院科学数据库资源整合与持续发展研究报告》。

系上,可以把数据看成是信息的一个子集,存在包含关系。[62]

不难看出,有关数据和信息研究的专业领域的学者们对数据和信息的关系都有同样的潜在认识——信息是形成“关系化”的数据,这样的关系在小数据时代,主要是“因果关系”;而在大数据环境下,这样的信息除了包含着数据间的“因果关系”,也包含着数据间的“相关关系”,而且,“相关关系”占了很大一部分比重。[63] 在 DIKW 体系中,与大数据时代活动对应最紧密的还是数据阶段,大量的数据经过现代存储技术保留了下来,提高了其被转化为更多有价值信息的可能性。与传统信息采集能力下的数据资源不同,大数据时代的数据具有规模大、移动性强、多样性高、价值稀疏性大的特点。[64] 而经过大数据挖掘后所转化出的信息,相较于小数据时代,具有更大规模、更多样化的内容。

但是,无论环境如何变化,数据和信息之间的基本关系依旧不会改变,只会通过科技发展愈发强烈。除非新生科技对既有人类的知识体系形成颠覆,那么对于进阶发展而成的科学概念,其基本特征应当是统一的,这样就不会凭空增加学科间的兼容难度,也不会使既有成熟的科学体系瓦解。所以,在大数据环境下,对于数据、信息以及其他相关概念的认知,应当遵循科学理论发展上的“承上启下”,用谨慎的态度来界定新的问题。这对法学研究更为关键。法学研究是以研究对象特定为基础,继而对具体的法律关系所进行的讨论。数据和信息等术语是其他学科发展而成的,不是法学的源生概念。所以,如果要将数据和信息纳入法学调整的范围之内,就要进行相关概念的移植,只有如此,才不会破坏与源生学科的兼容性,也不至于让法

---

[62] 宋立荣:《基于网络共享的农业科技信息质量管理研究》,中国农业科学院研究生院 2008 年博士学位论文,转引自宋立荣、张薇、杨晶:《基于信息共享背景下的数据和信息之概念辨析》,载《情报杂志》2012 年第 1 期。

[63] 英国学者维克托·迈尔—舍恩伯格和肯尼思·库克耶在其《大数据时代:生活、工作与思维的大变革》一书中所描述的:在大数据环境下,数据之间通过一定的收集和组合方式,可以生成不同的信息,这些信息已经不是前大数据时代的单纯的“因果关系”,而是不被人们所熟知和应用的“相关关系”,大数据时代,“相关关系”往往具有更大的指示性,使得信息使用者可以不用关注事件本身的确切的因果关系,来发现事件之间的联系,进而做出市场判断,对某些事件的判断不需要足够精准,有时候只需要知道“是什么”(what),而不需要知道“为什么”(why)。详见[英]维克托·迈尔—舍恩伯格、肯尼思·库克耶:《大数据时代:生活、工作与思维的大变革》,盛杨燕、周涛译,浙江人民出版社 2012 年版,第 27 页。

[64] 贲德、张弓、谭晓阳、刘彦东、黄志球:《信号、数据和信息的历史及展望——纪念〈数据采集与处理〉创刊 30 周年》,载《数据采集与处理》2015 年第 2 期。

学研究变成无源之水、无本之木。

因此,通过以上的阐述可以看出,“大数据”只能表达通过大数据的相关技术,对海量的数据进行处理,创造新的价值的一种新兴生产力方式。所以大数据时代用“数据”命名的概念并不一定就能表达其本身特点,相反,“数据”的普遍使用,使得很多应当具有“信息”特点的研究对象变得模糊不清。例如“数据产品”,就不只是具有数据的特点。大数据时代是非结构化数据(Unstructured Data)[65]的时代,大量的非结构化数据需要通过技术转化为可以被认识的结构化数据,进而转化为信息。况且,大数据时代的基本运行特征,就是将“关系化”了的数据(即信息)来衍生出数据产品,而这实际上就是数据转化为信息的过程。单一的信息从信息资源交易的角度来看并不具有很大价值,除非这个信息是核心价值的全部或者一部分。一般信息资源的交易都是将相关的信息进行归集整理,形成集合化后才会具有价值,如通常所说的数据库。而数据库实际上就是信息的集合,并不是单纯的数据的集合,大数据时代下所谓的数据产品也是信息集合。

综上,本文所称的信息集合,是指通过对数据的采集、归集、分析、将数据“关系化”后转化为信息,并形成具有一定实用价值的集合,是大数据时代数据信息资源交易的基本对象。而数据通过关系化的发展转化为信息,继而成为信息集合的这个过程,也有着特殊的法学研究意义。

二、大数据时代信息集合上经济价值的生成过程——大数据生命周期

(一)信息生命周期(Information lifecycle)及相关概念

1981 年,Karen B. Levitan 首次将“生命周期”引入信息管理理论中,指

---

[65] 非结构化数据,是指不方便用数据库二维逻辑表来表现的数据,包括所有格式的办公文档、文本、图片、XML、HTML、各类报表、图像和音频、视频等。相对应的结构化数据,是指行数据,存储在数据库里,可以用二维结构来逻辑表达实现的数据。非结构化数据对应的是结构化数据。在数据分析行业,大致的统计是,世界上约 80% 的数据都是非结构化数据。此前,数据分析绝大部分是针对结构化数据,比如姓名、性别、年龄这些信息,可以以 word、excel 等形式呈现的数据。而非结构化数据是更加“莫可名状”的:它们通常藏在你的聊天记录、邮件、发布的图片、语音以及视频中。见《非结构化数据:被忽视的富矿》,载 http://finance.sina.com.cn/roll/2016-02-29/doc-ifxpvzah8362502.shtml,2016 年 3 月 10 日访问。

出,信息或信息资源是一种具有生命周期特征,具有包括信息的生产、组织、维护、增长和分配的"特殊商品"。[66] 次年,美国学者 Taylor 提出了包含数据、信息、告知的知识、生产性知识和实际行动五个阶段的信息生命周期过程。[67] 1985 年,Horton 在《信息资源管理》一书中指出,信息是一种具有生命周期的资源,其生命周期由一系列逻辑上相关的阶段或步骤组成,体现了信息运动的自然规律,并据此定义了两种不同形态的信息生命周期,一是基于信息利用和管理需求的信息生命周期,由需求定义、收集、传递、处理、存储、传播、利用七个阶段组成;二是基于信息载体与信息交流的信息生命周期,包括创造、交流、利用、维护、恢复、再利用、再包装、再交流、降低使用登记、处置十个阶段[68]。2000 年 10 月,ISO/TC171 文件成像应用技术委员会的伦敦年会上的相关决议指出:"信息无论是以物理形式还是数字形式管理,其信息生命周期均包括信息的生成、获取、标引、存储、检索、分发、呈现、迁移、交换、保护与最后处置或废弃。"[69]至此,"信息生命周期管理"(ILM: Information lifecycle management)等针对信息生命周期内的阶段特征对信息进行管理的学科领域进入人们的视野之中。

随后,专门从事数据存储研究的机构又将 ILM 理论应用在数据存储领域,研究海量数据的高效存储方式,提出了数据存储管理理论。该理论将数据生命周期管理(DLM:Data lifecycle management)划分为六个阶段,分别是数据创建阶段、数据保护阶段、数据访问阶段、数据迁移阶段、数据归档、数据回收阶段。[70] 数据生命周期管理和信息生命周期管理这两个词有时可以交换使用。然而,这两者之间是有区别的。DLM 产品处理通常的文件属性,如它们的类型、尺寸以及年龄;ILM 产品则具有更复杂的功能。例如,

---

[66] Karen B. Levitan: "Information Resources as Goods in the Life Cycle of Information Production". *Journal of the American Society for Information Science*, 1981(1), pp. 44 – 45.

[67] Robert S. Taylor: "Value-Added processes in the information life cycle". *Journal of the American Society for Information Science*, 1982(5), pp. 341 – 343.

[68] Forest Woody Horton, Jr: "Information resources management" Englewood Cliffs (New Jersey). London: Prentice-Hall Inc., 1985. 转引自索传军:《试论信息生命周期的概念及研究内容》,载《图书情报工作》2010 年第 13 期。

[69] 李铭:《看国际动态,找国内差距,促技术发展》,载《缩微技术》2002 年第 2 期,转载于杜彦峰、相丽玲、李文龙:《大数据背景下信息生命周期理论的再思考》,载《情报理论与实践》2015 年第 5 期。

[70] 参见付朋侠:《数据生命周期管理理论研究及实施建议》,载《科技创业家》2013 年 9 月。

DLM 产品可以允许你查找已存储的具有某个年龄的某类文件类型的数据,然而 ILM 产品则能让你查找不同类型的存储文件的某个数据片断,如客户号码。[71] 也就是说,ILM 比 DLM 所处理的对象更具有"关系化"。这样看来,信息生命周期发展而来的信息生命周期管理、数据生命周期、数据生命周期管理等研究领域,在本质上依然没有改变数据和信息之间的基本关系。

(二)信息生命周期在大数据时代的发展——大数据生命周期

大数据时代,没有绝对无用的数据,数据再利用的价值明显提升,在数据坟墓、数据废气中也能够发掘有用的数据,[72]并进行新的一轮周期的转化。大数据理论与技术促进了信息生命周期理论的发展,同时,大数据与信息生命周期理论的契合显示出了"信息消亡"观点的片面性。有的学者就提出了"信息休眠"的概念。[73] 所以,在大数据时代,无论是数据还是信息,实际上是不存在"绝对消亡"情况的,只是在一轮周期满足其使用价值之后,被人们忽视或者储存起来(即休眠),有可能在之后的某个时间节点上进入下一轮周期运行,产生新的使用价值。在大数据时代,由于不存在数据和信息使用价值的绝对消亡,基于信息生命周期理论的、具有大数据时代特色的大数据生命周期被人们逐渐认知。2016 年 1 月,美国联邦贸易委员会(Federal Trade Commission)针对大数据相关重要的问题发布了一份《分析报告》。[74] 该报告开篇部分阐述了从小数据到大数据之间需要经过几个阶段,而大数据的生命周期可以分为四个阶段:第一阶段:收集;第二阶段:编

---

[71] Margaret Rouse:"Data life cycle management(DLM)", first published in August 2010. http://searchstorage. techtarget. com/definition/data-life-cycle-management? asrc = EM _ NLN _ 8576744&track = NL-34&ad = 714136,2015 年 10 月 20 日访问。

[72] 数据坟墓:"有些企业可能已经收集了数据并使用过一次(如果可能的话),且因为存储成本低而将其保存了下来,数据科学家们称这类保存旧信息的计算机为'数据坟墓'。"数据废气:"看似废物的数据,也可以挖掘出很大的价值,那些'不合标准''不正确'或'有缺陷'的数据也是非常有用的。"详见[英]维克托·迈尔—舍恩伯格、肯尼思·库克耶:《大数据时代:生活、工作与思维的大变革》,盛杨燕、周涛译,浙江人民出版社 2012 年版,第 80、82 页。

[73] 杜彦峰、相丽玲、李文龙:《大数据背景下信息生命周期理论的再思考》,载《情报理论与实践》2015 年第 5 期。

[74] FTC(Federal Trade Commission)report:"Understanding the issue about big data—A tool for inclusion or Exclusion?" January 2016. 该报告基于 FTC 于 2014 年 9 月 15 日举行的一个公开研讨会("Big Data:A Tool for Inclusion or Exclusion")中所讨论的相关问题,并结合了 FTC 之前一些讨论会的总结信息,主要针对五个部分的事项进行了讨论和总结,其中有专门针对大数据生命周期的阐述。

辑和合并;第三阶段:数据分析;第四个阶段:使用。

(三)大数据生命周期——数据"关系化"为信息的过程

不同于小数据时代的信息生命周期及其管理步骤,大数据生命周期是刚进入人们视野之中的概念,很多具体部分仍在细化。但是对于法学研究来说,目前的周期各部分特征已经足够明确、简练,适用于法学研究的具体条件已经比较充分。

比较大数据生命周期与小数据时代的信息生命周期,从特征上来说只是在数据信息资源的"再利用"阶段出现了质变的突破,而其他部分,在价值变化上基本类似:首先,需要经历数据的收集,形成数据挖掘源;其次,进行编辑和合并,此阶段下,数据通过归类等方式被"关系化",一部分已经成为了能够使用的信息;在数据分析阶段,实际上是进一步加剧了这些数据的"关系化"(因果关系和相关关系),使其成为符合"特定"使用目的的信息,组成信息集合;最后,就是如何实现信息集合的使用价值阶段,是信息集合交易的目的。每一轮大数据生命周期都可以看作一次数据"关系化"为信息后,成为交易对象并实现使用价值的过程。

每一次的"关系化"都应当符合使用阶段的使用目的——目的特定化。[75] 在下一个周期,又会有新的使用目的,进而进行新一轮的数据"关系化"。也正是由于数据和信息的"关系化",加上其在每个大数据生命周期之中的使用目的不同,研究信息集合上的法律关系,才应当在一个生命周期内、一个相对特定化的阶段展开。因为同一个研究对象在不同的周期内表现不同。例如,信息在这个周期内表现为是数据"关系化"后的信息,其在这个周期内已经具备了特定的使用价值,可以组成集合并进行流转,但是,在另外一个周期环境下,其就有可能是为了新的使用目的,为了产生新的信息,而在该周期内作为"数据"的角色存在。因此,数据和信息的转化,需要

---

⑮ 目的特定化原则(Purpose Specification Principle)最早被提出于经济合作与发展组织(The Organization for Economic Co-operation and Development,OECD)1980年发布的《隐私保护和个人数据跨境流通的指南》(Guidelines on the Protection of Privacy and Transborder Flows of Personal Data)之中。此原则主要是指个人数据收集的目的应当在收集时确定,随后的使用限制在实现该目的的必要范围内,或者用于实现其他与该目的不冲突的目的和每次更改时确定的目的。其后各国在关于数据收集,尤其是个人数据收集方面都有类似的原则,如"目的确定原则"(Identifying Purposes)、"目的特定"(Purpose Specification)。目的特定化原则与数据质量原则、使用限制原则密切联系。

在特定的大数据生命周期内进行分析,否则会出现使用上的混淆(这也就是在大数据实践中,为什么数据和信息的概念经常被替代使用的主要原因)。(详见图2)

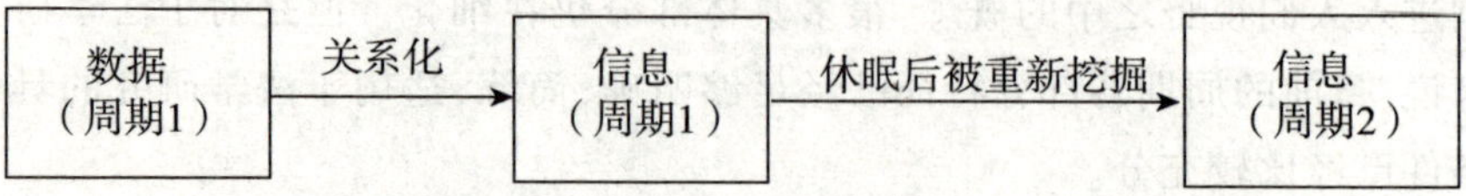

图2　数据和信息在不同周期中的关系化方式

因此,结合前述信息技术专业学者的观点可以发现,任何数据和信息的概念及发展都应当在相对特定的背景下进行分析。从信息生命周期发展而来的大数据生命周期正好符合这种背景条件,而法学研究对象的特点也是相对确定化。因此,数据和信息,以及对信息集合赋予财产权利及具体权利项的法律分析,也应当在这个特定的周期之下展开,否则容易产生模糊不清的现象。然而,国际立法实践中,对数据和信息概念的模糊表示却时有发生。例如2016年5月25日,美国参议院和众议院审议的《开放政府数据法案》[76]中将“数据”定义为“被记录的信息,而无论这些信息记录的媒介是什么”。[77] 而将“数据资产”定义为“可以被归集在一起的数据元素或数据集的集合”。[78] 可见,这里的表述忽视了数据和信息在大数据生命周期中的不同角色。而“数据资产”实际上就是信息集合。我国有学者在其文章中提出以数据内容的生产方式为标准,将数据分为“衍生数据”和“原生数据”。[79] 实际上是利用了新的概念去定义数据(原生数据)和数据“关系化”后的信息(衍生数据)。但是新的概念恰恰忽视了传统信息科学理论中的数据和信息之间变化实质。

76　“Open, public, electronic, and necessary Government Data Act or the Open Government Data Act”, S. 2852; H. R. 5051, https://www.congress.gov/bill/114th-congress/senate-bill/2852/text/is?overview=closed&format=txt.

77　The term ‘data’ means recorded information, regardless of form or the media on which the data is recorded.

78　The term ‘data asset’ means a collection of data elements or data sets that may be grouped together.

79　参见杨立新:《衍生数据的法律属性与权利性质》,微信公众号:百丽百灵,2016年7月27日发表。

忽视数据和信息的区分,模糊概念般的使用,实际上也就是将数据向信息转化中的“过程”和“结果”的忽视。大数据实践的具体术语中可以忽视这样的内在关系,因为专业实践者深谙这种关系。但是,大数据环境下的法学研究,必须对法律关系产生的具体环境进行限定,对研究对象进行明确,对每一轮周期的四个阶段和最终依据使用目的而产出的信息集合进行明确。只有这样,才能合理地研究信息集合上的法律关系,为信息集合上财产权利的赋权问题奠定理论支撑。

三、大数据时代信息集合上财产性权利的赋权基础

(一)传统财产权利的赋权基础——客体原因和主体原因

1. 财产权利产生的客体原因——可支配的稀缺性资源

“稀缺是指这样一种状态:相对于需求,物品总是有限的。”[80]具有稀缺性是财产价值的基础,资源的稀缺性是经济学理论的起点。从法学角度而言,一种资源如果不具有稀缺性,就不具备赋予财产权的必要,也就无所谓权利的分配和流转。自古以来,资源的稀缺性取决于人们的生存方式,过度丰饶的社会并不需要“所有权”式的财产权。对于游牧社会而言,土地资源对其并不稀缺,但水资源和畜牧资源对其稀缺,财产权会在这些资源中产生。而对于定居的水耕社会来说,土地则成为其必不可少的生存依托,具有稀缺性。[81] 稀缺性可以说是决定一种资源上是否存在财产权利的标准,因此,有学者就认为“除了就稀少的或预期稀少的东西而言,财产的权利并不存在,财产的价值总是一种稀少性价值”。[82] 这种评价无可厚非,因为只有存在稀缺性,才会产生需求上的不满足。从人性的角度而言,“由于我们的所有物比起我们的需求来显得稀少,这才刺激起自私;为了限制这种自私,人类才被迫把自己和社会分开,把他们自己的和他人的财物加以区别”。[83]

---

[80] [美]塞缪尔森、诺德豪斯:《经济学》(第17版),萧琛译,人民邮电出版社2004年版,第2页。

[81] 参见[日]加藤雅信:《“所有权”的诞生》,郑芙蓉译,法律出版社2012年版,第68页。

[82] [美]康芒斯:《制度经济学》,于树生译,商务印书馆1962年版,第235~236页。

[83] [英]大卫·休谟:《人性论》,关文运译,商务印书馆1980年版,第534~535页。

在稀缺性的基础之上,某种资源上是否可以赋予财产权利,还必须取决于这种资源是否可以被人类所支配,即资源的可支配性。如果某种资源不具有可控性,那么这种资源的现实意义就不存在。因此,从法律本质而言,可支配的稀缺资源,才是定分止争的对象。[84]

2. 财产权利产生的主体原因——劳动赋权理论

如前所述,一种可支配资源具有了稀缺性特征,是其能够成为财产的前提。但是,一种可支配稀缺资源并不是先天、主动的成为财产,而是需要通过一定的转化方式,与支配其的主体产生一种媒介关系,从而形成资源本身的价值,即通常所说的资源的价值性,也称实用性。因为“如果一种商品毫无用处,或者说,如果它无法对我们的需求满足有所贡献,那么不管它怎样稀少,或者获取时需要付出多少劳动,这种商品都不具有价值”。[85] 这里所指的价值以使用价值为基础,以交换价值为表现形式。使用价值是指能够满足人们的需要,而交换价值是指该种资源可以以通货来衡量。而这种媒介关系的基本表现形式,是人类的劳动。

1690年,英国哲学家洛克在其著作《政府论》中提出了劳动赋权理论,以天赋人权的自然法理论为基础,将“劳动”作为人类获取财产权的重要途径。[86] 根据皮特·达沃豪斯(Peter Drahos)教授的归纳,财产权劳动理论的全部内涵主要有五个部分:“第一,上帝将天堂留给了自己,而将地上的一切赐给人类所共有。第二,每个人对他自己的人身都拥有所有权。第三,每个人的劳动只属于他自己。第四,当人们将他的劳动与处于共有状态的某个东西混合在一起的时候,他就取得了该东西的所有权。第五,人们在取得该财产权时必须留有足够好的同样多的东西给他人共有,同时以不造成浪费为限。”[87]洛克的推理实际上蕴含了近代以来市民社会的两个基本原则:财产权私有原则和自由主义原则。其从根本上为财产权找到了合法性基

---

[84] 参见李锡鹤:《民法原理论稿》(第2版),法律出版社2012年,第7~8页。

[85] [英]大卫·李嘉图:《政治经济学及赋税原理》,周洁译,华夏出版社2005年版,第1页。

[86] 参见[英]约翰·洛克:《政府论》(下篇),叶启芳、瞿菊农译,商务印书馆1964年版,第19页。

[87] Peter Drahos: A philosophy of intellectual property, Published by Dartmouth Publishing Company Ltd. England, 1996, p. 43.

础,并确立了社会发展的核心价值;同时,通过将创造物比作是主体人格的延伸来扩张人格权,使财产权具有了人权基础。[88] 可以说,除了劳动,没有其他媒介方式比其更符合道义和法理上的正当性。

因此,"具有效用的商品获取其交换价值的来源有两个:稀缺性和获取商品时所需要的劳动量"。[89] "在资本积累和土地私有尚未出现以前,获取物品所需的劳动量的比例似乎是物品交换的唯一标准。劳动难度不同,交换价值也不同。如果某种劳动需要巧智,处于对这种技能拥有者的尊重,其生产物自然更具有价值,也就是超过其平均劳动时间应得的价值。这种技能需要人们多年苦练才能获得,对其生产物给予较高价值就是对其掌握技能所需要劳动时间的合理报酬。"[90]劳动是人类社会能够接受在可支配稀缺资源上创设财产权利的最基本的方式。当然,随着社会生产力的发展,这样的观念也在一定程度上得到了发展与修正。

(二)财产权利的赋权基础在信息时代的发展与修正

1. 客体原因——可控资源从有形到无形、从绝对稀缺到相对稀缺的转变

人类的每一次生产力的变化都给其财产观念带来新的变革,因为生产力是决定既有资源是否可控,以及是否稀缺的关键,也是人类通过何种"劳动"使这种资源具有使用价值的前提。从农业革命、工业革命再到信息革命,农具、蒸汽机、电子计算机的出现使得人们可控资源的范围逐渐扩大,人们对待财产的认识、对待价值的观念也随之变化。传统的财产观念侧重于对有形物的保护,而这种以物权制度为中心的传统财产观念,随着工业革命的到来发生了根本的转变。社会发生价值创造模式的转变始于 20 世纪 20 年代,即从以有形物质创造价值为主的社会向无形的信息创造价值的社会转变。[91] 美国学者施瓦茨曾列举了"具有重大价值的新型财产,包括商业信誉、商标、商业秘密、著作权、经营利益、特许权以及公平的便利权"。[92] 1967

---

[88] 参见易继明:《评财产权劳动学说》,载《法学研究》2000 年第 3 期。

[89] [英]大卫·李嘉图:《政治经济学及赋税原理》,周洁译,华夏出版社 2005 年版,第 2 页。

[90] [英]亚当·斯密:《国富论》,胡长明译,人民日报出版社 2009 年版,第 24 页。

[91] 参见崔保国:《信息社会的理论与模式》,高等教育出版社 1999 年版,第 47～49 页。

[92] 吴汉东:《财产的非物质化革命与革命的非物质财产法》,载《中国社会科学》2003 年第 4 期。

年,世界知识产权组织成立后,以"知识产权"为统称的一系列无形财产权被社会广泛认可和实践,财产权的客体发生了从被人类"实际控制"到"法律上控制"的转变。人类社会在面临拟制财产权的抉择之后,无形财产范围被一次次的扩大,直到数据信息资源占领了我们生活的每一个角落。信息化技术普及、自媒体发展、大数据技术的出现,又使得人们在面对一些新型的、具有经济效益的、可以提高人们生存发展质量的"新事物"时,踌躇不前。

如前文所述,数据信息资源作为信息时代的主要可控资源,其本身并不稀缺。传统财产观中对于赋权客体的要求在新型资源中没有直接对应之可能,但这并不表示"稀缺性可控资源的观点"已经被取代,相反,稀缺性可控资源在信息时代发生了转移,成为非直接可控的资源,也是市场主体努力争夺的资源。

诺贝尔经济学奖获得者赫伯特·西蒙(Herbert A. Simon)在 1971 年提出:"信息的丰富导致注意力的贫乏,因此需要在过量的、可消费的信息资源中有效分配注意力。"[93]20 世纪 90 年代,在西蒙提出"注意力贫乏"概念 20 年后,"注意力经济"的概念开始出现。1990 年心理学家沃伦·桑盖特(Warren Thorngate)首先使用了"注意力经济"(the economy of attention)一词,[94]很快这个词为学术界所接受。米歇尔·高德哈伯(Michael H. Goldhaber)在 1997 年《注意力经济——网络的自然经济》一文中提出了"注意力货币"的概念,阐述了在网络空间中,注意力是"硬通货"。他将西蒙的"注意力贫乏"概念向前推进一步,称"注意力是一种珍贵的财产"。[95] 注意力经济虽然在 2000 年大量网络公司倒闭后消沉过一段时间,但是存活下来的网络公司在随后的发展中展现出来的经济能力使得注意力经济重新成为信息时代的研究热点。有的学者认为对注意力经济的研究应当重新回归到"交易"当中来,使简单的"注意力记录数据"的交易扩大到

---

[93] Herbert A. Simon:"Designing organizations for an Information Rich World", Martin Greenberger Computers Communication & the Public Interest the Johns, 1971, 70, pp. 37 – 72.

[94] Warren Thorngate:"The economy of attention and the development of psychology", Canada Psychology, 1990, vol. 31, pp. 62 – 70.

[95] Michael H. Goldhaber:"The Attention Economy: The Natural Economy of the Net", First Monday, 1997, 2(4).

“注意力”的销售。[96]

美国社会学家布鲁默(Herbert Blumer)在他的著作《符号互动论:观点和方法》中指出,人类所组成的社会,其最显著的人文特征就是符号交往,即意义的建立,所以人类社会应当理解为是由符号交往所形成的社会。[97]德国哲学家恩斯特·卡西尔也把人定义为“符号的动物”。[98] 因此有学者也指出,农业社会的核心资源是“土地”,农业经济强调人的动物性,突出解决温饱的生理需要;工业社会的核心资源是“能源”,工业经济强调人的社会性,突出了人的社会分工与合作;信息社会的核心资源是“注意力”,注意力经济则强调人的符号性,强调符号消费对人类生存的意义。注意力经济是基于注意力这种稀缺资源的生产、加工、分配、交换和消费的新型经济形态。[99]

所谓注意力,是指人们关注一个主题、一个时间、一种行为和多种信息的持久尺度。[100] 美国应用数学家,控制论创始人维纳认为:“接收信息和使用信息的过程,就是我们对外界环境中的偶然性进行调节并在该环境中有效地生活着的过程,而有效的生活就是拥有足够的信息来生活。”[101]人类的精力是有限的,信息过剩导致注意力短缺。换句话说,有限的注意力在信息爆炸时代成为了稀缺的资源。所以,不同于传统财产观念,稀缺资源实际上是市场主体(即信息消费群体)的注意力。注意力直接决定着市场主体的经济活动,能够控制这种注意力的媒介就具有巨大的经济价值,因为“控制注意力意味着控制经历,因而控制了生活质量”。[102] 但是,注意力这种稀缺资源本身并不能够被直接控制。而通过对在大数据时代并不稀缺的资

---

[96] 参见徐光远、王旭海:《注意力经济研究的新视角》,载《思想战线》2013年第3期,第39卷。

[97] 参见布鲁默:《论符号互动论的方法论》,霍桂桓译,载《国外社会学》1996年第4期。

[98] 参见[德]恩斯特·卡西尔:《人论》,上海译文出版社1985年版,第34页。

[99] 张雷:《经济和传媒联姻:西方注意力经济学派及其理论贡献》,载《当代传播》2008年第1期。

[100] 张雷:《注意力经济学》,浙江大学出版社2002年版,第3页。转引自陆军:《中国传媒的注意力经济与影响力经济》,载《求索》2006年第10期。

[101] [美]诺伯特·维纳:《人有人的用处——控制论与社会》,陈步译,商务印书馆1989年版,第9页。

[102] [美]托马斯·达文波特、约翰·贝克:《注意力管理》,谢波峰、王传宏、陈彬、康家伟译,中信出版社2002年版,第5页。

源——数据、信息资源的直接控制,就能够间接的对市场主体的注意力形成“控制”。网络实践中常常提及的提升“用户黏度”,[103]就是控制这种注意力的方式之一。

因此,在信息时代,可控资源的稀缺性已经从绝对的稀缺转变为相对稀缺,数据、信息资源作为信息时代间接控制绝对稀缺资源的一种媒介,其价值在大数据时代才被逐步发掘。

2. 主体原因——劳动赋权理论对无形财产权的解释困境与其他财产权理论对其的修正[104]

无形财产权制度出现较晚,其没有本身的哲学基础,需要借鉴有形财产权制度的哲学基础来进行支持。但劳动赋权理论作为有形财产权哲学基础最为著名的代表,多少存在一定的解释缺陷:有形财产世界始于自然初始状态,资源分配默认人类共有,而以有形财产为基础的无形财产世界,任何劳动获取的产物都不是简单的自然发掘过程,而需要先前经验;同样,劳动赋权理论也无法解释无形财产权的主体与客体无限分离的现象及许多特殊制度现象。[105] 因为在洛克时代,无形财产还是一个新的事物,人们还不能够从历史的角度来看待无形财产权。而洛克之后的财产权理论,从某种程度上对劳动赋权理论进行了修正,也为无形财产权的赋权正当性提供了理论支撑。

卢梭的“社会公意”理论认为,劳动赋权理论三要素(先占、需求和劳动)的满足只是占有事实的成立,而不足以表明财产权的成立。在这种批判的基础上,卢梭提出了以社会契约为基础、以社会公意为依据的新的财产观。[106] 但是卢梭的理论将社会整体利益与个体利益完全对立起来,而无形

---

[103] 用户黏度(User viscosity)通常用于描述网站的使用者对网站的依赖程度。See T. Davenport: Sticky Business, CIO, February 1, 2000, PP 58 - 60. & E. Bush: Company to Expand Strategic Alliances in Key Vertical Markets by Helping Partners Increase Portal Stickiness and Community Development, Business Wire, March 23, 1999.

[104] 部分观点参见吴汉东:《法哲学家对知识产权法的哲学解读》,载《法商研究》2003年第5期。

[105] 参见李扬:《论知识产权的合法性——兼评洛克的财产权劳动理论》,载《岳麓法学评论》2000年第1期。李扬:《再评洛克财产权劳动理论——兼与易继明博士商榷》,载《现代法学》2004年第1期。

[106] 参见[法]卢梭:《社会契约论》,何兆武译,商务印书馆1982年版。

财产权的利益基础不应当是极端化的，而应当是基于个体利益和公共利益的平衡。

康德的财产“自由意志”理论虽然是以有形物与所有权为研究对象的，但其关于自由意志与财产权利的学说，为现代无形财产权及其权利制度的确立提供了有力的哲学理论依据。康德在其所有权与共同意志中也提出了自己意志占有和共同意志占有的关系与重要性。知识产品作为无形财产被赋予财产权，并非取决于创造者对其自由支配，而在于全体社会成员对这种财产状态予以承认的“共同意志”。[107]

黑格尔的“财产人格”理论是将私法思想构筑于“意志—人格—财产”的基本范畴上，阐述了财产是人格的表达，是自我实现的方式，[108]即财产是人格的外化。在知识产品上设立产权制度并无道德与正义的障碍；[109]黑格尔的“财产人格”理论则与洛克的“劳动价值”理论相映成趣。这是因为，知识产权的合理性无论从“人格”方面还是“劳动”方面解说，在道德上都是可以接受的。

庞德的“利益平衡理论”认为，20世纪已不再争论权利、法的本质和制度的出发点，而是更多地考虑人们的利益、目的和要求，并协调或调和各种关系。这样，财产理论的本位已经从权利转向其目的，即利益本位。[110] 财产权利的权源不再是问题的出发点，人们更多地关心实在利益的分配，即“必须在合作本能和利己本能之间维持均衡”。[111] 因此，财产的社会负担和义务也加重了。

功利主义财产权学说主要源于休谟和边沁的观点。[112] 休谟认为我们所遵循的正义规则来自那些被认为有利于促进人类幸福的一些习俗。人们遵守这些规则是为了个人的私利同时自然也有利于公共福利。私人所有权及其规则的基础除了这一实用目的别无其他。[113] 休谟之后，边沁更明确地指

---

[107] 参见[德]康德:《法的形而上学原理———权利的科学》,沈叔平译,商务印书馆1991年版。

[108] 参见郑成思:《知识产权教程》,法律出版社2007年版,第6~8页。

[109] 参见[德]黑格尔:《法哲学原理》,范扬、张企泰译,商务印书馆1961年版,第73页。

[110] 参见[美]罗斯科·庞德:《通过法律的社会控制》,沈宗灵译,杨昌裕、楼邦彦校,商务印书馆1984年版。

[111] [美]罗斯科·庞德:《法律的任务》,童世忠译,杨昌裕校,商务印书馆1984年版,第42页。

[112] Frank I. Michelman: Property, Utility and Fairness: Comments on the Ethical Foundations of "Just Compensation" Law, 80 Harv. L. Rev. 1165, pp. 1208 - 1213(1967).

[113] David Hume: A Treatise of Human Nature, China Social Sciences Publication House, 1999, pp. 484 - 501.

出,并不存在所谓的自然权,财产权完全是法律的人为创设。[114] 具体到以知识产权为代表的无形财产权,功利主义认为社会提供知识产权制度的终极原因是为了提供刺激动机,以扩大相应成果的供给,保证社会公众能够获得充分的知识产品。[115]

美国法学家波斯纳教授将财产权放入经济学的背景,自然就进入了经济学"追求利益最大化"的效益理论。[116] 他提出了根据资源的稀缺性来矫正财产权,并提出事实上的财产权的概念以及著名的"权利相互性"理论,即不存在绝对的、无条件的排他财产权,财产权利的使用不仅具有了个人的效用,而且是社会在考虑资源有效和最优配置时的必要因素。

罗尔斯的正义论将财产权利与经济利益放在同一理论层次进行讨论,强调经济活动中的现实权利。[117] 强调社会正义、制度正义,这就不同于以往单纯对个人正义的强调;承认不平等,提出差别原则;平等自由原则优位的情况下,实现对不正义的正义对待;调和社会利益,引导人们相互合作。

除此之外,澳大利亚学者达沃豪斯教授的"抽象物"理论,从功利主义的立场提出应当将知识产权当作工具看待,以抵制知识产权独占主义,防止对他人自由和分配正义的威胁。[118] 美国法理学家博登海默教授提出"共同福利"这一术语,用来标明外部界限,以限制分配和行使个人权利。他主张个人权利与社会福利之间应创设一种适当的平衡。个人权利的实现固然深深植根于人格的需要与倾向,但对权利进行某种限制同样正是公共利益的需要。[119]

通过对财产赋权的主体原因和客体原因的分析,笔者认为,在信息时代,尤其是当今人类所处的大数据时代,人类社会稀缺资源趋于多元与无形

---

[114] 边沁(Jeremy Bentham):《立法理论》(The Theory of Legislation),李贵方等译,中国人民公安大学出版社 2004 年版,第 138 ~140 页。

[115] William F. Patry:Copyright and Practice Vol. 1, the Bureau of National Affairs, Inc. 1994, p. 136.

[116] 参见[美]理查德·A. 波斯纳:《法律的经济分析》,蒋兆康译,林毅夫校,中国大百科全书出版社 1997 年版。

[117] 参见[美]约翰·罗尔斯:《正义论》,何怀宏、何包钢、廖申白译,中国社会科学出版社 1988 年版。

[118] Peter Drahos: A philosophy of intellectual property, Published by Dartmouth Publishing Company Ltd. England, 1996.

[119] 参见[美]埃德加·博登海默:《法理学——法哲学及其方法》,邓正来、姬敬武译,华夏出版社 1987 年版,第 296 ~297 页。

化,社会通过法律拟制财产权利的方式来体现财产观的转变,使财产权利的赋予已经不同于往昔。财产权利之上所体现出的个体利益与公众利益之平衡,是社会通过"共识"来拟制财产,从而促进社会发展的一种诉求,也是大数据时代的主要财产观。

(三)大数据时代信息集合上财产性权利的赋权基础——数据使用价值的添附(value - added)

1.数据在大数据生命周期中"关系化"为信息的过程是其使用价值添附的过程

使用价值是自在之物在人们观念中转化为有用之物的关键,是从原始的"占有"之事实向实现"占有"之目的的转变的关键,是从着眼于"占有"状态向注重"利用"转变的关键。[120] 提高使用价值的认知,人对物的支配就不再是简单的经验式支配,而开始形成抽象性因素,形成法律意义上的"非物质"占有。就如同康德所述,如果不能通过有形的方式对一个物宣誓权利,那么其可以在另一种意义上(非物质)去占有它。[121]

随着以所有权为代表的有形财产权的形成,人们已不满足于对可控资源的现实支配(现实控制),而愈发地要挖掘可控资源上的使用价值,对资源本身的价值进行分割,将所有权的权能进行分化,继而形成了用益物权、担保物权等物权价值化的产物。[122] 而以知识产权为代表的无形财产权的形成,更是人类社会对可控资源价值占有方式的"妥协",只为能够发挥资源的最大效用。从明确所有、为我所用,到但求所用、不求所有的观念变迁,是商品经济下权利创设的基础之一。权利创设最终是法律确认的结果。而财产的利用也不再局限于资源的自然使用价值的释放,而是依靠科技和管理组织起来的一个创造性的过程。[123]

美国雪城大学信息研究学院的泰勒教授曾于1982年就对数据和信息

[120] 参见陆小华:《信息财产权—民法视角中的新财富保护模式》,法律出版社2009年版,第171页。

[121] 参见[德]康德:《法的形而上学原理———权利的科学》,沈叔平译,商务印书馆1991年版,第57页。

[122] 参见梁慧星、陈华彬编著:《物权法》,法律出版社1997年版,第5~6页。

[123] 参见马俊驹、梅夏英:《财产权制度的历史评析和现实思考》,载《中国社会科学》1999年第1期。

的转化进行了较为深刻的阐述,并提出在信息生命周期中存在一种价值添附过程(Value-Added Processes):信息系统是一系列有序的程序,这些程序由潜在有用的、明确的讯息(message)经过处理得到加强后组成,在数据向信息转化的过程中,经历了一系列组织过程(organizing processes),如归类(grouping)、分级(classifying)、关联(relating)、格式化(formatting)、信号传递(signaling)、展示(displaying)等,而这是一种价值添附的过程,其中不乏精力、时间、金钱的投入,而最终的价值认知取决于使用它的人。[124] 泰勒教授在文章中还大胆预言"未来 20 年将会有大量转化后的信息和知识储存、组织、展现和传播",而这正是大数据时代的既有表现。如前文所述,在大数据生命周期中数据通过被"关系化",转化为信息的过程,实际上就是数据的使用价值添附的过程。

2. 可控资源价值认知的相对化在大数据时代愈发强烈

古代和近代的财产制度侧重于实际利益或者期待利益的取得和保护,而当代财产则体现为取得财产的资格和手段本身,并不直接体现为一种可即时享有的利益。[125] 对可控资源使用价值的挖掘,使人们对待财产价值的态度也从绝对化向相对化转变。美国学者康芒斯就认为:"在封建和农业时代,财产是有形体的。在重商主义时代,财产成为可以转让的那种无形体财产。在资本主义阶段最近四十年,财产又可以成为卖者、买者可以自由规定价格的那种无形的财产。"[126]可见,人们对可控资源的价值认知相对化并不是始于大数据时代,只是在大数据时代得到了加强,这都要归因于大数据时代的可控资源——数据、信息资源的价值被无限发掘。

而如前文所述,由于大数据时代的稀缺性资源——市场主体的注意力,只能通过数据、信息资源间接控制,所以对数据、信息资源的价值认知也就是相对的。谷歌的首席经济学家哈尔·范里安(Hal Varian)认为数据资源非常之多而且具有战略重要性,但是真正缺少的是从数据中提取价值的能

---

[124] Robert S. Taylor: Value-Added Processes in the Information Life Cycle, Journal of the American Society for Information Science, September 1982, Volume 33, Issue 5, pp. 341 - 346.

[125] 参见马俊驹、梅夏英:《无形财产的理论与立法问题》,载《中国法学》2001 年第 2 期。

[126] [美]康芒斯:《制度经济学》(上册),于树生译,商务印书馆 1997 年版,第 95 页。

力。[127] 所以，通俗的来说，对于特定的数据、信息资源，有些人认为是财富，而有些人不认为，也没有能力去实现其价值。笔者认为，一种可控的资源是否具有价值，应当由市场来决定。如果这种资源能够被市场主体认可，并在其间流转，那么这样的资源就是有价值的。

实用性与需求性的相对化，使人们对财产的观念发生改变。双边、多边的价值认可频繁发生，合同（如信息许可协议）创造财产性权利比比皆是。而通过相对权来创制财产性权利有利有弊：快速通过合同拟制财产性权利，通过债权的方式来创制相对的财产性权利，实现数据使用价值在市场主体之间的有效转移，提高市场效率。例如贵州大数据交易平台，作为我国第一个大数据交易平台，是卖方与交易所进行协商定价之后，出售给买方。[128] 大数据交易所产品定价的影响因素主要有以下几个方面：数据品种、时间跨度、数据深度、数据完整性、数据样本覆盖、数据实时性。[129] 而这些正是数据使用价值增加的要件。但相对性权利毕竟保护强度弱，不及绝对性权利，给信息资源是否设置绝对性财产权利，不是本文讨论的内容。只是我们目前可以从市场的需求和认可，以及从理论的推断中发现其财产性价值，以及在其上设置财产性权利的正当性。至于如何加强这种相对财产性权利的保护，实践中已有反不正当竞争法、侵权法的救济方式。

3. 数据的使用价值才是大数据时代价值流转的根本

大数据实践中，无论是产生数据、信息资源的主体，控制数据、信息资源的主体，还是使用数据、信息资源的主体，往往对数据、信息资源上是否存在财产性权利判断不清，基于前述研究，笔者在此对一些争议问题进行分析。

首先，数据的使用价值才是大数据时代财产权利发生和流转的根本。数据在大数据生命周期里被“关系化”后成为信息，组成的信息集合，是数据使用价值的载体，是大数据交易实践中的基本对象。信息资源区别于物资、能源资源有一个显著的特点，它可以被重复使用，可被共享，在使用过程中不仅可以不减少，并且还可以产生新的增量。[130] 这就使得信息集合中数

---

[127] ［英］维克托·迈尔—舍恩伯格，肯尼思·库克耶：《大数据时代：生活、工作与思维的大变革》，盛杨燕、周涛译，浙江人民出版社2012年版，第90页。

[128] 详见于《2015中国大数据交易白皮书》，第13页。

[129] 详见于《2015中国大数据交易白皮书》，第15页。

[130] 参见钟义信：《信息科学与技术导论》，北京邮电大学出版社2007年版，第6页。

据的使用价值有无限的可能。信息集合的可变性十分明显,只要其中数据的使用价值发生质变,那么新的信息集合就有可能成为新的交易对象。每一次周期内的转化,都是对数据使用价值的一次添附过程。只有在特定的研究环境和对象之下,才能够发现财产权利产生的起点和财产权利流转的终点。

其次,数据本身并不具有财产权利赋权的正当性。此处的数据是指每一次周期发生初始的既有数据(即有些学者所称的原始数据、原生数据)。对于数据相关关系人,主要有数据的产生者、数据的控制者。作为数据的产生者而言,对因自身发展而产生的数据,不享有财产性权利,因为从前述客体原因和主体原因上来看并不具有正当性,但是数据产生者对该数据资源中涉及个人信息、隐私权、商业秘密、国家秘密等,享有请求权。目前国家严禁并打击的是非法的地下数据交易几乎都是数据本身的非法流转。否认数据上赋予财产权利,避免了数据生产者对其相关数据的过分保护,促进数据的合法流通,从而平衡个体利益与公共利益之间的博弈关系。

最后,只有对数据合法占有并对其使用价值的添附合法“投入”的主体,才是最终产生的信息集合上财产性权利的合法享有者。本文在此处将数据生产者和信息生产者进行区分,对数据合法占有并对其使用价值进行添附的主体,是信息生产者。每一次数据使用价值的添附之始,占有数据资源的主体对该数据不享有财产性权利,通过合法的“投入”,添附其他市场主体承认的数据的使用价值,是获得财产性权利的方式。

四、结语

大数据时代下,对数据、信息的概念及其相互之间关系的明确具有重要的法学研究价值。这种价值不仅仅是在概念的明晰上,更重要的是通过对数据、信息在大数据时代的再认识,结合数据、信息本身在大数据周期中“关系化”的过程,来探讨在数据信息资源之上赋予财产性权利的正当性问题。数据在大数据生命周期中转化为信息,信息在新一轮的大数据生命周期中作为数据进行转化,成为新的信息。数据在不断的“关系化”为信息的过程,是数据使用价值提升的过程,而提升数据的使用价值,是大数据时代价值流转的根本原因。促进数据开放的同时,对能够提升数据使用价值的市场主体赋予一定的财产性补偿,是大数据时代平衡个体利益与公共利益的唯一路径。

Empowerment foundation of the Information Set During the Big Data Era

——taking the ‘relativization’ process from data to information as a starting point

Abstract: During the big data era, it is crucial for the legal research to clarify the concept of data and information, and the connection between the two. This is not merely benefits the clearance of misconception, more important, according to re-thinking the conception of data and information, combined with the “relativization” process from the data to the information, to discuss the legitimacy of empowering the proprietary rights on the data and information resources. During the big data life-cycle, data will be transformed to information, and the information would be transformed to the new information, as data resource, during the new big data life-cycle. The “relativization” process, from data to information, is actually the value-added process of data, which is the fundamental reason for the value circulation in the big data era. Based on the data opening policy, render certain property compensation to the market participant who could enhance the usage value of data, is the only way out to balance the personal interest and the public interest.

Keywords: Data; Information; Information Set; Big Data Lifecycle; Proprietary right

(朱晓睿 编辑)

图书在版编目(CIP)数据

清华知识产权评论.2017年.第1辑:总第2辑/清华大学法学院知识产权法研究中心,清华大学-微软创新与知识产权联合研究中心主办.—北京:法律出版社,2017
ISBN 978-7-5197-1142-9

Ⅰ.①清… Ⅱ.①清… ②清… Ⅲ.①知识产权—文集 Ⅳ.①D913.04-53

中国版本图书馆CIP数据核字(2017)第182492号

清华知识产权评论
(2017年第1辑 总第2辑)
QINGHUA ZHISHI CHANQUAN PINGLUN
(2017 NIAN DI 1 JI ZONG DI 2 JI)

策划编辑 韩满春
责任编辑 韩满春
装帧设计 李 瞻

出版 法律出版社
总发行 中国法律图书有限公司
经销 新华书店
印刷 三河市龙大印装有限公司
责任校对 晁明慧
责任印制 陶 松

编辑统筹 学术·对外出版分社
开本 720毫米×960毫米 1/16
印张 18.75
字数 291千
版本 2017年8月第1版
印次 2017年8月第1次印刷

法律出版社/北京市丰台区莲花池西里7号(100073)
网址/www.lawpress.com.cn
投稿邮箱/info@lawpress.com.cn
举报维权邮箱/jbwq@lawpress.com.cn
销售热线/010-63939792
咨询电话/010-63939796

中国法律图书有限公司/北京市丰台区莲花池西里7号(100073)
全国各地中法图分、子公司销售电话:
统一销售客服/400-660-6393
第一法律书店/010-63939781/9782 西安分公司/029-85330678 重庆分公司/023-67453036
上海分公司/021-62071639/1636 深圳分公司/0755-83072995

书号:ISBN 978-7-5197-1142-9 **定价**:60.00元